政务大数据应用方法与实践

张毅◎主编

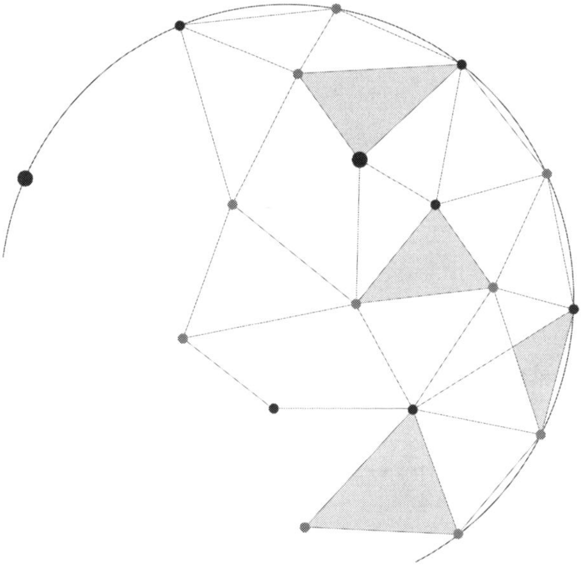

中信出版集团 | 北京

图书在版编目（CIP）数据

政务大数据应用方法与实践 / 张毅主编 . -- 北京：中信出版社，2021.7

ISBN 978-7-5217-3102-6

Ⅰ. ①政… Ⅱ. ①张… Ⅲ. ①电子政务－研究－中国 Ⅳ. ① D63-39

中国版本图书馆 CIP 数据核字（2021）第 079886 号

政务大数据应用方法与实践

主　　编：张毅
出版发行：中信出版集团股份有限公司
（北京市朝阳区惠新东街甲 4 号富盛大厦 2 座　邮编　100029）
承 印 者：三河市科茂嘉荣印务有限公司

开　　本：787mm × 1092mm　1/16　　印　　张：21.25　　字　　数：265 千字
版　　次：2021 年 7 月第 1 版　　印　　次：2021 年 7 月第 1 次印刷
书　　号：ISBN 978–7–5217–3102–6
定　　价：88.00 元

要运用大数据提升国家治理现代化水平。要建立健全大数据辅助科学决策和社会治理的机制，推进政府管理和社会治理模式创新，实现政府决策科学化、社会治理精准化、公共服务高效化。要以推行电子政务、建设智慧城市等为抓手，以数据集中和共享为途径，推动技术融合、业务融合、数据融合，打通信息壁垒，形成覆盖全国、统筹利用、统一接入的数据共享大平台，构建全国信息资源共享体系，实现跨层级、跨地域、跨系统、跨部门、跨业务的协同管理和服务。要充分利用大数据平台，综合分析风险因素，提高对风险因素的感知、预测、防范能力。要加强政企合作、多方参与，加快公共服务领域数据集中和共享，推进同企业积累的社会数据进行平台对接，形成社会治理强大合力。①

——2017 年 12 月 8 日，习近平总书记在主持中央政治局第二次集体学习时的讲话

① 资料来源：习近平主持中共中央政治局第二次集体学习并讲话，参见中国政府网 http://www.gov.cn/xinwen/2017-12/09/content_5245520.htm。

编委会

前　言

2017年12月，习近平总书记在主持中央政治局第二次集体学习时强调“要运用大数据提升国家治理现代化水平”。2019年10月底，党的十九届四中全会通过了《中共中央关于坚持和完善中国特色社会主义制度 推进国家治理体系和治理能力现代化若干重大问题的决定》，提出“建立健全运用互联网、大数据、人工智能等技术手段进行行政管理的制度规则，推进数字政府建设”。2020年3月底，中共中央、国务院印发了《关于构建更加完善的要素市场化配置体制机制的意见》，提出“加快培育数据要素市场”。2021年3月，中央发布的《国民经济和社会发展第十四个五年规划和2035年远景目标纲要》提出“加强公共数据开放共享，推动政务信息化共建共用，提高数字化政务服务效能”。深化政务大数据应用，有利于提高数字政府建设水平，推进国家治理体系和治理能力现代化。

本书首先解读了习近平总书记关于大数据的重要论述，阐述了大数据的特征、相关技术和重要意义，指出领导干部要强化大数据思维，加快发展政务大数据，并介绍了国内外大数据发展情况。然后论述了大数据在经济调节、市场监管、社会治理、公共服务、应急管理和疫情防控领域的应用，提出了政务数据资源整合、共享与开放以及保障大数据安全的方法。最后介绍了黑龙江全省以及哈尔滨、齐齐哈尔、牡丹江、佳木斯等地市政务大数据应用情况和典型案例，总结了浙江、上海、江苏、广东、贵州、海南等省市政务大数据发展经验。

由于本书编写时间较短，作者研究水平有限，书中不足之处在所难免，请广大读者批评指正。

张毅

2021 年 3 月 23 日

目　录

第 3 章 国内大数据发展情况

第 4 章 大数据在经济调节领域的应用

第 5 章 大数据在市场监管领域的应用

第 6 章 大数据在社会治理领域的应用

第 11 章　黑龙江政务大数据应用情况和典型案例

第 12 章　其他省市政务大数据发展经验

第1章
绪论

大数据（Big Data）是以容量大、类型多、存取速度快、应用价值高为主要特征的数据集合，正快速发展为对数量巨大、来源分散、格式多样的数据进行采集、存储和关联分析，从中发现新知识、创造新价值、提升新能力的新一代信息技术和服务业态。在大数据时代，领导干部要强化大数据思维，深化政务大数据应用。

习近平总书记关于大数据的重要论述

党的十八大以来，习近平总书记对大数据做了一系列重要论述，主要涉及经济发展、国家治理、疫情防控、数据安全、国际合作、对领导干部的要求等方面。

综合性的重要论述

2015 年 6 月，习近平总书记在贵阳大数据应用展示中心考察时强调，我国大数据采集和应用刚刚起步，要加强研究，加大投入，力争走在世界前列。

2016 年 4 月，习近平总书记在网络安全和信息化工作座谈会上提出以综合运用各方面掌握的数据资源，加强大数据挖掘分析，更好感知网络安全态势，做好风险防范。要依法加强对大数据的管理。

经济发展方面的重要论述

2017 年 10 月，习近平总书记在党的十九大报告中提出推动互联网、大数据、人工智能和实体经济深度融合。

2017 年 12 月，习近平总书记在主持中央政治局第二次集体学习时强调，要构建以数据为关键要素的数字经济。建设现代化经济体系离不开大数据发展和应用。我们要坚持以供给侧结构性改革为主线，加快发展数字经济，推动实体经济和数字经济融合发展，推动互联网、大数据、人工智能同实体经济深度融合，继续做好信息化和工业化深度融合这篇大文章，推动制造业加速向数字化、网络化、智能化发展。要深入实施工业互联网创新发展战略，系统推进工业互联网基础设施和数据资源管理体系建设，发挥数据的基础资源作用和创新引擎作用，加快形成以创新为主要引领和支撑的数字经济。

2018 年 4 月，习近平总书记在全国网络安全和信息化工作会议上强调要推动互联网、大数据、人工智能和实体经济深度融合，加快制造业、农业、服务业数字化、网络化、智能化。

2018 年 5 月，习近平总书记在两院院士大会上强调要推进互联网、大数据、人工智能同实体经济深度融合，做大做强数字经济。

国家治理方面的重要论述

2017 年 12 月，习近平总书记在主持中央政治局第二次集体学习时强调，要运用大数据提升国家治理现代化水平。要建立健全大数据辅助科学决策和社会治理的机制，推进政府管理和社会治理模式创新，实现政府决策科学化、社会治理精准化、公共服务高效化。要以推行电子政务、建设智慧城市等为抓手，以数据集中和共享为途径，推动技术融合、业务融合、数据融合，打通信息壁垒，形成覆盖全国、统筹利用、统一接入的数据共享大平台，构建全国信息资源共享体系，实现跨层级、跨地域、跨系统、跨部门、跨业务的协同管理和服务。要充分利用大数据平台，综合分析风险因素，提高对风险因素的感知、预测、防范能力。要加强政企合作、多方参与，加快公共服务领域数据集中和共享，推进同企业积累的社会数据进行平台对接，形成社会治理强大合力。

2018 年 4 月，习近平总书记在海南省政务数据中心考察时指出，加快政务大数据平台建设是提高社会治理能力和水平的迫切要求。

2019 年 12 月，习近平总书记在庆祝澳门回归祖国 20 周年大会暨澳门特别行政区第五届政府就职典礼上强调，要善用科技，加快建设智慧城市，以大数据等信息化技术推进政府管理和社会治理模式创新，不断促进政府决策科学化、社会治理精准化、公共服务高效化。

2020 年 3 月 31 日，习近平总书记在杭州考察时指出，运用大数据、云计算、区块链、人工智能等前沿技术推动城市管理手段、管理模式、管理理念创新，从数字化到智能化再到智慧化，让城市更聪明一些、更智慧一些，是推动城市治理体系和治理能力现代化的必由之路，前景广阔。

疫情防控方面的重要论述

2020 年 2 月 14 日，习近平总书记在中央全面深化改革委员会第 12 次会议上强调，要鼓励运用大数据、人工智能、云计算等数字技术，在疫情监测分析、病毒溯源、防控救治、资源调配等方面更好发挥支撑作用。

2020 年 2 月 23 日，习近平总书记在统筹推进新冠肺炎疫情防控和经济社会发展工作部署会议上强调，要充分运用大数据分析等方法支撑疫情防控工作。

2020 年 3 月 2 日，习近平总书记在清华大学医学院主持召开座谈会时提出，利用人工智能、大数据等新技术开展流行病学和溯源调查，搞清楚病源从哪里来、向哪里去，提高精准度和筛查效率。

2020 年 3 月 10 日，习近平总书记在湖北省考察新冠肺炎疫情防控工作时指出，要持续滚动开展筛查甄别，运用“网格化 + 大数据”手段，不放过任何一个风险点，防止漏管失控、点上开花，真正使社区和社会面“干净”起来。

数据安全方面的重要论述

2016 年 4 月，习近平总书记在网络安全和信息化工作座谈会上强调要依法加强对大数据的管理。一些涉及国家利益、国家安全的数据，很多掌握在互联网企业手里，企业要保证这些数据安全。企业要重视数据安全。如果企业在数据保护和安全上出了问题，对自己的信誉也会产生不利影响。

2017 年 12 月，习近平总书记在主持中央政治局第二次集体学习时强调，要切实保障国家数据安全。要加强关键信息基础设施安全保护，强化国家关键数据资源保护能力，增强数据安全预警和溯源能力。要加强政策、监管、法律的统筹协调，加快法规制度建设。要制定数据资源确权、开放、流通、交易相关制度，完善数据产权保护制度。要加大对技术专利、数字版权、数字内容产品及个人隐私等的保护力度，维护广大人民群众利益、社会稳定、国家安全。

国际合作方面的重要论述

2017 年 5 月，国家主席习近平在“一带一路”国际合作高峰论坛开幕式上强调我们要坚持创新驱动发展，加强在数字经济、人工智能、纳米技术、量子计算机等前沿领域合作，推动大数据、云计算、智慧城市建设，连接成 21 世纪的数字丝绸之路。

2018 年 5 月，习近平总书记在致贵阳国际大数据产业博览会贺信中指出，把握好大数据发展的重要机遇，促进大数据产业健康发展，处理好数据安全、网络空间治理等方面的挑战，需要各国加强交流互鉴、深化沟通合作。

2018 年 7 月，国家主席习近平在中阿合作论坛第八届部长级会议开幕式上提出要加快网上丝绸之路建设，争取在网络基础设施、大数据、云计算、电子商务等领域达成更多合作共识和成果。

2019 年 5 月，习近平总书记在致中国国际大数据产业博览会贺信中指出，中国高度重视大数据产业发展，愿同各国共享数字经济发展机遇，通过探索新技术、新业态、新模式，共同探寻新的增长动能和发展路径。

2019 年 6 月，国家主席习近平在上海合作组织成员国元首理事会第 19 次会议上提出，要坚持创新驱动发展，在数字经济、电子商务、人工智能、大数据等领域培育合作增长点。

2020 年 11 月，国家主席习近平在第十七届中国—东盟博览会和中国—东盟商务与投资峰会开幕式上提出在智慧城市、5G（第五代移动通信技术）、人工智能、电子商务、大数据、区块链、远程医疗等领域打造更多新的合作亮点，加强数据安全保护和政策沟通协调。

对领导干部的要求

2017 年 12 月，习近平总书记在主持中央政治局第二次集体学习时指出，善于获取数据、分析数据、运用数据，是领导干部做好工作的基本功。各级领导干部要加强学习，懂得大数据，用好大数据，增强利用数据推进各项工作的本领，不断提高对大数据发展规律的把握能力，使大数据在各项工作中发挥更大作用。

大数据的特征、相关技术和重要意义

主要特征

大数据的主要特征可以归结为“5V+1C”。①

（1）差异化（Variety）程度高。随着电子商务、社交网络、物联网等的发展，新的数据源和数据采集技术不断出现，使数据类型不断增多。大数据中的数据集往往来自不同的单位和部门，在编码方式、数据格式、数据标准等多个方面存在差异，包含大量异构数据。

（2）数据量（Volume）极大。2011 年 6 月，美国国际数据公司（IDC）发布了题为《从混沌中汲取价值》的报告。根据该报告，全球数据量大约每两年翻一番。全球过去三年内产生的数据量比以往四万年产生的数据量还要多。数据量的计量单位如表 1–1 所示。

表 1–1　用以表示数据量的单位

符号	名称	容量	容量说明
TB	太字节	1024 GB	推特每天产生 7 TB 的数据，是 60 年来《纽约时报》单词量的 2 倍
PB	拍字节	1024 TB	谷歌每小时处理的数据约为 1 PB
EB	艾字节	1024 PB	全中国每人 1 本 500 页书的信息量约为 1 EB
ZB	泽字节	1024 EB	2011 年以前全人类的信息量约为 1.2 ZB
YB	尧字节	1024 ZB	特别巨大，极少被用到

随着物联网技术的广泛应用，通过各种设备产生的海量数据，其数据规模极为庞大，远大于目前互联网上的信息流量，PB 级别是常态。例如，谷歌每天处理的数据量超过 20 PB。

值得指出的是，大数据的真正意义不在“数据量大”，而是通过数

① 刘禹 . 大数据有大智慧 [EB/OL]. 光明网，2012-04-17.

据分析、比对、挖掘等发现新知识，创造新价值，提升新能力。

（3）处理速度（Velocity）快。涉及感知、传输、决策、控制开放式循环的大数据，对数据实时处理有着极高的要求，通过传统数据库查询方式得到的“当前结果”很可能已经没有价值。为了提高大数据集的处理速度，目前普遍采用云计算、实时数据库等技术。

（4）时效性（Vitality）强。大数据分析结果，只有在特定时间和空间中才有意义。如果在需要时拿不到大数据分析结果，大数据分析就失去了现实意义。例如，在军事领域，对战场情况进行大数据分析，时效性就要求很高。

（5）分析结果可视化（Visualization）。可视化是数据科学家寻求问题以及探索数据集新特性的一种方式。数据可视化可以帮助领导干部直观地进行决策。

（6）复杂度（Complexity）高。各种非结构化的数据增加了大数据的复杂性，使传统数据库技术无法对其进行高效的分析，需要建立复杂的专业模型。通过数据库处理持久存储的数据不再适用于大数据处理，需要有新的方法来满足异构数据统一接入和实时数据处理的需求。

在互联网时代，数据的移动成为信息系统最大的开销。信息系统需要从“数据围着处理器转”转变为“处理器围着数据转”。

相关技术

大数据相关技术包括数据挖掘、联机分析处理、数据仓库、数据集市、数据湖、Hadoop 等。

1. 数据挖掘

所谓数据挖掘（Data Mining，DM），是指从数据库的大量数据中揭示出隐含的、先前未知的且有潜在价值的信息的过程。

数据挖掘是一种决策支持过程，它主要基于人工智能、机器学习、模式识别、统计学、数据库、可视化技术等，高度自动化地分析企业的数据，做出归纳性的推理，从中挖掘出潜在的模式，帮助决策者调整市场策略，减少风险，做出正确的决策。例如，零售公司跟踪客户的购买情况，发现某个客户购买了大量的真丝衬衣，这时数据挖掘系统就会在此客户和真丝衬衣之间创建关系。销售部门就会看到此信息，直接将真丝衬衣的当前行情以及所有关于真丝衬衣的资料发给该客户。这样零售商店通过数据挖掘系统就发现了以前未知的关于客户的新信息，并且扩大经营范围。

2. 联机分析处理

联机分析处理（On-Line Analytical Processing，OLAP）的概念最早是由关系型数据库之父埃德加·科德博士于1993年提出的。运用联机分析处理技术，可以使分析人员、管理人员或执行人员能够从多种角度对从原始数据中转化出来的、能够真正为用户所理解并真实反映企业维特性的信息进行快速、一致、交互的存取，从而获得对数据更深入的了解。也就是说，联机分析处理技术使分析人员能够迅速、一致、交互地从各个方面观察信息，以达到深入理解数据的目的。

3. 数据仓库

数据仓库（Data Warehouse，DW）概念由比尔·恩门于1990年提出，是指面向主题的、集成的、相对稳定的、反映历史变化的数据集合，主要用于支持管理决策。数据仓库是在数据库已经大量存在的情况下，为了进一步挖掘数据资源，为了决策需要而产生的，它并不是所谓的“大型数据库”。

4. 数据集市

数据集市（Data Mart）是指满足特定的部门或者用户的需求，按照多维的方式进行存储，包括定义维度、需要计算的指标、维度的层次等，生成面向决策分析需求的数据立方体。

数据集市属于数据仓库的一种，支持特定应用和服务，以具体部门或应用为主，属于面向工作组、部门、小型的、集中的数据仓库。数据集市是一种比数据仓库更集中、更小、更便捷、更简单的数据集合，适用于小型企业的数据分析。数据集市是数据仓库的子集和一部分，继承了数据仓库的特征和优势，和数据仓库具有一样的数据结构。

5. 数据湖

2010 年，詹姆斯 · 狄克逊提出数据湖（Data Lake）的概念。2011 年，丹 · 伍德斯在《福布斯》杂志发表《大数据需要更大的新架构》（Big Data Requires a Big New Architecture）一文，数据湖开始广为传播。数据湖主要是为了解决数据仓库漫长的开发周期，高昂的开发和维护成本，细节数据丢失等问题。

数据湖是一个以原始格式存储数据的存储库或系统。它按原样存储数据，而无须事先对数据进行结构化处理。一个数据湖可以存储结构化数据、半结构化数据和非结构化数据。

数据湖其实就是一个集中存储数据库，可用其原生格式存储任何类型的数据，没有大小限制。数据湖主要是为了处理大数据量的非结构化数据。数据湖中的每个数据元素都会被分配一个唯一的标识符，并对其进行标记，以后可通过查询找到该元素。

数据湖和数据仓库的区别，如图 1–1 所示。

数据湖由元数据平台、数据湖仓库和数据湖服务三个部分组成。其中元数据平台用于数据资产登记、盘点、评估和处置，数据湖仓库用于原生数据可管理、可扩展的统一存储，数据湖服务用于对外提供数据发现、准备和提取服务。

图 1–1　数据湖与数据仓库的区别

如果说数据集市是一个商店的瓶装水，经过过滤包装和结构化以供饮用，那么数据湖则是在更自然状态下的大量的水。数据湖中的数据源于不同的地方，用户可以进入数据湖中提取所需要的数据。

数据湖的核心原则是集中存储原始的、未经改变的全量数据，在提取数据时才进行转换。数据湖存储各种类型的数据，重点是非结构化和半结构化数据，通过统一视图提供开放访问。数据湖具有强大的元数据管理能力，保证所存储数据资源的语义一致性，这是进行大数据分析的基本前提。

数据湖的定位和搜索引擎类似，核心的技术实现是多源异构数据的自动化标注，才能像在搜索引擎上查找信息一样实现按需检索、即取即用。可以把数据湖想象成一个元数据标注的机器人，它每时每刻会对进入数据湖的数据进行认读——这篇文章、这张图片、这段视频、这段语音、这些传感器数据等等，到底说了什么；然后进行编目——数据从哪里来，作者是谁，标题是什么，主题词、关键字是什么，从而建立数据目录，以支撑数据资源管理和服务活动。这就牵涉到人工智能技术在元数据管理领域的综合运用。例如，文书型数据要用到自然语言处理，媒体型数据要用到图像识别和语音识别。为了提高元数据标注的速度和准确性，还要引入机器学习。

6.Hadoop

Hadoop 由 Apache（阿帕奇）软件基金会研发，是一个能够对大数据进行分布式处理的软件框架，能够以一种可靠、高效、可伸缩的方式对大数据进行处理。Hadoop 可靠性高，它假设计算元素和存储会失败，为此维护多个工作数据副本，确保能够针对失败的节点重新分布处理。Hadoop 是高效的，因为它以并行的方式工作，通过并行处理加快处理速度。Hadoop 还是可伸缩的，能够处理 PB 级数据集。

7. 数据中台

数据中台是聚合和治理跨域数据，将数据抽象封装成服务，提供给前台以业务价值的逻辑概念，由阿里巴巴最先提出，被誉为大数据的发展趋势。不过值得指出的是，数据中台不是大数据平台。

在数据开发中，核心数据模型的变化是相对缓慢的，同时对数据进行维护的工作量也非常大，但业务创新的速度、对数据提出的需求的变化是非常快的。数据中台就是为了弥补数据开发和应用开发之间，由于开发速度不匹配，出现的响应力跟不上的问题。

数据中台可以解决以下三个问题。

（1）效率问题。为什么应用开发增加一个报表，就要十几天时间？为什么不能实时获得用户推荐清单？当业务人员对数据产生一点疑问的时候，需要花费很长的时间，结果发现是数据源的数据变了，最终影响信息系统上线时间。

（2）协作问题。当业务应用开发的时候，虽然和别的项目需求大致差不多，但因为是别的项目组维护的，所以数据还是要自己再开发一遍。

（3）能力问题。数据的处理和维护是一个相对独立的技术，需要相当专业的人来完成，但在很多时候，应用开发人员往往很多，而数据开发人员则很少。

这三类问题都会导致应用开发团队变慢，而中台的关键作用是可以使前台开发团队的开发速度不受后台数据开发的影响。

延伸阅读　数据、信息、知识的区别和联系

数据是指任何以电子或者非电子形式对信息的记录，主要包括结构化数据、非结构化数据、半结构化数据三种类型。关系型数据库的行和列是结构化数据。CSV（逗号分隔值）、日志、XML（可扩展标记语言）、JSON（JavaScript 对象简谱）、HTML（超文本标记语言）、报表、资源库等是半结构化数据。电子邮件、文档、PDF（便携式文档格式）、图像、音频、视频等是非结构化数据。

信息是指有上下文的数据，上下文包括数据元素和相关术语的业务含义、数据表达的格式、数据所处的时间范围、数据与特定用法的相关性等。数据是一些原始材料，经过不断解析和加工从而产生信息。

知识是指对情景的理解、意识、认知、识别，以及对其复杂性的把握。知识源于信息。知识是基于某一角度的信息整合形成的一种观点。

近年来，物联网、云计算、移动互联网、人工智能、虚拟现实等新一代信息技术飞速发展。大数据与这些新一代信息技术密切相关，例如，物联网可以采集数据，云计算可以处理数据，移动互联网可以传输数据，人工智能可以分析数据，虚拟现实可以展示数据。

重要意义

随着我国信息化建设的深入，许多政府部门和企事业单位都积累了海量的数据资源，迫切需要利用大数据技术对这些数据资源进行处理、分析和挖掘，提高政府部门的行政效能，提高企业的生产经营水平，使海量的数据资源转化为巨大的社会财富。深化大数据应用，发展大数据产业，对于推进国家治理体系和治理能力现代化、推动高质量发展具有重要意义。

（1）大数据成为推动经济转型发展的新动力。大力发展以大数据产业为代表的数字经济，是加快新旧动能转换、建设现代化经济体系、推动高质量发展的重要举措。以数据流引领技术流、物质流、资金流、

人才流，将深刻影响社会分工协作的组织模式，促进生产组织方式的集约和创新。大数据推动社会生产要素的网络化共享、集约化整合、协作化开发和高效化利用，改变了传统的生产经营方式和经济运行机制，可显著提升经济运行水平和效率。大数据持续激发商业模式创新，不断催生新业态、新模式，已成为新旧动能转换的重要驱动力。大数据产业正在成为新的经济增长点，将对未来信息产业格局产生重要影响。许多行业都可以利用大数据提高市场资源配置效率，减少不必要的浪费，促进新想法和新见解的产生。

（2）大数据成为重塑国家竞争优势的新机遇。在全球信息化快速发展的大背景下，大数据已成为国家重要的基础性战略资源，正引领新一轮科技创新。充分利用我国的数据规模优势，实现数据规模、质量和应用水平同步提升，发掘和释放数据资源的潜在价值，有利于更好发挥数据资源的战略作用，增强网络空间数据主权保护能力，维护国家安全，有效提升国家竞争力。

（3）大数据成为提升政府治理能力的新途径。深化大数据在党政机关的应用，是推进国家治理体系和治理能力现代化的重要手段。大数据应用能够揭示传统技术方式难以展现的关联关系，为有效处理复杂的经济社会问题提供了新的手段。树立“用数据说话、用数据决策、用数据管理、用数据创新”的大数据思维，有利于促进决策科学化、行政管理精细化和精确化、公共资源配置合理化、公共服务人性化，创新市场监管和社会治理模式，提高政府运行整体化和智能化水平，加快构建整体政府、智慧政府、开放政府和服务型政府等新型政府，推进政府治理体系和治理能力现代化。

领导干部的大数据思维

领导干部的大数据思维是指领导干部要用数据说话，用数据管理，用数据决策，用数据创新，善于运用大数据解决经济社会发展过程中面临的实际问题，通过大数据创新党建模式、经济调节模式、市场监管模式、社会治理模式和公共服务模式等。

用数据说话

从历史文化传统来看，许多中国人喜欢感性思维，不喜欢理性思维。许多领导干部往往凭感觉说话，喜欢用“大概”“可能”等模糊语言来描述事物，难以准确掌握真实情况。有些领导干部说得头头是道，但拿不出令人信服的数据，难以服众。为此，要改变过去凭感觉说话，而要用数据说话。在工作中，领导干部要对数字敏感，善于用数据摆事实，讲道理，用数据分析现状，用数据发现问题，用数据分析态势。

用数据管理

历史学家黄仁宇提倡的数目字管理，其实就是指用数据管理。1979 年，黄仁宇出版了《万历十五年》，从大历史的角度提出一个新的看法：中国失败的原因无关道德和个人因素，而是在技术上不能实现“数目字管理”。我国许多政府部门的管理之所以比较粗放，就是由于信息化建设水平低，没有用大数据进行管理。其实，如果用大数据进行管理，许多市场监管和社会治理的漏洞都可以堵住，如偷税漏税、骗保、重婚等。近年来，数据驱动管理理论在西方国家行政管理学界逐渐兴起。许多行政管理领域的专家学者已经意识到大数据对政府管理的重要性。领导干部要学会通过大数据提供行政效能，以大数据推进国家治理体系和治理能力现代化。

用数据决策

许多领导干部凭经验决策，习惯采用“拍脑袋”的决策方式，容易造成决策失误。这是因为我国现在正处于经济社会转型时期，经济社会状况变化很快，政策形势变化也很快，经验往往靠不住。如今，领导干部决策失误，是要终身问责的。一旦决策失误，轻则挨处分，重则降职甚至免职，影响今后的仕途。为此，领导干部必须要用数据决策，把相关数据作为决策的客观依据，提高决策水平，促进决策科学化。

用数据创新

党的十八届五中全会提出五大发展理念，其中第一大发展理念就是创新发展。党中央、国务院把创新驱动发展战略作为中国今后一段时期的经济社会发展战略。对于领导干部，要推进政府创新，包括政府管理创新、公共服务创新等。在大数据时代，要运用大数据创新市场监管模式，创新社会治理模式、创新公共服务模式等，实现对市场的精准监管、社会的精准治理、“让数据多跑腿，群众少跑腿”。欧美发达国家都非常重视用大数据开展政府创新工作，纽约警察局的 CompStat、巴尔的摩市政厅的 CitiStat，都曾获得哈佛大学肯尼迪政府学院的政府创新奖。全国各级党政部门也要积极运用大数据，创造性地处理公共事务。

政务大数据

数据是行政管理的基础，是政府的重要资产。目前，中国发展政务大数据有需求、有基础，是必要的，也是可行的。

发展政务大数据的必要性

自 2014 年 3 月“大数据”首次被写入政府工作报告以来，李克强总理在许多场合提及大数据，并反复强调要用好大数据这一基础性战略资源。

发展政务大数据是促进政务信息资源开发利用的必然要求，是提高政府决策科学化水平的必然要求，是提高政府管理精细化水平的必然要求，是促进现代服务业发展的必然要求。

（1）发展大数据是促进政务信息资源开发利用的必然要求。加强信息资源开发利用，提高开发利用水平，是落实科学发展观，推动经济社会全面发展的重要途径，是增强我国综合国力和国际竞争力的必然选择。2004 年 12 月，中办、国办印发了《关于加强信息资源开发利用工作的若干意见》（中办发〔2004〕34 号），提出加强政务信息资源的开发利用。作为一种新型的信息资源开发利用技术，大数据技术是政府信息资源开发利用的重要手段。

（2）发展大数据是提高政府决策科学化水平的必然要求。随着信息化建设的深入，越来越多的国家部委进入“数据大集中”阶段，特别是垂直管理的政府部门。例如，自然资源部实施国土资源遥感监测“一张图”战略，基本建成了国家、省、市三级国土资源数据中心体系。政府数据中心不应只是存储数据的地方，而应采用大数据技术，对现有的海量数据资源进行分析和挖掘，辅助各级党政领导进行科学决策，避免领导干部决策失误而被问责。

（3）发展大数据是提高政府管理精细化水平的必然要求。实践表明，采用大数据技术，开展数据驱动的城市管理，可以取得非常明显的成效。例如：纽约市警察局建立 CompStat 系统之后，凶杀案从 1994 年的 1561 宗下降到 2009 年的 466 宗；巴尔的摩市建立 CitiStat 系统，可以分析全市居民通过 311 电话反映的普遍问题，进而采取有针对性的措施处理这些问题。要实现我国目前城市管理的粗放式向精细化转变，必须发展大数据。

（4）发展大数据是促进现代服务业发展的必然要求。从发达国家的经验来看，开放政府数据可以有效促进现代服务业（特别是咨询行业）的发展。例如，美国国家海洋和大气管理局（NOAA）免费向社会开放气象数据，仅2008年为发电厂就节省了1.66亿美元。由于采取气象数据免费开放政策，2000年，美国天气风险管理行业的产值是欧洲的60倍，是亚洲的146倍。这是因为在欧洲虽然开放气象数据，但仍然需要支付一定的费用购买，而亚洲许多国家则不开放气象数据。发展现代服务业是我国调整经济结构的重要途径，政府部门开放非涉密的公共数据，鼓励社会机构对公共数据进行开发利用，有利于促进我国现代服务业的发展。

充分运用大数据的先进理念、技术和资源，是提高政府服务和监管能力的必然要求，有利于政府充分获取和运用信息，更加准确地了解市场主体需求，提高服务和监管的针对性、有效性；有利于顺利推进简政放权，实现放管结合，切实转变政府职能；有利于加强社会监督，发挥公众对规范市场主体行为的积极作用；有利于高效利用现代信息技术、社会数据资源和社会化的信息服务，降低行政监管成本。

发展政务大数据的可行性

一方面，中国政府的数据量已经初具规模；另一方面，大数据技术逐步成熟。

（1）中国政府的数据量已经初具规模。自2002年国家信息化领导小组出台《关于我国电子政务建设指导意见》以来，许多政府部门开展了大规模的电子政务建设。经过15年的电子政务建设，各级政府部门积累了大量的数据。目前，绝大多数中央部委和省级政府部门的核心业务都有数据库支撑，核心业务数据库覆盖率超过80%。公安部建成了覆盖13亿人口的国家人口数据库。国家工商行政管理总局建成了企业法人数据库，民政部和中央编制办公室初步建成了社会团体和事业单位信息库，全国四级自然资源主管部门积累了近6000 TB的数据，国家统计局建成了统计信息库，国家发展改革委等国家部委建成了自然资源和空间地理基础信息库。此外，金融、税务、质检、人力资源和社会保障、教育等部门也都建成了一批数据库。

（2）大数据技术逐步成熟。近年来，IBM（国际商业机器公司）、甲骨文、谷歌等国际跨国 IT（信息技术）企业积极开展大数据技术研发、企业并购和产品推广。例如，谷歌公司的编程模型 MapReduce（可以用于 1 TB 以上的数据处理），甲骨文公司的大数据机，IBM 公司的数据实时分析产品 InfoSphere Streams，Apache 公司的 Hadoop 分布式数据处理系统。在国内，达梦、神舟通用、人大金仓等国产数据库软件企业也积极开展大数据技术研发和大数据产品研制，推出针对不同行业的大数据解决方案。目前，国内已经涌现出一大批大数据产品、服务和解决方案提供商。

政务大数据应用价值

大数据在政府部门的应用，可以给政府部门带来以下六个方面的价值。

（1）促进领导决策科学化。大数据可以使领导干部决策方式从“凭经验”转变为“用数据说话”，杜绝“拍脑袋决策，拍胸脯保证，拍屁股走人”现象，提高决策科学化水平，避免领导干部因决策失误被问责。

（2）促进行政管理精细化、精确化。大数据可以使政府管理从“粗放管理”转变为“精细管理”，从“人海战术”转变为“精确管理”，提高政府管理水平。不少市场监管部门都反映人手不够，管不过来，必须运用大数据对市场主体实现分级分类管理，把有限的执法力量用在刀刃上，对违法分子进行精确打击。

（3）促进公共资源配置合理化。大数据可以使医院、学校等基本公共服务资源、配套设施、执法力量配置科学化、合理化。例如，随着城镇化发展和人口跨区域流动，一个城市到底应该新建多少家医院、多少所中小学，建在什么地方比较合理，都应该用数据说话。

（4）促进公共服务人性化。通过大数据分析，政府部门可以为企业和社会公众提供个性化、主动的公共服务，提高企业和社会公众对政府的满意度，让人们有获得感。例如，根据公安部门的人口信息，可以识别出即将年满 60 周岁的人群，告知他们什么时间之后就可以到什么地方去办理老年证，需要提交哪些材料。

（5）促进政府运行整体化。目前，我国条块分割的行政管理体制，容易导致行政碎片化。行政碎片化，信息化建设各自为政，是导致政府部门之间“信息不对称”的重要原因。而政府部门之间“信息不对称”是导致市场监管和社会治理漏洞的主要原因。通过政务信息资源的整合、信息系统的互联互通，实现跨部门信息共享和业务协同，可以破解行政碎片化问题，构建整体政府。

2020 年 3 月，时任浙江省省长袁家军在浙江省政府第五次全体会议上提出打造“整体智治、唯实惟先”的现代政府。强调要树立“整体、智治”的理念，强化基于数字化的智慧化治理，全方位深化政府数字化转型，使群众和企业办事从“找部门”转变为“找政府”；通过跨部门的数据共享、流程再造和业务协同，打造掌上办事之省和掌上办公之省，实现政府治理协同高效。

（6）促进政府运作智慧化。大数据是智慧政府的关键技术之一。政府的“智慧”在很大程度上源于大数据分析之后掌握事物全局情况、发现事物发展规律。大数据可以帮助公务员自动完成一些比对、分析工作，减少公务员的工作量。例如，通过跨部门数据比对和信息核查，自动剔除不符合条件的申请者。由人口、法人单位等基础信息库和电子证照、社会信用等专题数据库，自动生成一些信息，避免基层办事人员重复录入。

政务大数据应用情况

目前，大数据已在公安、工商、税务、旅游等部门得到应用，政府部门大数据应用领域如表 1–2 所示。大数据中心是智慧城市的重要基础设施，要加快构建基于大数据的“城市大脑”。

表 1–2　政府部门大数据应用示例

政府部门	应用示例
办公厅 / 办公室	建设政府数据网站，开放公共数据资源；运用大数据促进领导决策科学化
发展改革部门	运用大数据监测宏观经济运行情况，促进宏观调控科学化；运用大数据进行物价监测
工业和信息化部门	发展工业大数据。推动大数据在研发设计、生产制造、经营管理、市场营销、售后服务等环节的应用，发展基于大数据的智能制造、大规模定制、服务型制造等新一代制造业
教育部门	运用大数据分析教育发展情况，科学配置教育资源（新建多少学校，建在哪里），因材施教
科技部门	运用大数据进行科技查新；运用大数据进行科技成果供需匹配，促进科技成果转化
公安部门	在社会治安管理、车辆管理、户籍管理、出入境管理、打拐、反扒、消防、踩踏预警、反恐、打击电信诈骗等领域应用大数据，建立基于大数据的立体化防控体系。在重要场所安装具有人脸识别功能的视频监控系统，提升视频智能化处理能力，为案件侦破提供精准线索
监察部门	数据铁笼；运用大数据进行干部画像，对干部进行监督
民政部门	在居民婚姻状况分析、社会救助对象经济状况核查、民政专项资金监管等领域应用大数据，杜绝重婚、骗婚、骗保、开大处方等违法违规行为。运用大数据帮助儿童福利院的儿童找到生身父母，精准对接社会帮扶
司法部门	在法律援助分析、公证、司法鉴定、服刑人员分析、戒毒人员分析、律师分析等领域应用大数据
财政部门	财政收支大数据分析；财政数据可视化
人力资源和社会保障部门	运用大数据分析城乡居民就业情况、人才市场供求状况、行业薪资待遇等，引导社会就业。通过招聘单位和招聘人员的数据自动匹配，促进社会就业。建立基于大数据的社保监管平台，实现社保基金、就业专项资金和劳动用工的智能监管和医保的智能审核，杜绝骗保、冒领养老金等违法违规行为

（续表）

政府部门	应用示例
自然资源部门	加强不动产登记有关信息与住建、农业、林业、公安、民政等部门的信息共享。运用大数据开展地质调查、自然资源评价等工作，查处违法占地等行为。运用大数据对地质灾害进行监测预警，保障城市地质安全
住房和城乡建设部门	运用大数据支撑“多规合一”，编制城市规划，查处违章建筑，建立住房和城乡建设“一张图”
交通运输部门	建立基于大数据的城市智能交通系统，运用大数据治理城市交通拥堵，改善市区交通状况，方便人们的出行
农业农村部门	在农业产前、产中、产后各个环节推广应用大数据技术，发展设施农业、订单农业、精准农业等现代农业，促进农业组织化、规范化、品牌化。加强涉农数据汇聚和共享，增强涉农信息系统大数据分析功能。建立农产品质量追溯系统，归集生态环境、生产资料、生产过程、市场流通、加工储藏、检验检测等农产品生产、流通、消费相关数据，实现信息可查询、来源可追溯、责任可追究
商务部门	运用大数据分析内外贸态势
文化旅游部门	运用大数据分析广大人民群众的文化需求、偏好，引导文化工作者创作出适销对路的文化产品。运用大数据分析客源、游客行为等，对景点景区人群踩踏进行预警，对旅游市场进行精确监管，科学、合理地开展旅游景区规划和评价
卫生健康部门	在医疗卫生发展情况分析、居民健康状况调查、医院等医疗资源科学配置、疫情监测和预警等领域应用大数据。鼓励医院运用大数据开展疾病研究、辅助看病等
生态环境部门	运用大数据分析环境污染态势
市场监管部门	建立和完善市场主体数据库，以社会信用代码关联市场主体信息，对市场主体进行信用画像。通过大数据分析发现各类市场主体违法违规规律、市场主体经营异常规律、消费者投诉举报情况等，通过跨部门数据比对发现市场监管漏洞，对市场主体实行分类、分级监管，科学地配置有限的执法力量。构建以企业信用信息公示为基础、以信用监管为核心的事中事后监管体系
税务部门	对涉税数据进行比对，发现税收征管漏洞，促进财税增收。运用大数据分析税收结构等

（续表）

政府部门	应用示例
信访部门	在信访调研、访情预判、绩效考核、管理决策、记录历史等领域应用大数据
行政服务中心	通过大数据分析为企业和社会公众提供个性化的、主动的服务，助力“最多跑一次”改革。推行“互联网＋政务服务”，以部门联网、信息共享和数据交换支撑行政事项跨部门、跨地区、跨层级办理，让数据多跑腿、群众少跑腿，实现“一号”申请、“一窗”受理、“一网”通办

政务大数据的发展对策

（1）建设政府数据网站，开放公共数据资源。数据开放是发展政务大数据的前提条件，数据网站是政府数据开放的重要渠道。2009年以来，美国、英国、澳大利亚等西方发达国家相继掀起了开放政府运动。2011年9月，巴西、印度尼西亚、墨西哥、挪威、菲律宾、南非、英国、美国8个国家联合签署《开放数据声明》，成立开放政府合作伙伴组织。截至2014年2月，全球已有63个国家加入开放政府合作伙伴组织。目前，全球已有40多个国家和地区开通了政府数据网站。其中既有美国、德国、英国、法国这样的发达国家，也有秘鲁、乌拉圭、智利、肯尼亚这样的发展中国家。在中国，只有北京、上海、香港开通了政府数据网站。政府部门掌握的数据多是由企业和社会公众提供的，应遵循“取之于民，用之于民”的原则，在保护国家安全、商业机密、个人隐私等的基础上，以政府数据网站为渠道，向社会免费公开非涉密、非敏感的公共数据，促进社会化、市场化的数据资源开发利用。要制定国家层面的公共数据资源开放法律法规，用法律法规破除部门利益，使各级政府部门依法依规开放公共数据资源。

（2）开展重点领域的政务大数据应用。要在公共安全、城市规划、经济运行、医疗卫生、社会管理、旅游等重点领域开展政务大数据应用试点工作。例如，利用大数据技术分析特定区域（车站、体育馆、景区等大型活动场所）的人群密集程度，对可能发生的踩踏事件进行及时预警，及时疏导人群。利用大数据技术分析人口分布、出行规律，科学编制城市规划。利用大数据技术分析宏观经济运行情况，及时采取有针对性的政策措施。利用大数据技术分析疾病发生规律、病因机理等，为疫情防控、疾病治疗等提供科学依据。利用大数据技术分析社会舆情，及时采取措施化解社会矛盾。利用大数据技术分析游客行为，优化景区旅游设施布局，提高景区服务的人性化水平。

（3）加强政务数据治理，提高政务数据质量。完善政务数据普查、目录、归集、清洗、共享、开放体系，保证政务数据的全面性、准确性、一致性、时效性等，实现“一数一源”，进一步提高数据质量。

（4）保障政府数据安全，防止政务大数据被滥用。采用举国体制突破国产 CPU（中央处理器）、操作系统、大型数据库管理系统等核心技术并实现大规模商用。扶持一批从事国产数据库管理系统研发、大数据分析工具研发、大数据加工、大数据分析咨询服务的企业，培育和发展大数据产业。建立政府数据安全管理制度，加强政府数据中心的规范化管理。尽快制定《数据保护法》，避免政务大数据被滥用。目前，欧美、日本等发达国家普遍制定了《数据保护法》。近年来，由于缺乏相应的法律法规和有效的政府监管，个人数据被非法买卖、网络信息泄露等事件屡屡发生。目前，全国人大正在制定《数据安全法》，这将使政务大数据的发展纳入法制化轨道。

第2章

国外大数据发展情况

为了促进经济发展，提高政府管理水平，美国、英国、德国、澳大利亚、日本、韩国等许多发达国家都制定了大数据方面的发展战略和政策措施，开放公共数据资源，发展大数据产业。目前，大数据在许多发达国家的政府和企业都得到了应用。

美国

美国是大数据概念的诞生地。美国政府积极开放公共数据资源，发展数据科学，提升大数据科技创新和应用水平。

2012 年 3 月，美国政府发布了“大数据研发计划”（Big Data Research and Development Initiative），旨在通过对采集来的庞大而复杂的数据进行分析，从中获得新的知识和洞见，加速科学发现，强化本土安全。

美国国防部、能源部、国家科学基金会、国家卫生研究所和联邦地质调查局等部门启动了一批大数据研究项目或行动计划，成立了一批大数据研究机构，如表 2–1 所示。

表 2–1　美国一些政府部门的大数据项目

部门名称	大数据项目
国防部	多尺度异常检测（ADAMS）项目，机器阅读项目，大脑眼睛（Mind’s Eye）项目，任务导向的高可用性云计算项目，视频、图像的检索和分析工具（VIRAT）计划，XDATA 项目
能源部	高性能存储系统，下一代网络，高能物理计算计划，美国核数据计划

（续表）

部门名称	大数据项目
国家科学基金会	大数据科学与工程核心技术研究计划，21 世纪科学与工程网络基础设施框架（CIF21）项目，数据引文（Data Citation）项目，计算先行者（Expeditions in Computing）项目，激光干涉引力波观测站（LIGO），开放式科学网格（OSG）
国家卫生研究所	癌症成像存档（TCIA）项目，纳米材料注册计划，生理网络（PhysioNet），影像信息学工具和资源交换中心（NITRC），神经学信息框架（NIF），人类连接体项目，国家生物医学计算中心，国家通用医学科学研究所病例研究项目，全球蛋白质数据银行，生物医学信息研究网（BIRN），美国国家药物图书馆集成生物学和临床信息学（i2b2）项目，国家老龄化计算机数据档案项目
联邦地质调查局	约翰 · 威斯利 · 鲍威尔分析及合成中心
国土安全部	卓越可视化和数据分析研究中心
退伍军人管理部	医疗保健信息研究所
卫生和人类服务部	疾病预防和控制中心生物传感 2.0（BioSense 2.0），疾病预防和控制中心特别细菌学参考实验室（SBRL），护理和医疗救助服务中心（CMS），食品药品监督管理局的虚拟实验室
国家档案和记录管理局	十亿电子记录网络基础设施（CI-BER）
国家航空航天局	地球科学数据和信息系统（ESDIS）项目，全球对地观测系统（GEOSS）项目，行星数据系统（PDS），太空望远镜研究所多任务档案（MAST），地球系统网格联盟

美国能源部投入 2500 万美元用于建立可扩展的数据管理、分析和可视化研究所，帮助科学家对能源部超级计算机上的数据开展管理和可视化工作。核聚变研究室和高级科学计算研究室合作开发了一种新型数据管理技术，用于解决独特的数据融合问题。高能物理计算计划能够协助能源企业进行大数据管理。美国核数据计划是一个涉及 7 个国家实验室和 2 所大学的项目，旨在维护并提供连接专用数据库的路径。这些数据库跨越多个核物理领域，能够编译和交叉检测所有与原子核性质相关的实验结果。

大数据科学与工程核心技术研究计划由美国国家科学基金会和国家卫生研究所共同承担，主要研究大数据管理、分析、可视化以及从大量多样、分散、异构的数据集之中提取有用信息的核心技术，支持科学、工程、医学领域技术工具的开发和评估方面取得突破性进展，确保美国于未来几十年在基础科技方面保持领先水平。

美国国家癌症研究所运用大数据开展癌症研究，实施了癌症成像存档（Cancer Imaging Archive，TCIA）项目和癌症基因组图谱（Cancer Genome Atlas，TCGA）项目。其中 TCIA 项目提供癌症图像数据共享服务，促进医学信息开放和共享，为癌症研究和临床实践提供支持。TCGA 项目将通过对大规模基因组测序等基因组分析技术的应用，加强对癌症从分子层面的认识。

国家心肺和血液研究所正在开展网格和数据的集成分析、匿名共享，提供心血管数据存储、整合、分析等服务。

影像信息学工具和资源交换中心（Neuroimaging Informatics Tools and Resource Clearinghouse，NITRC）通过共享软件工具和数据集，促进影像信息学工具的传播、共享和演化。目前，450 多个软件工具和数据集在该中心注册，点击量超过 3010 万。扩展影像学档案工具箱是一个开放源码的影像信息平台，它可以提供保质保量的医学影像和相关数据。

国家通用医学科学研究所病例研究项目试图开发一个高度可靠、有效、灵活、准确且反应迅速的、能够向病人报告健康状况的评估工具，帮助研究人员收集、存储和分析与病人健康状况有关的数据。

美国联邦地质调查局（USGS）约翰 · 威斯利 · 鲍威尔分析及合成中心通过给科学家提供地球科学领域大数据集以及各种数据整合、分析工具，促进地球科学家在气候变化、地震、生态学等领域不断产生创新性思维。

美国国土安全部卓越可视化和数据分析研究中心（Center of Excellence on Visualization And Data Analytics，CVADA）通过对大量

的异构数据进行研究，使急救员可以及时发现人为或自然灾害、恐怖事件、边境安全问题以及大规模网络威胁。

国家航空航天局（NASA）正在开展地球科学数据和信息系统（Earth Science Data and Information System，ESDIS）和全球对地观测系统（Global Earth Observation System of Systems，GEOSS）项目。ESDIS 项目将用超过 15 年的时间处理、存档和发布地球科学卫星数据，提升科学家在气候和环境变化研究方面的能力。GEOSS 是一个通过国际合作共享和整合地球观测数据的项目。NASA 已经联合美国国家环境保护局、NOAA 以及其他机构和国家的力量，整合卫星、地面监测数据和建模系统，预测森林火灾、人口增长等。研究人员可以在短期内整合各种复杂的空气质量数据，更好地了解和解决空气质量对环境和人体健康的影响。

2011 年 3 月 11 日，日本大地震发生后仅 9 分钟，NOAA 就发布了详细的海啸预警。随即，NOAA 通过对海洋传感器获得的实时数据进行计算机模拟，其制作的海啸影响模型出现在 YouTube 等网站。NOAA 的快速反应得益于其全球范围内庞大的海洋传感器网络。通过这些置于海面和海底的传感器，NOAA 源源不断地获取全球范围的海洋信息，并将这些信息存储在位于美国新泽西州的数据中心。NOAA 的数据中心存储着超过 20PB 的数据，是美国政府最大的数据库之一。为了在更短的时间内分析出准确的海啸活动趋势，NOAA 一直在努力提升其对大数据进行处理的能力。

2013 年 11 月，美国信息技术与创新基金会发布了题为《支持数据驱动型创新的技术与政策》的报告。该报告指出，“数据驱动型创新”是一个崭新的命题，其中主要包括“大数据”“开放数据”“数据科学”“云计算”。一方面，数据规模不断膨胀，且可获性越来越大，极大地刺激了新技术和新方法的发展；另一方面，这些技术反过来又提高了原始数据的使用价值，激励着更广泛、更大规模的数据收集和应用。建议政府大力培养所需的有技能的劳动力，推动数据相关技术的研发。政府不仅要收集和提供数据，还要制定推动数据共享的法律框架，并提高社会公众对数据共享重大意义的认识。①

2014 年 5 月，美国政府发布《大数据：把握机遇，守护价值》白皮书，阐述了美国大数据应用与管理现状、政策框架和改进建议，指出在大数据发挥正面价值的同时，应该警惕大数据应用对隐私、公平等长远价值带来的负面影响，建议推进消费者隐私法案，通过全国数据泄露立法，将隐私保护对象扩展到非美国公民，对在校学生的数据采集仅应用于教育目的，在反歧视方面投入更多的专家资源，修订电子通信隐私法案。

2016 年 1 月，美国联邦贸易委员会发布了一份题为《大数据：包容工具抑或排斥工具》的研究报告，分析了大数据的生命周期、大数据技术应用给消费者带来的利益和风险，探讨了应当如何利用大数据使人们既能充分享受其给社会带来的利益，又能最小化其法律和道德风险。

2018 年 6 月，美国国立卫生研究院（NIH）发布了《数据科学战略计划》，旨在对生物医药研究产生的海量数据进行存储和管理，并进行标准化建设和数据公开。

2019 年 6 月，美国政府发布《联邦数据战略第一年度行动计划》（草案）。该草案包含了每个机构开展工作的具体可交付成果，以及由多个机构共同协作推动的政府行动，旨在编纂联邦机构如何利用计划、统计和任务支持数据作为战略资产来发展经济，提高联邦政府的效率，促进监督和提高透明度。

英国

2013 年，英国政府发布了《英国数据能力发展战略规划》，旨在

① 姜桂兴 . 美国智库建议政府支持数据驱动型创新 . 学习时报，2014-03-03.

利用数据产生商业价值，提振经济增长，承诺2015年之前开放交通、天气、医疗方面的核心数据库，并建立世界上首个“开放数据研究所”（The Open Data Institute），把大数据应用到英国的各行各业、各个领域。

英国政府非常重视大数据领域的科技创新，投入了大量资金。例如，2013年初，英国商业、创新和技能部宣布投资6亿英镑发展八类高新技术，其中在大数据技术方面投资1.89亿英镑，旨在提升地球科学、医学等领域的大数据分析能力。2013年4月，英国经济和社会研究委员会宣布新增6400万英镑用于大数据研发，其中3400万英镑用来建立“行政数据研究网络”，汇聚政府部门和机构所收集的行政数据，促进发挥政府数据对科学研究、政策制定和执行的作用。2014年，英国政府投入7300万英镑进行大数据技术开发，包括在55个政府数据分析项目中开展大数据技术应用。2015年，英国政府在大数据技术开发方面投入7300万英镑，用于在55个政府数据分析项目中应用大数据技术，以大学为依托投资兴办大数据研究中心，支持牛津大学、伦敦大学等高校开设大数据专业等。①

目前，大数据已经在英国税务、农业、城市规划、医疗卫生等领域得到应用。英国税务和海关总署通过大数据查出了200亿英镑的逃税与诈骗。英国政府建立了医疗健康大数据平台care.data，通过医疗卫生数据资源的统一归集、共享、分析，更好地认识疾病，研发药物和新的治疗方式，认识公共卫生和疾病发展趋势，在有限预算中更好地分配医疗资源，监控药物和治疗的安全状况，比较全国各地区的医疗水平。

近年来，通过大数据提高政府部门的工作效率，发展大数据产业，直接或间接为英国增加了490亿至660亿英镑的财政收入。通过使用大数据技术，英国政府每年可节省约330亿英镑。2016年，英国数字

① 窦玉根，文洋．英国开启大数据时代．学习时报，2015-10-23.

科技收入超过 1700 亿英镑。

2017 年 3 月，英国政府发布了《英国数字化战略》，提出了以下七大战略任务。

（1）连接性：为英国建立世界一流的数字化基础设施。

（2）技能与包容性：为每个英国人提供掌握其所需数字化技能的途径。

（3）数字化部门：让英国成为建立并发展数字化业务的最佳平台。

（4）宏观经济：帮助每一家英国企业顺利转型为数字化企业。

（5）网络空间：让英国提供全球最为安全的在线工作和生活环境。

（6）数字化治理：确保英国政府在全球在线便民服务方面处于领先地位。

（7）数字经济：释放数据在英国经济中的重要力量，提高社会公众对使用数据的信心。

德国

2013 年 4 月，德国政府在汉诺威工业博览会上正式提出了“工业 4.0”战略。通过大力发展智能制造，构建信息物理系统（Cyber-Physical System，CPS），进一步提高德国制造业的竞争力，在新一轮工业革命中占领先机。信息物理系统是一个综合计算机、互联网和工业设备的复杂系统，是典型的工业互联网。通过综合采用计算机、通信和控制（Computing、Communication、Control，3C）技术，实现工业系统的实时感知、动态控制和信息服务。[①]

工业 4.0 项目是德国政府《高技术战略 2020》确定的十大未来项目之一，由德国联邦教育研究部与联邦经济技术部联手资助，预计资金投入 2 亿欧元。该项目特别注重吸引中小企业参与，力图使中小企

① 李瑞成 . 什么是工业 4.0[EB/OL]. 福布斯中文网，2014-08-18.

业成为新一代智能制造技术的使用者和受益者，同时也成为先进工业生产技术的创造者和供应者。工业大数据是德国工业 4.0 的核心。

2014 年 8 月，德国联邦政府内阁通过了由德国联邦经济和能源部、内政部、交通与数字基础设施建设部联合推出的《2014—2017 年数字议程》，提出在变革中推动网络普及、网络安全、数字经济发展三个重要进程，希望以此打造具有国际竞争力的数字强国。

2016 年 3 月，德国联邦经济与能源部发布了“数字化战略 2025”。该战略提出实施十大行动计划，具体包括构建千兆光纤网络；开拓新的创业时代，支持初创企业发展；建立投资及创新领域监管框架；在基础设施领域推进智能互联以加速经济发展；加强数据安全，保障数据主权；促进中小企业、手工业和服务业商业模式数字化转型；帮助德国企业推行工业 4.0；注重科研创新，数字技术发展达到顶尖水平；实现数字化教育培训；成立联邦数字机构。

法国

2011 年 7 月，法国政府启动了“Open Data Proxima Mobile”项目。该项目希望通过实现公共数据在移动终端上的使用，从而最大限度地挖掘它们的应用价值。项目内容涉及交通、文化、旅游和环境等领域。项目完成后所有法国公民以及在法国旅游的欧洲公民都将能通过个人移动终端使用法国的公共数据。所有公共数据都是免费的，应用程序均操作简单。不仅利于大众使用，还能为私人企业提供很多商机。

2011 年 12 月，法国政府开通了政府数据网站 data.gouv.fr，便于公民自由查询和下载公共数据。该网站上线当天发布的第一批资源中就包含 35.2 万组数据，覆盖面广，包括国家财政支出、空气质量、法国国家图书馆资源等。网站上的数据都是经过每个政府部门的专员统计和收集的，会不断更新。

2013 年 2 月，法国政府发布了《数字化路线图》，明确了大数据是未来要大力发展的战略性高新技术。法国政府以新兴企业、软件制造商、工程师、信息系统设计师等为目标，开展一系列投资计划，旨在通过发展创新性解决方案，并将其用于实践，来促进法国在大数据领域的发展。

2013 年 4 月，法国经济、财政和工业部投入 1150 万欧元用于支持 7 个未来投资项目。此前，法国软件编写联盟曾号召政府部门和私人企业合作，投入 3 亿欧元资金用于发展大数据产业。

2013—2018 年，法国中小企业、创新和数字经济部在巴黎等地创建大数据孵化器，通过公共私营合作方式投资 3 亿欧元，向数百家大数据初创企业发放启动资金。此外，法国政府还出台了《创新 2025 规划》和《新工业法国规划》等战略规划，积极支持大数据产业发展。

澳大利亚

近年来，澳大利亚政府积极发展大数据产业，在政府治理、卫生健康、农业农村、交通运输、公共安全和科学研究等领域深化大数据应用。

（1）政府治理。澳大利亚政府信息管理办公室发布公共服务大数据战略，该战略将以“数据属于国有资产，从设计着手保护隐私，数据完整性与程序透明度，技巧、资源共享，与业界和学界合作，强化开放数据”六条大数据原则为支撑，旨在推动公共行业利用大数据分析进行服务改革，制定更好的公共政策，保护公民隐私，使澳大利亚在该领域达到全球领先水平。

政府通过大数据分析系统提升公共服务质量，增加服务种类，并为公共服务提供更好的政策指导。澳大利亚政府希望，在大数据分析的运用、提高效率、与其他政策和技术协同，以及为公共服务领域带来变革等方面，澳大利亚能领先全球其他国家。

（2）卫生健康。澳大利亚国家血液管理局通过将移动化和数据注入供应链的创新效率，共节省了约1000万澳元的资金。澳大利亚国家血液管理局借助数据和移动技术创新，以优化其涉及澳大利亚的1300多家医院的实时供应链。血液业务运营效率的提高和成本的节约均来自对于BloodNet的部署，BloodNet是一款供应链管理系统，其能够针对每一个单独的血液袋子从其收集采血点到储存，再到最终被医院使用的整个流程实施跟踪。

（3）农业农村。澳大利亚农业部采用一款在线数据工具，包括监测预警工具、气候影响分析模型、降水对牧草生长展望模型等，有效提升了数据挖掘分析利用能力；农业部正在开发和使用机器人、自主系统、先进的电信、无线、天线和传感器网络等来提高科研能力，同时与国内外世界一流的研究伙伴共同开发世界领先的计算和模拟系统。澳大利亚农业部网站还定期发布涵盖土壤状况、天气状况、气候变化、水资源与农产品5个方面的具体数据信息。

（4）交通运输。澳大利亚交通局从GPS（全球定位系统）设备和智能手机应用程序中收集大数据，利用先进的基于位置的分析，以增加流动性。交通局与主要运输机构进行合作，创造更适宜居住的智能城市。交通局通过使用先进的技术来绘制和分析大数据，揭示交通发展趋势和流量模式，更好地进行网络规划和管理之前隐藏的盲点。这种利用大数据的做法协助澳大利亚交通部门预测新的路线和基础设施的价值，从而减少拥堵，提升服务交付和可靠性。

（5）公共安全。澳大利亚犯罪委员会花费1.45亿美元开发大数据系统，预测全国各地的犯罪趋势，这表明委员会开始由数据驱动执法，通过扫描数据，使用数据挖掘，发现新兴犯罪威胁的信号，预测遍布全国各地潜在的新兴犯罪问题和趋势。澳大利亚犯罪委员会希望利用大数据技术，保卫澳大利亚国土安全。

（6）科学研究。澳大利亚默多克儿童研究所利用大数据解密DNA（脱氧核糖核酸）。研究所是全球致力于研究DNA测序技术的医学研究中心之一，这种技术可以为整个人类基因组进行测序，同时也让研究所有了分析这些大数据的能力。该研究所安装的数据存储系统以保存和管理大数据，包括下一代测序技术产生的数据，来缓解新一代测序技术给研究所的数据存储带来的压力。研究所通过对中心现有的数据进行存储扩展，并构建预置的存储基础设施平台去支持 DNA 技术的横向扩展。

日本

日本大数据战略规划

2012 年 7 月，日本政府 IT 战略本部制定了“电子行政开放资料战略”。该战略是日本促进公共资料活用的基本战略。这一年，日本总务省开始对大数据进行专项调查，并将调查结果发布在《信息通信白皮书》里。

2013 年，日本总务省对大数据的发展状况进一步深入开展宏观和微观层面的调查。在宏观层面，为了把握日本大数据发展的整体情况，对大数据的生成、流通、存储环节进行调查。在微观层面，主要通过二手资料分析和实地调研，探寻大数据在企业的应用场景、问题、效果。

2013 年 6 月，日本政府正式公布了新的国家信息化战略——《创建最尖端 IT 国家宣言》，全面阐述了 2013—2020 年日本以发展开放公共数据资源、深化大数据应用为核心的信息化国家战略。

《创建最尖端 IT 国家宣言》提出向民间开放公共数据。2013 年启动居民可浏览中央各部委和地方省厅公开数据的网站（试用版），2014 年正式实施，促进大数据的广泛活用，促进个人数据的流通与运用，明确个人数据的活用规则。日本矢野经济研究所预测，到 2020 年，日本大数据市场规模有望超过 1 万亿日元。

根据日本总务省发布的《2013年信息通信白皮书》，充分利用大数据将给日本带来每年7.77万亿日元的经济效益。通过分析顾客购物偏好等数据提高销售针对性，有望给零售业带来1.15万亿日元的经济效益；通过减少设备故障率，有望给制造业带来4.79万亿日元的经济效益；导航等道路交通数据的利用有助于减少堵车和减轻能耗，从而将产生1.43万亿日元的经济效益；对土壤、农作物栽培信息的综合利用，则有望给农业新增4000亿日元的经济收益。

2015年，日本大数据市场规模达到947.76亿日元，增幅达到32.3%。预计到2020年，日本大数据技术和服务市场规模将达到2889.45亿日元，复合年均增长率约25%。

2016年1月，日本内阁制定了第五次（2016—2020年）科学技术基本计划，旨在把日本建设成为“世界上最适合创新的国家”。在该计划中，日本政府提出了超智能社会5.0战略。

超智能社会5.0是在当前物质和信息饱和且高度一体化的状态下，以虚拟空间与现实空间的高度技术融合为基础，人与机器人、人工智能共存，可超越地域、年龄、性别和语言等限制，针对诸多细节及时提供与多样化的潜在需求相对应的物品和服务，是能够实现经济发展与社会问题解决相协调的社会形态，更是能够令人们愉悦及满足高质量生活品质的、以人为中心的社会形态。

2016年5月底，日本政府发布了《科学技术创新战略》，对支撑超智能社会建设的主要技术领域进行了详细描述，其中就包括大数据技术。

日本大数据应用情况

目前，日立、NEC（日本电气）、富士通、NTT DATA（NTT数据）、电通等知名公司都开展了大数据应用。从2012年6月起，日立公司向用户企业提供数据分析高手服务（Data Analytics Meister Service），用来帮助用户企业通过活用大数据创造新的商业价值。例如，构建活用大数据的企业形象，选定活用大数据实施方案，具体运用验证及安装工作等。2013 年 6 月，日立建立了 300 人的囊括并统辖全世界大数据关联部门的专门组织机构。

2012 年 11 月，NEC 宣布将利用脸部验证技术“Neo-Face”提供基于云计算的各种大数据分析服务。例如，通过设置于店铺内的摄像机所拍照的顾客脸部数据，可自动识别顾客的年龄、性别以及来店经历。它可推算出不同年龄段来店者的状况和回头率，分析两者同销售额的关系等，以便采取相应措施提升销售额。

富士通公司利用其数据中心和云计算服务方面的优势，积极拓展由专业数据分析小组所提供的活用大数据的咨询服务。例如，强化社交网络服务（SNS）上的数据分析服务，及时发现社交网络上可用的信息，以便企业能够实时地开展市场营销活动，加强商品规划和顾客支持。2013 年 6 月，富士通公司建立了由 30 名核心业务人员以及 800 多位数据专家和咨询顾问组成的“大数据主导中心”。

2013 年 7 月，NTT DATA 公司集中本企业内部各大数据业务关联部门，成立了专门的“大数据商务推进室”，它囊括了 130 位数据应用专业人才，对用户企业实行一站式服务，包括协助企业挖掘商机并提供相应服务等。

日本电通公司利用 GPS 收集了 70 万人的位置信息，开发出位置信息服务 Draffic，实现人员流动可视化。Draffic 把检测区域缩小到 2500 平方米，能更确切地分析顾客在商业设施或商场的流动状况，如来店的人来自何处又将去向何处及其人数等。

富山大学附属医院在 2005—2013 年积累了 1700 万件病例记录、1000 万个客户、1.43 亿件用药处方及 300 万件病名。该医院以这些数据作为基础，实时提供处方知识和输入支援功能。“处方知识”可根据患者的具体症状与病情，协助医师分析出最佳药物处方方案。“输入支援”则可将输入的单词和文章的候选，通过下拉菜单进行多项提示，可帮助医师提高电子病历的输入效率。[①]

大数据在日本防震减灾、旅游、婚介等领域也得到了应用。2011年“3·11”大地震以后，日本政府投入巨资应用大数据技术，利用手机定位信息、车辆GPS轨迹、视频监控录像、直升机录像、卫星照片等，将地震、海啸发生后人们的逃生路线制作成“死亡轨迹”，分析为什么会死那么多人。大数据分析结果发现，大量的市民死在他们认为安全的地方，甚至有人的逃生路线是飞蛾扑火。

2016年，日本观光厅开始采集外国人在免税店的购物数据，根据免税商品的购买记录分析畅销商品的种类、需求量等，并把数据提供给零售商店作为进货参考，以促进以中国人为主的外国游客更大力度地购物。

2015年3月，爱媛县政府支持的一家婚姻服务中心利用大数据对注册会员的个人情况进行匹配，帮助单身男女寻找合适的相亲对象。通过大数据应用，在该中心的会员中，一方同意与另一方见面的概率从13%提升到29%，2015—2016年，该中心共促成228对夫妇。

韩国

韩国大数据发展战略

2011年以来，韩国多个部门制订了大数据发展计划。例如，韩国科学技术政策研究院制定了以“构建英特尔综合数据库”为基础的“大数据中心战略”。韩国国家科学技术委员会制定了大数据未来发展环境战略计划。2012年，由未来创造科学部牵头的“培养大数据、云计算系统相关企业1000个”的国家级大数据发展计划已通过《第五次国家信息化基本计划（2013—2017）》等多项具体发展战略，并落实到

① 金顺英．日本大数据产业鸟瞰．中云网，2013-07-22.

生产层面。

2013 年 7 月，韩国科学、通信和未来规划部表示，将与国家信息社会局共建大数据中心。该中心计划创建基础解决方案，任何人都可使用其中的服务对大数据进行分析。该中心面向中小型企业、风险企业、大学和普通公民，用户可以利用大数据技术解决业务或者研究方面的问题。

2015 年，韩国大数据市场规模已达 13 万亿韩元（约合 722 亿元人民币）。自 2012 年市场规模突破 12 万亿韩元后，韩国大数据产业以 9% 的年平均增长率不断发展壮大。根据韩国数据化振兴院发布的《2015 韩国数据行业白皮书》：数据服务占大数据市场份额的 47%，位居第一；数据库构建服务以 41.8% 的占有率紧随其后。截至 2016 年 1 月，韩国大数据产业从业人员达 30 万人，但其中大数据专业技术人员仅有 7 万人。

2016 年底，韩国政府发布了以大数据等技术为基础的《智能信息社会中长期综合对策》，以积极应对第四次工业革命的挑战。

首尔大数据应用情况

首尔市政府在“智慧首尔 2015”计划中，提出“利用大数据解决市民小烦恼”的口号。例如，通过对深夜道路交通数据的分析，政府可以确定更为合理的夜间巴士路线图；采用人脸识别技术寻找走失的儿童；利用手机信号大数据分析城市实际运行情况和运行规律，有针对性地开展城市规划建设工作。

“智慧首尔 2015”计划提出，首尔市将努力打造“首尔开放数据广场”，以促进信息技术和公共服务产业的发展。2012 年 4 月，“首尔开放数据广场”正式上线。截至 2013 年 5 月，共有 33 个数据库、880 个数据集，为用户提供十大类的公共数据信息，包括育儿服务、公共交通路线、巴士到站时间、停车位、各地区天气预报及餐厅推荐等涵盖生活方方面面的信息，并配有图表、数据、地图和网络链接等。

首尔市政府开发了一系列智能手机应用（App）。例如，市民通过“智慧首尔地图”App可以查询残疾人设施、首尔市免费无线网络热点、健康餐饮店、图书馆、厕所的位置以及行政信息等，还可以向政府举报违章停车或道路破损问题。

第3章

国内大数据发展情况

党中央、国务院高度重视大数据发展，近年来，党中央、国务院出台了一系列大数据相关政策文件。目前，许多地方政府都成立了大数据管理机构，组织编制了大数据发展规划，制定了大数据相关政策文件，开通了政府数据网站，建立了大数据交易机构。大数据在许多党政机关和企事业单位得到应用。

大数据相关国家政策

综合性政策

2015 年 3 月，工业和信息化部、国家机关事务管理局、国家能源局联合印发了《国家绿色数据中心试点工作方案》，试点内容包括积极开展绿色数据中心技术创新和推广，提高绿色数据中心管理水平，建立试点数据中心节能环保指标监测体系，完善绿色数据中心标准和评价体系，加强公共服务能力建设，开展国际合作。

2015 年 6 月，国务院办公厅印发了《关于运用大数据加强对市场主体服务和监管的若干意见》，提出运用大数据提高为市场主体服务水平，运用大数据加强和改进市场监管，推进政府和社会信息资源开放共享，提高政府运用大数据的能力，积极培育和发展社会化征信服务。在宏观管理、税收征缴、资源利用与环境保护、食品药品安全、安全生产、信用体系建设、健康医疗、劳动保障、教育文化、交通旅游、金融服务、中小企业服务、工业制造、现代农业、商贸物流、社会综合治理、收入分配调节等领域实施大数据示范应用工程。

2015 年 8 月底，国务院印发了《促进大数据发展行动纲要》，提出加快政府数据开放共享，推动资源整合，提升治理能力。大力推动政府部门数据共享，稳步推动公共数据资源开放，统筹规划大数据基础设施建设，支持宏观调控科学化，推动政府治理精准化，推进商事服务便捷化，促进安全保障高效化，加快民生服务普惠化。实施政府数据资源共享开放工程、国家大数据资源统筹发展工程、政府治理大数据工程、公共服务大数据工程。推动产业创新发展，培育新兴业态，助力经济转型。发展工业大数据、新兴产业大数据、农业农村大数据、万众创新大数据，推进基础研究和核心技术攻关，形成大数据产品体系，完善大数据产业链。切实加强对涉及国家利益、公共安全、商业秘密、个人隐私、军工科研生产等信息的保护，加强大数据环境下防攻击、防泄露、防窃取的监测、预警、控制和应急处置能力建设。

2016 年 7 月，中办、国办印发了《国家信息化发展战略纲要》，提出“开发信息资源，释放数字红利”。加强信息资源规划、建设和管理。统筹规划建设国家互联网大数据平台。提高信息资源利用水平。建立公共信息资源开放目录，构建统一规范、互联互通、安全可控的国家数据开放体系。建立信息资源基本制度体系。建立信息资产权益保护制度，实施分级分类管理。

2021 年 3 月，中央印发了《国民经济和社会发展第十四个五年规划和 2035 年远景目标纲要》，提出培育壮大人工智能、大数据、区块链、云计算、网络安全等新兴数字产业。鼓励企业开放搜索、电商、社交等数据，发展第三方大数据服务产业。构建城市数据资源体系，推进城市数据大脑建设。加快构建数字技术辅助政府决策机制，提高基于高频大数据精准动态监测预测预警水平。完善适用于大数据环境下的数据分类分级保护制度。加快构建全国一体化大数据中心体系。加强宏观经济治理数据库等建设，提升大数据等现代技术手段辅助治理能力。推进公安大数据智能化平台建设。

专项政策

2016 年 6 月，国务院办公厅印发了《关于促进和规范健康医疗大数据应用发展的指导意见》，提出夯实健康医疗大数据应用基础，全面深化健康医疗大数据应用，规范和推动“互联网 + 健康医疗”服务，加强健康医疗大数据保障体系建设。

（1）推进健康医疗行业治理大数据应用。加强深化医药卫生体制改革评估监测，加强居民健康状况等重要数据精准统计和预测评价，有力支撑健康中国建设规划和决策。综合运用健康医疗大数据资源和信息技术手段，健全医院评价体系，推动深化公立医院改革，完善现代医院管理制度，优化医疗卫生资源布局。加强医疗机构监管，健全对医疗、药品、耗材等收入构成及变化趋势的监测机制，协同医疗服务价格、医保支付、药品招标采购、药品使用等业务信息，助推医疗、医保、医药联动改革。

（2）推进健康医疗临床和科研大数据应用。依托现有资源建设一批心脑血管、肿瘤、老年病和儿科等临床医学数据示范中心，集成基因组学、蛋白质组学等国家医学大数据资源，构建临床决策支持系统。推进基因芯片与测序技术在遗传性疾病诊断、癌症早期诊断和疾病预防检测方面的应用，加强人口基因信息安全管理，推动精准医疗技术发展。围绕重大疾病临床用药研制、药物产业化共性关键技术等需求，建立药物副作用预测、创新药物研发数据融合共享机制。充分利用优质资源，优化生物医学大数据布局，依托国家临床医学研究中心和协同研究网络，系统加强临床和科研数据资源整合共享，提升医学科研及应用效能，推动智慧医疗发展。

（3）推进公共卫生大数据应用。加强公共卫生业务信息系统建设，完善国家免疫规划、网络直报、网络化急救、职业病防控、口岸公共卫生风险预警决策等信息系统以及移动应急业务平台应用功能，推进医疗机构、公共卫生机构和口岸检验检疫机构的信息共享和业务协同，全面提升公共卫生监测评估和决策管理能力。整合社会网络公共信息资源，完善疾病敏感信息预警机制，及时掌握和动态分析全人群疾病发生趋势及全球传染病疫情信息等国际公共卫生风险，提高突发公共卫生事件预警与应急响应能力。整合环境卫生、饮用水、健康危害因素、口岸医学媒介生物和核生化等多方监测数据，有效评价影响健康的社会因素。开展重点传染病、职业病、口岸输入性传染病和医学媒介生物监测，整合传染病、职业病多源监测数据，建立实验室病原检测结果快速识别网络体系，有效预防控制重大疾病。推动疾病危险因素监测评估和妇幼保健、老年保健、国际旅行卫生健康保健等智能应用，普及健康生活方式。

（4）培育健康医疗大数据应用新业态。加强健康医疗海量数据存储清洗、分析挖掘、安全隐私保护等关键技术攻关。积极鼓励社会力量创新发展健康医疗业务，促进健康医疗业务与大数据技术深度融合，加快构建健康医疗大数据产业链，不断推进健康医疗与养生、养老、家政等服务业协同发展。发展居家健康信息服务，规范网上药店和医药物流第三方配送等服务，推动中医药养生、健康养老、健康管理、健康咨询、健康文化、体育健身、健康医疗旅游、健康环境、健康饮食等产业发展。

（5）研制推广数字化健康医疗智能设备。支持研发健康医疗相关的人工智能技术、生物三维（3D）打印技术、医用机器人、大型医疗设备、健康和康复辅助器械、可穿戴设备以及相关微型传感器件。加快研发成果转化，提高数字医疗设备、物联网设备、智能健康产品、中医功能状态检测与养生保健仪器设备的生产制造水平，促进健康医疗智能装备产业升级。

2016 年 7 月，国土资源部印发了《促进国土资源大数据应用发展实施意见》，提出持续完善国土资源数据资源体系，全面推进国土资源系统内部信息互联互通，大力推进政府部门之间的数据共享服务，稳步推进国土资源数据向社会开放，有效提升国土资源决策支持能力，加强地质环境与地质灾害分析预警与信息服务，大力推进地质调查信息服务，培育智能化国土资源调查评价监测应用新业态。

2020 年 2 月，工业和信息化部办公厅印发了《工业数据分类分级指南（试行）》。工业企业工业数据分类维度包括但不限于研发数据域（研发设计数据、开发测试数据等）、生产数据域（控制信息、工况状态、工艺参数、系统日志等）、运维数据域（物流数据、产品售后服务数据等）、管理数据域（系统设备资产信息、客户与产品信息、产品供应链数据、业务统计数据等）、外部数据域（与其他主体共享的数据等）。根据不同类别工业数据遭篡改、破坏、泄露或非法利用后，可能对工业生产、经济效益等带来的潜在影响，将工业数据分为一级、二级、三级 3 个级别。

2020 年 4 月，工业和信息化部印发了《关于工业大数据发展的指导意见》，提出促进工业数据汇聚共享，深化数据融合创新，提升数据治理能力，加强数据安全管理，着力打造资源富集、应用繁荣、产业进步、治理有序的工业大数据生态体系。

1）加快数据汇聚。推动工业数据全面采集。支持工业企业实施设备数字化改造，升级各类信息系统，推动研发、生产、经营、运维等全流程的数据采集。支持重点企业研制工业数控系统，引导工业设备企业开放数据接口，实现数据全面采集。加快工业设备互联互通。持续推进工业互联网建设，实现工业设备的全连接。加快推动工业通信协议兼容统一，打破技术壁垒，形成完整贯通的数据链。推动工业数据高质量汇聚。组织开展工业数据资源调查，引导企业加强数据资源管理，实现数据的可视、可管、可用、可信。整合重点领域统计数据和监测数据，在原材料、装备、消费品、电子信息等行业建设国家级数据库。支持企业建设数据汇聚平台，实现多源异构数据的融合和汇聚。统筹建设国家工业大数据平台。建设国家工业互联网大数据中心，汇聚工业数据，支撑产业监测分析，赋能企业创新发展，提升行业安全运行水平。建立多级联动的国家工业基础大数据库，研制产业链图谱和供应链地图，服务制造业高质量发展。

2）推动数据共享。推动工业数据开放共享。支持优势产业上下游企业开放数据，加强合作，共建安全可信的工业数据空间，建立互利共赢的共享机制。引导和规范公共数据资源开放流动，鼓励相关单位通过共享、交换、交易等方式，提高数据资源价值创造的水平。激发工业数据市场活力。支持开展数据流动关键技术攻关，建设可信的工业数据流通环境。构建工业大数据资产价值评估体系，研究制定公平、开放、透明的数据交易规则，加强市场监管和行业自律，开展数据资产交易试点，培育工业数据市场。

3）深化数据应用。推动工业数据深度应用。加快数据全过程应用，发展数据驱动的制造新模式、新业态，引导企业用好各业务环节的数据。开展工业数据应用示范。组织开展工业大数据应用试点示范，总结推广工业大数据应用方法，制定工业大数据应用水平评估标准，加强对地方和企业应用现状的评估。提升数据平台支撑作用。发挥工业互联网平台优势，提升平台的数据处理能力。面向中小企业开放数据服务资源，提升企业数据应用能力。加快推动工业知识、技术、经验的软件化，培育发展一批面向不同场景的工业 App。打造工业数据应用生态。面向重点行业培育一批工业大数据解决方案供应商。鼓励通过开展工业大数据竞赛，助力行业创新应用。加大宣传推广力度，开展线上线下数据应用培训活动。

4）完善数据治理。开展数据管理能力评估贯标。推广《数据管理能力成熟度评估模型》（GB/T 36073-2018，简称 DCMM）国家标准，构建工业大数据管理能力评估体系，引导企业提升数据管理能力。鼓励各级政府在实施贯标、人员培训、效果评估等方面加强政策引导和资金支持。推动标准研制和应用。加强工业大数据标准体系建设，加快数据质量、数据治理和数据安全等关键标准研制，选择条件成熟的行业和地区开展试验验证和试点推广。加强工业数据分类分级管理。落实《工业数据分类分级指南（试行）》，实现数据科学管理，推动构建以企业为主体的工业数据分类分级管理体系。

5）强化数据安全。构建工业数据安全管理体系。明确企业安全主体责任和各级政府监督管理责任，构建工业数据安全责任体系。加强态势感知、测试评估、预警处置等工业大数据安全能力建设，实现闭环管理，全面保障数据安全。加强工业数据安全产品研发。开展加密传输、访问控制、数据脱敏等安全技术攻关，提升防篡改、防窃取、防泄露能力。加快培育安全骨干企业，增强数据安全服务，培育良好安全产业生态。

6）促进产业发展。突破工业数据关键共性技术。加快数据汇聚、建模分析、应用开发、资源调度和监测管理等共性技术的研发和应用，推动人工智能、区块链和边缘计算等前沿技术的部署和融合。打造工业数据产品和服务体系。推动工业大数据采集、存储、加工、分析和服务等环节相关产品开发，构建大数据基础性、通用性产品体系。培育一批数据资源服务提供商和数据服务龙头企业，发展一批聚焦数据标准制定、测试评估、研究咨询等领域的第三方服务机构。着力构建工业数据创新生态。支持产学研合作建设工业大数据创新平台，围绕重大共性需求和行业痛点开展协同创新，加快技术成果转化，推动产业基础高级化和产业链现代化。

国家出台的大数据相关政策文件，如表 3–1 所示。

表 3–1　国家出台的大数据相关政策文件

发布时间	文件名称	文号
2015 年 3 月 18 日	国家绿色数据中心试点工作方案	工信部联节 [2015]82 号
2015 年 7 月 1 日	国务院办公厅关于运用大数据加强对市场主体服务和监管的若干意见	国办发〔2015〕51 号
2015 年 8 月 31 日	国务院关于印发促进大数据发展行动纲要的通知	国发〔2015〕50 号
2016 年 6 月 21 日	国务院办公厅关于促进和规范健康医疗大数据应用发展的指导意见	国办发〔2016〕47 号

（续表）

发布时间	文件名称	文号
2016年7月4日	国土资源部关于印发促进国土资源大数据应用发展实施意见的通知	国土资发 [2016] 72号
2016年7月27日	国家信息化发展战略纲要	中办发〔2016〕48号
2016年12月18日	大数据产业发展规划（2016—2020年）	工信部规 [2016]412号
2017年9月	中共中央办公厅、国务院办公厅关于深化环境监测改革提高环境监测数据质量的意见	
2018年3月17日	科学数据管理办法	国办发〔2018〕17号
2018年7月	国家数字经济发展战略纲要	密件
2020年2月27日	工业数据分类分级指南（试行）	工信厅信发〔2020〕6号
2020年4月28日	工业和信息化部关于工业大数据发展的指导意见	工信部信发〔2020〕67号

地方政府在大数据方面的行动

制定大数据政策法规

目前，北京、上海、广东、贵州、浙江、重庆、福州、石家庄等许多地方政府都组织编制了大数据发展规划，出台了大数据相关政策文件。贵州、天津、海南、深圳等地还开展了大数据地方立法工作。

1. 大数据相关政策

2013年7月底，重庆市政府制定了《重庆市大数据行动计划》，提出加快大数据产业发展，开展大数据示范应用，攻克一批大数据技术，强化信息基础设施，完善大数据采集形成机制，确保大数据信息安全。

2014年2月，贵州省政府印发了《关于加快大数据产业发展应用若干政策的意见》和《贵州省大数据产业发展应用规划纲要（2014—

2020 年）》，其中《关于加快大数据产业发展应用若干政策的意见》提出加快大数据基地建设，大力引进和培育大数据企业，创新机制培育市场，支持大数据科技创新，加快信息基础设施建设，建立大数据产业投融资体系，加强人才队伍建设，强化组织领导。《贵州省大数据产业发展应用规划纲要（2014—2020 年）》提出建设大数据基地，优化产业布局；实施五大计划（数据资源开发利用计划、产业技术创新和成果转化计划、高端人才引进和培养计划、产业配套升级计划、大企业培育和大项目带动计划），推动信息产业"蛙跳式"发展；推动云计算服务发展，创新产业发展模式。该规划纲要确定了 6 个重大工程，包括信息基础设施提速工程、产业链整合提升工程、数据资源集聚加速工程、重点领域应用示范工程、核心产业载体发展工程和安全保障能力建设工程。

2014 年 10 月，福建省政府制定了支持大数据产业重点园区加快发展的十条措施，包括完善园区发展规划，引进培育产业龙头，推动资源汇聚开发，建设大数据创新平台，加强人才引进培养，做好园区用地保障，确保园区用电需求，强化园区网络支撑，实施财税优惠政策，提高安全保障能力。

2016 年 8 月，北京市政府印发了《北京市大数据和云计算发展行动计划（2016—2020 年）》，提出夯实大数据和云计算发展基础，推动公共大数据融合开放，深化大数据和云计算创新应用，强化大数据和云计算安全保障，支持大数据和云计算健康发展。

2016 年 4 月，广东省政府办公厅印发了《广东省促进大数据发展行动计划（2016—2020 年）》，提出用 5 年左右时间，打造全国数据应用先导区和大数据创业创新集聚区，抢占数据产业发展高地，建成具有国际竞争力的国家大数据综合试验区。加快大数据基础设施建设，推动资源整合和政府数据开放共享。深化大数据在社会治理领域的创新应用，提升政务服务水平。推动产业转型升级和创新发展，打造新经济增长点。强化安全保障，促进大数据健康发展。

2016年2月，浙江省政府印发了《浙江省促进大数据发展实施计划》，提出围绕体制机制创新，打造数据共享、交换和开放统一平台；围绕社会治理精细化，建设社会治理大数据应用体系；围绕经济运行科学化，建立监测分析大数据支撑体系；围绕民生服务普惠化，推动公共服务大数据应用创新；围绕技术研发及产业化，激发创业创新活力；围绕数据应用普及化，培育产业发展新生态；围绕可持续发展，完善大数据安全保障体系。

2017年3月，山西省政府印发了《山西省大数据发展规划（2017—2020年）》，提出围绕数据资源、数据应用、数据产业、数据安全四个领域，全力实施“云聚山西”“云惠山西”“云殖山西”“云安山西”四大工程。

2018年5月，河南省政府印发了《河南省大数据产业发展三年行动计划（2018—2020年）》，提出围绕应用需求，培育发展专业化的数据采集、存储、加工处理企业，壮大数据采集存储、数据加工处理、数据交易流通等大数据核心产业。推动大数据在各行业、各领域深入应用，提升大数据在产业升级、政府治理和民生服务领域的运用能力，以应用助力大数据产业发展。

2020年6月，贵州省服务业创新发展十大工程领导小组印发了《贵州省大数据融合创新发展工程专项行动方案》，提出聚焦“百企引领”，大力推动数字产业化，加速培育经济转型新动能。聚焦“万企融合”，大力推动产业数字化，加速传统服务业转型升级。聚焦“新基建”，不断夯实大数据融合创新发展基础。聚焦“关键支撑”，持续优化大数据融合创新发展环境。

此外，许多地市、区县也制定了大数据方面的政策。例如，2014年7月，武汉市政府印发了《关于加快大数据推广应用促进大数据产业发展的意见》。2016年4月，石家庄市政府制定了《关于推进大数据发展的实施意见》。2016年9月，宁波市政府印发了《关于推进大数据发展的实施意见》。2017年8月，西安市政府印发了《西安市大数据产业发展实施方案（2017—2021 年）》。2017 年 9 月，成都市政府编制了《成都市大数据产业发展规划（2017—2025 年）》。

2. 大数据地方法规

2016 年 1 月，贵州省第十二届人大常委会第 20 次会议通过了《贵州省大数据发展应用促进条例》，这是全国首个大数据方面的地方立法。该条例包括 6 章 39 条，主要涉及发展应用、共享开放、安全管理、法律责任等方面的内容。

2018 年 12 月，天津市第 17 届人大常委会第 7 次会议通过了《天津市促进大数据发展应用条例》，自 2019 年 1 月 1 日起施行。该条例包括 8 章 57 条，主要涉及政务数据、社会数据、开发应用、保障措施、数据安全等方面的内容。

2019 年 9 月，海南省第六届人大常委会第 14 次会议通过了《海南省大数据开发应用条例》，自 2019 年 11 月 1 日起施行。该条例包括 6 章 57 条，主要涉及大数据开发与共享、大数据应用与产业促进、数据安全与保护等方面的内容。

设立大数据管理机构

近年来，特别是 2018 年政府机构改革以来，许多地方政府都设立了大数据管理机构，不过单位名称、单位性质、隶属关系、行政级别等不尽相同。

在单位名称方面，有的称为大数据局，如内蒙古自治区大数据发展管理局、浙江省大数据发展管理局、山东省大数据局、河南省大数据管理局、广西壮族自治区大数据发展局、海南省大数据管理局、重庆市大数据应用发展管理局、贵州省大数据发展管理局。有的称为大数据办，如贵阳市大数据发展工作领导小组办公室。有的称为大数据委，如福州市大数据发展管理委员会。有的称为大数据中心，如天津市大数据管理中心、河北省大数据中心、黑龙江省政务大数据中心、上海市大数据中心、江苏省大数据管理中心、江西省大数据中心、四川省大数据中心。

在单位性质方面，有的是行政机关，如山东省大数据局、河南省大数据管理局等。有的是事业单位，如天津市大数据管理中心、河北省大数据中心、内蒙古自治区大数据发展管理局、上海市大数据中心、江苏省大数据管理中心、江西省大数据中心、四川省大数据中心、黑龙江省政务大数据中心等。

在隶属关系方面，有的是政府组成部门，如浙江省大数据发展管理局、山东省大数据局、河南省大数据管理局等。有的隶属于办公厅，如上海市大数据中心、浙江省大数据发展管理局、河南省大数据管理局、广东省政务服务数据管理局。有的隶属于发展改革部门，如福建省大数据管理局、江西省大数据中心。有的隶属于工业和信息化部门，如河北省大数据中心。有的隶属于网信办，如天津市大数据管理中心。有的隶属于政务办，如江苏省大数据管理中心。有的隶属于营商局，如黑龙江省政务大数据中心。

在行政级别方面，有的行政级别是正厅级，如贵州省大数据发展管理局是贵州省政府的正厅级直属事业单位。大多数是副厅级，大数据局局长兼任省政府办公厅副主任。

各省、自治区、直辖市的大数据管理机构，如表 3–2 所示。

表 3–2　各省、自治区、直辖市大数据管理机构

序号	省份	单位名称	隶属机构	单位性质	行政级别	成立时间
1	北京市	北京市经济和信息化局	市政府	行政机关	正厅级	2018 年 11 月
2	天津市	天津市大数据管理中心（市信息中心）	天津市委网信办	事业单位	副厅级	2019 年 12 月
3	河北省	河北省大数据中心	省工信厅	事业单位	副厅级	

（续表）

序号	省份	单位名称	隶属机构	单位性质	行政级别	成立时间
4	山西省	山西省行政审批服务管理局（省政务信息管理局）	省政府	行政机关	正厅级	2018 年 10 月
5	内蒙古自治区	内蒙古自治区大数据发展管理局	自治区政府	事业单位	正厅级	
6	辽宁省	辽宁省信息中心	省政府	事业单位	副厅级	
7	吉林省	吉林省政务服务和数字化建设管理局	省政府	行政机关	正厅级	2018 年 11 月
8	黑龙江省	黑龙江省政务大数据中心	省营商环境建设监督局	事业单位	副厅级	2019 年 5 月
9	上海市	上海市大数据中心	市政府办公厅	事业单位	副厅级	2018 年 4 月
10	江苏省	江苏省大数据管理中心	省政务服务管理办公室	事业单位	副厅级	
11	浙江省	浙江省大数据发展管理局	省政府办公厅	行政机关	副厅级	2018 年 10 月
12	安徽省	安徽省数据资源管理局（省政务服务管理局）	省政府	行政机关	正厅级	2018 年 11 月
13	福建省	数字福建领导小组办公室（省大数据管理局）	省发改委	行政机关	副厅级	2018 年 11 月
14	江西省	江西省信息中心（省大数据中心）	省发改委	事业单位	副厅级	2017 年 12 月
15	山东省	山东省大数据局	省政府	行政机关	正厅级	2018 年 10 月
16	河南省	河南省大数据管理局	省政府办公厅	行政机关	副厅级	2019 年 1 月
17	湖北省	湖北省政府政务管理办公室（省数字政府建设领导小组办公室）	省政府办公厅	行政机关	正厅级	

（续表）

序号	省份	单位名称	隶属机构	单位性质	行政级别	成立时间
18	湖南省	湖南省政务管理服务局	省政府办公厅	行政机关	副厅级	2018年10月
19	广东省	广东省政务服务数据管理局	省政府办公厅	行政机关	副厅级	2018年10月
20	广西壮族自治区	广西壮族自治区大数据发展局	自治区政府	行政机关	正厅级	2018年11月
21	海南省	海南省大数据管理局	省政府	行政机关	正厅级	2019年5月
22	重庆市	重庆市大数据应用发展管理局	市政府	行政机关	正厅级	2018年11月
23	四川省	四川省大数据中心	省政府	事业单位	正厅级	2019年7月
24	贵州省	贵州省大数据发展管理局	省政府	行政机关	正厅级	2017年2月
25	云南省	云南省数字经济局	省发改委	行政机关	副厅级	2019年2月
26	西藏自治区					
27	陕西省	陕西省政务数据服务局	省工信厅		副厅级	
28	甘肃省					
29	青海省					
30	宁夏回族自治区					
31	新疆维吾尔自治区	新疆维吾尔自治区电子政务办公室	自治区办公厅		副厅级	

2017年1月，贵州省政府办公厅印发了《贵州省大数据发展管理局主要职责内设机构和人员编制规定》。根据该三定方案，贵州省大数据发展管理局的主要职责如下。

（1）负责起草相关地方性法规、规章草案，拟订大数据、信息化行业技术规范和标准并组织实施。

（2）负责研究拟订全省信息化建设、信息基础设施、大数据应用和产业发展战略、发展规划、政策措施和评价体系并组织实施；提出推广应用、优化产业布局、产业结构的政策建议。

（3）负责统筹推进全省信息化发展工作；统筹协调通信业发展；协调信息化建设中的重大问题，促进通信、广播电视和计算机网络融合；指导协调信息化建设和大数据应用；负责信息化应急协调工作。

（4）负责统筹数据资源建设、管理，促进大数据政用、民用、商用；统筹政府数据采集汇聚、登记管理、共享开放；推动社会数据汇聚融合、互联互通；统筹推进大数据安全体系建设和安全保障工作。

（5）负责全省信息基础设施规划、协调、管理和监督；负责数据中心规划建设与集约利用；统筹协调电子政务基础设施规划建设，负责全省政府数据统一“云平台”建设管理；监督管理全省网络和信息服务市场；联系在黔电信运营企业有关工作。

（6）负责全省大数据产业发展和行业管理，促进大数据核心业态、关联业态、衍生业态发展；监测分析软件和信息服务业等大数据产业发展运行态势，协调产业发展中的重大问题并提出对策建议；指导行业技术创新和技术进步，促进科研成果产业化，推动大数据产学研用结合。

（7）负责提出大数据、信息化领域固定资产投资规模及方向（含利用外资和境外投资）、中央支持建设资金安排建议，按照规定权限，审批、备案和核准大数据、信息化固定资产投资项目；负责省级有关部门大数据信息化项目牵头审核工作；拟订省级大数据发展专项资金年度使用计划并组织实施，指导大数据基金的建立和管理。

（8）承担大数据、信息化领域对外交流合作，组织大数据、信息化领域相关企业参与国际国内重大交流合作活动；承办大数据、信息化展销活动；组织和指导相关企业开展区域化合作、国际化经营；指导大数据、信息化领域行业协会、学会、联盟机构工作。

（9）负责大数据、信息化人才队伍建设工作；拟订并组织实施大数据、信息化人才发展规划；组织协调全省大数据、信息化人才教育有关工作。

（10）承办省政府交办的其他事项。

贵州省公共服务管理办公室更名为贵州省大数据发展管理局，作为贵州省政府的正厅级直属事业单位。贵州省信息中心（贵州省电子政务中心、贵州省大数据产业发展中心）由省大数据发展管理局管理。

贵州省大数据发展管理局内设办公室（机关党委办公室）、政策法规与标准规范处、规划投资处、产业发展处、数据资源管理与安全处、基础设施处、应用推广处、对外交流与宣传处、人事人才处 9 个处室。

贵州省大数据发展管理局事业编制 60 名（含工勤人员 2 名），由财政全额预算管理。其中局长 1 名、副局长 3 名、总工程师 1 名、处级领导职数 18 名（含机关党委专职副书记职数 1 名）。

成立大数据交易机构

目前，贵阳、上海、青岛、武汉、北京、河北、浙江、江苏、重庆、广东等地都成立了大数据交易机构。

1. 贵阳大数据交易所

2015 年 4 月，贵阳大数据交易所正式挂牌运营，它是我国第一家大数据交易所，目前已建成北京、上海、深圳和成都四大运营中心。

贵阳大数据交易所可以提供数据确权、数据定价、数据指数、数据交易、结算、交付、安全保障、数据资产管理和融资等服务。

2. 上海数据交易中心

2016 年 4 月，上海数据交易中心成立。该中心是经上海市政府批准，上海市经济和信息化委、上海市商务委联合批复成立的国有控股混合所有制企业，承担着促进商业数据流通、跨区域的机构合作和数据互联、公共数据与商业数据融合应用等职能。

上海数据交易中心数据互联（交易）服务平台以面向应用场景的产业需求为导向，以完善的成员注册审核、去身份化元数据规制、自主挂牌控制、ID（账号）标识匹配、统一结算与清算等平台功能，实现商用数据衍生产品的在线连续聚合流通。该系统不响应应用场景合理维度之外的任何数据请求，不存储任何参与方的数据产品，不传输任何个人的隐私数据，不允许使用方非授权数据留存。

3. 青岛大数据交易中心

2017 年 4 月，位于青岛西海岸新区的青岛大数据交易中心成立。2018 年 10 月底，鲁清所和青岛大数据交易中心签署《登记结算业务合作协议》，青岛大数据交易中心接入鲁清所工作正式启动。

由于数据权属和数据估值的限制、数据交易政策和监管的缺失等因素，目前全国各个数据交易市场尽管在数据服务方式上有所丰富，但发展依然面临诸多困难，阻碍了数据资产化的进程。一是市场缺乏信任机制，技术服务方、数据提供商、数据交易中介等可能会私下缓存并对外共享、交易数据，数据使用企业不按协议要求私自留存、复制甚至转卖数据的现象普遍存在。我国各大数据交易平台并未形成统一的交易流程，甚至有些交易平台没有完整的数据交易规范，使得数据交易存在很大风险。二是缺乏良性互动的数据交易生态体系。数据交易中所涉及的采集、传输、汇聚活动日益频繁，相应地，个人隐私、商业机密等一系列安全问题也日益突出，急需建立包括监管机构和社会组织等多方参与的，法律法规和技术标准多要素协同的，覆盖数据生产流通全过程和数据全生命周期管理的数据交易生态体系。

我国大数据发展存在的主要问题

目前，我国在大数据发展和应用方面已具备一定基础，拥有市场优势和发展潜力，但也存在政府数据开放共享不足、产业基础薄弱、缺乏顶层设计和统筹规划、法律法规建设滞后、创新应用领域不广等问题。

公共数据资源开放力度不够

一是政府数据网站开通率低。虽然北京、上海、贵州、青岛、无锡等省市开通了政府数据网站，但许多省份、许多地市还没有开通政府数据网站。二是公共数据资源开放范围小、数据量少。在已开通的政府数据网站中，许多政府部门只开放了少量数据集，数据比较陈旧，许多最新的数据集没有开放。三是数据价值不高。许多开放的公共数据资源对企业和社会公众来说价值不高，企业和社会公众急需的公共数据资源没有开放。

大数据核心技术受制于人

虽然我国也研制出了数据库管理系统（DBMS），但应用范围小，不少数据库产品还停留在实验室阶段。与甲骨文等国外数据库产品相比，国产数据库在性能、可靠性、易用性等方面还存在较大差距。大型数据库的市场份额基本上被国外数据库厂商占据。电信、金融、航空、电力等重要行业的数据库基本上都采用了国外数据库厂商的产品。许多党政机关和企事业单位存储数据的服务器也都是采用国外厂商的服务器。大数据核心技术受制于人，给我国数据安全造成严重隐患。

大数据应用有待深化

虽然一些党政机关和企事业单位应用了大数据，但许多党政机关和企事业单位还没有应用大数据。许多政府官员还没有意识到大数据在经济调节、市场监管、社会治理、公共服务等方面的巨大价值，许多企业家还没有意识到大数据的商业价值。大数据典型应用案例不多，大数据应用效果还没有凸显。

大数据人才严重匮乏

虽然我国绝大多数高校都开设了计算机专业，但大数据专业技术人才依然十分匮乏。许多高校专业设置陈旧，跟不上大数据发展形势。许多高校都缺少大数据方面的师资力量，难以开设大数据相关专业和课程。不少高校老师在大数据领域缺乏实践经验，从理论到理论，难以培养出实用的大数据专业技术人才。既懂技术又懂业务的复合型大数据人才非常稀缺。

我国大数据发展对策

实施国家大数据战略，是推进国家治理体系和治理能力现代化、建设现代化经济体系的重要举措。在实施国家大数据战略过程中，要抓好三个方面的工作。

第一，加强政务信息共享。在我国，由于条块分割的行政管理体制，许多政府部门之间缺乏信息共享。各自为政的电子政务建设模式，产生了一个个“信息孤岛”。从某种程度上说，政府管理的本质是信息管理。政府部门之间缺乏信息共享，既是产生市场监管和社会治理漏洞的重要原因，也是造成政府管理能力和公共服务效率低下的重要原因。因此，亟待加强政务信息共享和业务联动，构建整体政府，提高办事效率，堵住监管漏洞，避免行政碎片化。

习近平总书记强调，要以推行电子政务、建设智慧城市等为抓手，以数据集中和共享为途径，推动技术融合、业务融合、数据融合，打通信息壁垒，形成覆盖全国、统筹利用、统一接入的数据共享大平台，构建全国信息资源共享体系，实现跨层级、跨地域、跨系统、跨部门、跨业务的协同管理和服务。

实现政务信息共享，关键是通过制定政策和法律法规破除部门利益。2016 年 9 月，国务院印发了《政务信息资源共享管理暂行办法》，提出以共享为原则，不共享为例外。该办法对于促进政务信息资源共享是一大进步，但都是一些原则性规定，过于笼统。建议国务院制定《政务信息资源共享管理暂行办法》实施细则，制定《政务信息资源共享清单》，明确每个国家部委可以与其他部委共享哪些政务信息资源，需要共享哪些部委的哪些政务信息资源，通过什么样的程序和方式来共享政务信息资源。这样，各个部委就可以对照执行。

最好制定《中华人民共和国政府信息共享条例》及其实施细则，就可以使政务信息共享工作有法可依，有利于建立政务信息共享的长效机制。此外，每个政府部门都有共享政务信息的权利和义务。建议编制部门在制定政府部门的三定方案时，把政务信息共享和业务联动纳入每个政府部门的职能。要建立纵向到底、横向到边的政务信息共享体系，通过政务信息全国联网实现“全国一盘棋”。

地市是国家的重要单元，城市治理是国家治理的重要组成部分。众所周知，任何一个城市都不是孤立的。建设新型智慧城市，除了市级层面的横向信息共享，还需要地市与省、地市与区县的纵向信息共享以及与其他地市的跨地区信息共享。由于我国电子政务建设先纵后横、纵强横弱，而许多部委建立的纵向信息系统又没有给地市留数据接口，导致有些数据在省厅或者在国家部委，地市自己的数据反而拿不到，在横向政务信息共享时存在数据缺项。为此，建议对国家部委和省厅开发的信息系统进行升级改造，向地市和区县开放数据接口，以保障智慧城市横向信息共享的完整性。

第二，开放公共数据资源。许多政府部门经过几十年的信息化建设，积累了大量数据资源。据统计，80% 的数据资源掌握在政府手里。如果把数据资源闲置在那里，是一种巨大的浪费。如果把公共数据资源向社会开放，可以促进公共数据资源开发利用，促进大数据产业的发展，把闲置资源转变成社会财富，提升公共治理水平。

2015 年 8 月底，国务院印发了《促进大数据发展行动纲要》，提出稳步推动公共数据资源开放。2017 年 2 月，中央全面深化改革领导小组第 32 次审议通过了《关于推进公共信息资源开放的若干意见》。建议全国人大制定《中华人民共和国公共数据资源开放条例》及其实施细则，国务院制定《公共数据资源开放清单》，明确哪些部门的哪些公共数据资源要对外开放，是全部开放还是部分开放，是面向全社会开放还是面向特定机构（如取得相关资质的机构）开放，是免费开放还是收取一定的成本费，是直接开放还是依申请开放等。

在开放公共数据资源时，可以采用数据脱敏技术，以保障国家安全、商业秘密和个人隐私。各级政府部门可以建立专门的政府数据网站，或在现有政府门户网站的基础上开通公共数据资源开放专栏，对开放的公共数据资源按主题和部门进行分类，方便人们查询、下载公共数据资源。此外，还可以鼓励专业机构围绕开放的公共数据资源开发相关的移动端 App。目前，北京、上海、浙江、贵州、青岛、武汉、无锡等地方政府都已经开通了政府数据网站。

第三，加强大数据干部培训。党的十九大提出领导干部要善于运用互联网技术和信息化手段开展工作。习近平总书记指出，善于获取数据、分析数据、运用数据，是领导干部做好工作的基本功。各级领导干部要加强学习，懂得大数据，用好大数据，增强利用数据推进各项工作的本领，不断提高对大数据发展规律的把握能力，使大数据在各项工作中发挥更大作用。《“十三五”行政机关公务员培训纲要》提出加强大数据思维方面的培训。

建议把大数据纳入各级党委中心组学习内容，各级党委的组织部门和各级政府的人力资源和社会保障部门组织开展大数据专题培训，各级党校、行政学院和干部培训学院把大数据纳入教学计划和教学内容。此外，党政机关还可以通过政府购买服务方式向专业培训机构购买大数据方面的干部培训服务，或者直接邀请大数据方面的专家来单位为领导干部授课。

第4章

大数据在经济调节领域的应用

经济调节是政府的重要职能之一。国务院印发的《促进大数据发展行动纲要》提出建立国家宏观调控数据体系，及时发布有关统计指标和数据。《国民经济和社会发展第十四个五年规划和2035年远景目标纲要》提出加强宏观经济治理数据库等建设，提升大数据等现代技术手段辅助治理能力。

经济调节和宏观调控

经济调节及其理论基础

经济调节是西方资本主义发展到国家垄断阶段以后产生的、以凯恩斯主义为代表的理论观点。20世纪30年代以后，凯恩斯学派的经济学家基于他们对资本主义经济危机的认识，反对古典经济学派自由放任的政策主张，主张国家干预经济，强调国家运用财政、税收手段调控市场经济的运行。凯恩斯学派认为，西方社会的市场经济机制失灵，不能实现资源的有效配置、社会财富的公平分配和经济的稳定与增长，因此需要政府干预。

凯恩斯的经济政策观点的核心是反对自由放任，主张国家干预。凯恩斯所说的扩大政府职能，主要是指扩大政府调节消费倾向和投资引诱的职能。调节消费倾向，目的在于刺激消费。调节投资引诱，目的在于刺激投资。有效需求是由消费需求和投资需求组成的，刺激消费和投资，就是刺激有效需求。

凯恩斯认为，政府最聪明的办法是双管齐下：一方面，由社会控制投资率，增加投资；另一方面，提高消费倾向，增加消费。不过，凯恩斯强调不能太着重于增加消费，而应着重于投资。刺激消费和投资，可以采用货币政策和财政政策，凯恩斯指出，仅仅依靠货币政策很难奏效，主要应当依靠财政政策。关于财政政策，凯恩斯不同意传统经济学保持国家预算平衡的观点，而是指出赤字财政有益。关于货币政策，凯恩斯不同意传统经济学保持国内价格水平稳定的观点，而是指出温和的通货膨胀无害。

以大数据创新宏观调控方式

宏观调控是经济调节的重要方式。宏观调控是指一个国家的中央政府运用经济、法律和必要的行政手段，对国民经济发展和市场经济运行总体进行的具有全局意义的调节和控制，是对宏观经济的调节和控制。宏观调控的手段很多，归纳起来主要包括规划引导、政策调控、法律规范、信息导向和行政干预等。

中国改革开放 40 多年，先后经历了八轮宏观调控：一是“计划式”宏观调控；二是“双紧式”宏观调控；三是“硬着陆式”宏观调控；四是“软着陆式”宏观调控；五是“激励式或扩张式”宏观调控；六是“未雨绸缪式”宏观调控；七是应对国际金融危机的宏观调控；八是经济新常态下的宏观调控。前四轮是收缩型宏观调控，后四轮是扩张型宏观调控。①

党的十九大报告提出创新和完善宏观调控，发挥国家发展规划的战略导向作用，健全财政、货币、产业、区域等经济政策协调机制。

经济工作是各级党委、政府的中心工作，各级政府对经济运行都有精准监测、适时调度的需要，但时效性和实效性一直是工作之“痛”。用大数据对经济运行进行监测调度，既是大势所趋，也是形势

① 王健，王立鹏. 中国改革开放 40 年宏观调控. 行政管理改革，2018（10）.

所迫。

随着以电子商务、即时通信、搜索引擎和网络游戏为主体的网络经济迅速发展，公众对数据的需求层次、质量和公开、透明程度的要求不断提高，宏观调控中的传统数据，如 GDP（国内生产总值）、CPI（消费者特价指数）、PPI（生产价格指数）、PMI（采购经理指数），以及房价、工资、就业等统计指标数据，已满足不了经济社会发展的需求，甚至一些传统官方数据已受到质疑和冲击。这主要表现为四个方面。一是数据质量难以保证。以 GDP 为代表的国家统计数据是否精准，很多国际机构纷纷通过寻求替代指标估算 GDP 水平。二是数据结构有待更新。随着新经济业态的出现，涉及生产经营销售活动的非结构化的海量数据不断涌现，传统的调控指标体系已无法支撑经济走势的科学判断。三是数据分析急需改进。传统的数据统计主要采用随机分析法，面对大数据时代全样本数据只能“望洋兴叹”。四是数据时效性有待提高。传统数据依赖模型以及算法，且数据来源多以调查和地方层层上报数据汇总为主，与大数据由离线批量处理向在线实时处理转变相比，数据的时效性相差很大。

宏观经济指标体系是指综合分析和评价宏观经济系统所需的一系列变量的总和，包括综合指标、部门和地区指标，以及与外部系统相关的指标。近年来，国内外研究推出了多种基于大数据建模获取的数据指标。一是通过搜索数据，如美联储通过搜索社交媒体预测“美国失业率”，通过搜索引擎数据建立“美国消费者信心指数”，谷歌开发“谷歌物价指数”反映通货膨胀。二是通过社交数据，如美国华尔街投行、对冲基金、纽约证券交易所等均在使用社交网络股市情绪量化分析法，获得“股市情绪指数”，百度推出了“百度股市通”。三是通过交易数据，如百度中小企业景气指数、阿里巴巴网络零售价格指数（ISPI）、1 号店快销品价格指数。四是通过位置数据，如“交通指数”“出租车空车指数”，北京市发展改革委与百度合作基于位置数据测算京津冀一体化人口疏解情况。以上各种指数或模型数据，充分体现了数据的相关性。随着经济结构的调整，需要对这些指数的相关性进行适时调整，以使其能够更真实地反映经济增长和结构变化情况。

宏观调控主要包括分析研判、政策储备、政策落实、评估调整等环节。在这些环节，大数据都可以发挥重要作用。在经济形势分析研判方面，以国家统计局、中国人民银行、海关总署等部门发布的官方数据为主，并通过历史数据的研究比对，对经济形势做出预测，而预测正是大数据运用最为重要的关键点。大数据带来的范围更广、速度更快、宏观微观兼具的自动化分析，可以有效地提升分析研判效率，为宏观调控机制化打下科学基础。在经济政策储备方面，在宏观层面，可借用大数据手段梳理历史宏观调控政策，增加现行政策储备案例库的内容，并对调控效果进行相关性分析，提高政策储备的比对率。在微观层面，政府在进行产业布局、结构调整、财政投入的决策前，进行数据分析论证，有利于摒弃经验直觉和“长官意志”。[①]

国务院印发的《促进大数据发展行动纲要》提出强化互联网数据资源利用和信息服务，加强与政务数据资源的关联分析和融合利用，为政府开展金融、税收、审计、统计、农业、规划、消费、投资、进出口、城乡建设、劳动就业、收入分配、电力及产业运行、质量安全、节能减排等领域运行动态监测、产业安全预测预警以及转变发展方式分析决策提供信息支持，提高宏观调控的科学性、预见性和有效性。

经济调节信息化相关工程

金宏工程

2004 年 1 月，国家发改委批复了金宏工程（宏观经济管理系统）的项目建议书。2009 年 12 月，该工程通过初步验收。该工程由国家

---

① 魏颖 . 大数据与宏观调控创新 . 宏观经济管理，2016（07）.

发改委牵头，财政部、商务部、中国人民银行、国资委、海关总署、国家统计局和国家外汇管理局共同建设。

金宏工程主要内容包括建设 10 个信息资源共享数据库；建设宏观经济管理信息共享平台；完善和建设 8 个宏观经济管理业务应用系统；构建宏观经济辅助决策支持系统原型；搭建共建部门互联互通的过渡网络环境，建立统一的标准规范、安全保障体系和管理制度，初步实现宏观经济管理部门信息共享，提高业务管理信息化和科学决策水平。

金宏工程一期工程建设内容包括互联互通的网络环境、信息资源共享数据库、宏观经济管理信息共享平台、宏观经济管理业务应用系统等将近 30 个子系统、跨部门业务协同机制和网络化流程、建立统一的标准规范、构建信息安全保障体系。

2009 年 12 月，金宏工程项目协调领导小组办公室围绕子项验收、项目应用、建立机制、调整概算、衔接运维等重点任务展开工作，先后完成了金宏工程主体（信息共享平台）初步验收、整体初步验收、档案专项验收、标准化建设项目最终验收和金宏工程信息共享平台数据应用软件最终验收等工作，推动工程建设不断取得新进展。

2012 年 8 月，金宏工程一期工程通过竣工验收。金宏工程一期工程建成了十大专题共享数据库、八大重点业务应用系统以及开放式的辅助决策支持系统原型。

通过金宏工程建设，提高了宏观经济管理部门的宏观经济监测与调控能力、宏观经济管理决策水平，使宏观经济管理部门能够获取及时、准确、全面的宏观经济信息，为党中央、国务院领导提供决策支持。

金财工程

从 1999 年下半年开始，财政部按照党中央、国务院的指示规划建立“政府财政管理信息系统”。2002 年初，国务院正式将该系统建设命名为金财工程。

金财工程是利用先进的信息网络技术，以财政系统纵向三级网络为支撑，以细化的部门预算为基础，以所有财政收支全部进入国库单一账户为基本模式，以预算指标、用款计划和采购订单为预算执行的主要控制机制，以出纳环节高度集中并实现国库资金的有效调度为特征，以实现财政收支全过程监管、提高财政资金使用效益为目标，建设支撑预算管理、国库支付管理和财政经济景气预测等核心业务的政府财政综合管理信息系统。

金财一期工程完成相对独立的五个核心业务应用系统建设：（1）以组织、协调、控制及监督预算资金的筹集、分配和使用为主要处理对象的预算管理系统；（2）以实现财政资金集中支付为主要处理对象的国库支付管理系统；（3）以非税收入管理为主要处理对象的非税收入管理系统；（4）以财政供养人员工资为主要处理对象的财政工资统一发放系统；（5）以财政宏观经济数据为主要处理对象的财政经济景气预测与分析系统。

此外，还建设了财政核心业务统一的应用支撑平台，并对财政部本级数据中心机房和省市级数据中心机房进行改造，建设业务应用系统所必需的网络及系统支撑环境、安全保障环境、运营维护环境和机房环境等保障设施。

通过部门预算编制系统，支持深化了部门预算改革，将部门所有预算内外收支、部门所有单位收支全部纳入预算，实现了一个部门一本预算，有效提高了政策协调和各部门统筹安排资金的能力，增强了各部门财政资源占有、支出、分配过程的透明度。

通过国库集中支付管理系统，支持确立了国库集中支付制度在财政财务管理中的基础性地位，将绝大部分政府性资金纳入国库单一账户，财政财务支出主要由国库集中支付，减少了中间环节，有效降低了传统的资金层层拨付方式导致滞留与挪用的可能性。

通过全国非税收入收缴管理系统，支持深化了“收支两条线”管理改革，规范了非税收入收缴管理，保障了非税收入的应缴尽缴、应收尽收。

通过工资统一发放系统，财政供养人员工资由国库单一账户及时、足额直接拨付到个人账户。

金财工程可以详细记录每个用款单位每一笔财政资金收支的来龙去脉，减少预算执行的随意性，从根本上防止财政资金的体外运行和沉淀。

金税工程

1994 年，我国实施了强力度的、结构性的，以推行增值税为主要内容的工商税制改革，但增值税在运行过程中并不是一帆风顺的。由于不仅能够作为购销凭证，而且能够抵扣税款，这种双重性增加了增值税专用发票的重要性，导致一些不法分子采取虚开、代开、伪造专用发票等手段进行经济犯罪，造成国家税款的大量流失。为打击犯罪，保护国家利益，国家税务部门开始从管理抓起，研究增值税的监管问题，按照“科技加管理”的思路，加快税务部门管理信息化的进程，建设具有中国特色的增值税监管体系——金税工程。

金税工程由对增值税一般纳税人全面实施的防伪税控开票子系统、税务部门建立的发票认证系统子系统、计算机稽核子系统和发票协查子系统四个子系统组成。在这四个子系统的联合作用下，通过覆盖全国的计算机网络实现税务机关对企业开具增值税发票和纳税状况的严密监控。

（1）防伪税控开票子系统。运用数字密码和电子信息存储技术，通过强化增值税专用发票的防伪功能，监控企业的销售收入，解决销项发票信息真实性问题的计算机管理系统。该系统适用于增值税一般纳税人。

（2）发票认证子系统。可以对增值税一般纳税人申请抵扣的增值税专用发票抵扣联进行解密还原认证，及时发现假票，并解决进项发票的信息真实性问题。

（3）计算机稽核子系统。主要是进行发票信息交叉稽核和申报信息稽核。该系统可以及时发现购货方已申报抵扣但销货方未申报抵扣的增值税发票，并动态监测企业纳税情况。

（4）发票协查子系统。可以对有疑问的发票或是已证实属虚开的增值税专用发票进行调查处理。国家税务总局可以通过该系统对协查工作进行监督和管理，提高增值税专用发票协查速度和恢复率，确保查处工作的质量。

随着金税工程大型系统的建设与实施，税务信息化不仅在加强税收征管和监控、防止税收流失过程中发挥着越来越重要的作用，而且还逐步向业务规范化、为纳税人提供优质服务的方向转变。

自 2002 年起，税务机关可以对每年的约 3 亿份增值税专用发票和 120 万户增值税一般纳税人的纳税申报材料实施即时监控，对所有的增值税专用发票和一般纳税人的经营行为、纳税行为，可以随时掌握、分析、监督，全国的增值税一般纳税人的情况和其所使用的增值税专用发票的信息都进入规范性程序，使开假发票等偷逃国家税款的行为无所遁形，堵住了税款流失的漏洞。

2007 年 8 月，金税工程三期启动。金税工程三期建设主要内容包括：建设覆盖国家税务总局、省、地市、区县各级税务机关的网络平台；建设税收业务、行政管理、决策支持和外部信息 4 个应用系统；建设国家税务总局和省（区、市）局、部分计划单列市局两级数据中心；建设国家税务总局灾备中心；建设安全保障系统和运行维护系统等。

2010 年 7 月，金税工程三期在广东、山东、河南、山西、内蒙古、重庆六个地方先行试点，然后在全国推广。2014 年 12 月，金税工程三期核心征管及应用总集成项目通过单项验收。

目前，中国税务信息化整体水平已得到显著提升。信息化应用已经覆盖国税、地税的各个层级，以及广大的纳税人。各个应用系统逐步走向成熟，已经基本涵盖税务系统的各个业务和行政领域，依托信息技术运转业务的局面已经形成。

金关工程

1993 年，国务院提出实施金关工程。金关工程是国家利用计算机网络技术实现对外经济贸易和相关领域的标准化、规范化、科学化、网络化管理的国家信息化重点系统工程。其短期目标是建设好配额许可证管理、进出口统计、出口退税、出口收汇和进口付汇核销 4 个应用系统工程，实现外经贸相关领域的网络互联和信息共享。中长期目标是逐步推行各类对外经贸业务单证的计算机网络传输，提高对外经济贸易的现代化管理水平，实现国际电子商务，增强国家宏观调控能力。

金关工程主要包括海关内部的通关系统和外部口岸电子执法系统两大部分。电子口岸中心将外经贸、海关、工商、税务、外汇、运输等部门分别掌握的进出口业务信息流、资金流、货物流的电子底账数据集中存放在一个公共数据中心，从而使各行政管理机关可以进行跨部门、跨行业的联网数据核查，企业可以上网办理出口退税、报关、进出口结售汇核销、转关运输等多种进出口手续。

金关工程的主要应用系统包括配额许可证管理系统、进出口统计系统、出口退税系统、出口收汇和进口付汇核销系统。

（1）配额许可证管理系统。该系统由纺织品出口配额管理系统、出口管理系统、进口管理系统 3 个子系统构成。当时的外经贸部在与美国、欧盟、加拿大、土耳其等的海关实现纺织品配额联网核查的基础上，完成了与全国 62 个许可证签证机关的计算机联网管理和电子数据网上核查。从 2000 年 10 月起，在全国许可证发证机关和海关口岸全面实行进出口许可证联网核销。

（2）进出口统计系统。该系统主要对我国货物进出口情况进行统计分析。原始数据由海关产生，商务部利用海关联网传输的清关数据开发生成多种业务统计报表。

（3）出口退税系统。该系统主要针对我国于 1994 年实行新税制（增值税）改革以来所出现的大量利用出口业务，虚开增值税发票骗税的不法行为而展开。目前，国家税务总局利用金税工程加快实现与全国税务系统的专线联网，并实现了与商务部、海关总署、外汇管理局的计算机联网。

（4）出口收汇和进口付汇核销系统。该系统的主要功能是对出口业务的收汇核销业务和对进口业务的付汇核销业务进行统一的联网查询、统计、核销和管理。国家外汇管理局已与全国各地外汇管理机关联网，并与指定银行联网完成用汇管理的相关业务。该系统还与海关口岸电子执法系统联网，传输外汇核销单，实现了报关单电子底账的计算机核查。

此外，海关总署还建立了以"三网一库"为基本架构的海关系统政务信息化的枢纽框架。其中"三网"是指连接全国政府系统办公业务资源网的全国海关网络、与国际互联网物理隔离的海关系统政务信息网及各海关单位内部的政务信息网、以互联网为依托的中国海关公众信息网；而"一库"则是指各级海关单位共建共享的电子信息资源库。

2012 年 10 月，金关工程（二期）获准立项，将在金关工程（一期）项目建设基础上，通过顶层设计和科技创新，采用物联网、云计算等新技术，重点建设全国海关监控指挥系统、进出口企业诚信管理系统、加工和保税监管系统、海关物流监控系统等应用系统。

在金关工程中，电子报关服务的推出极大地简化了客户办理进出口报关的中间环节。对海关来说，从报关、审单、出税到验放的一条龙电子化服务，不仅显著降低了海关工作人员的工作强度，还有效地缩短了报关文件的处理周期。无纸化进出口报关单平均通关时间分别比传统通关模式少 32.5 小时和 5.3 小时。

金关工程在外经贸许可证管理、加工贸易审批、进出口统计、电子报关、联网核查、出口退税、外汇核销等方面发挥了重要作用，有效打击了假伪许可证、走私、骗退税、逃套汇等不法活动，有力维护了正常的进出口经营秩序，为扩大出口做出了贡献。2012—2014 年，全国各级海关通过金关工程共发现企业漏缴税款或未及时入库税款 15.6 亿元。

用大数据监测宏观经济运行情况

经济运行监测调度是各级政府的重要工作，但现行的工作方式在时效性和实效性上需要改进。大数据分析是预测经济发展趋势、行业走势的有效方法。运用大数据监测宏观经济运行情况，可以实现对宏观经济的精准调控。

2007 年，马云之所以能够预测到中国经济的“冬天”要来临了，是基于阿里巴巴电子商务平台交易数据的分析。马云不是神仙，而是他看到阿里巴巴电子商务平台上中国外贸商户的电子商务交易额在不断萎缩，预示着国际需求疲软、国际市场的不景气。这是 2008 年国际金融危机的前兆。果然，2008 年爆发了全球性的金融危机，中国经济也在一定程度上受到影响。

《促进大数据发展行动纲要》提出推动宏观调控决策支持、风险预警和执行监督大数据应用。统筹利用政府和社会数据资源，探索建立国家宏观调控决策支持、风险预警和执行监督大数据应用体系。

全国人大财政经济委员会主任委员徐绍史认为，经济进入新常态，有新的特点、新的情况，需要应用大数据、云计算以及多种分析评价方法分析经济运行情况，掌握新常态下经济的新特点，探寻新常态下经济运行的新规律。

目前，有关部委已经采取多种方式开发社会上数量巨大、来源广泛、形式多样的大数据，并与政府信息整合，构建大数据经济分析模型，对国民经济各领域的运行状况及时监测，提高了宏观调控的精准性和有效性。例如，利用电子商务平台获取大数据反映消费市场走势，利用高速公路影像系统获取物流大数据反映实体经济走势，通过物联网获取工程机械开工率反映固定资产投资情况，利用互联网搜索引擎关于房地产点击信息研判房地产走势等。

建立经济运行监测系统是转变经济调节相关部门职能的重要手段。建立经济运行监测系统以后，哪一个经济指标出现异常波动，信息就会第一时间推送到有关主管部门，有关主管部门没有及时响应，就推送到分管领导，分管领导没有及时响应就推送到主要领导，倒逼相关责任人及时处理。例如，固定资产投资环比或同比出现大幅下滑，这个信息就会被逐级推送，相关领导就会在第一时间做出安排部署。又如，纳入监测的企业，产值或主营业务收入出现大幅下滑，这个信息就会被逐级推送，就会有人上门服务，调查了解情况，提出帮扶的政策措施。

此外，各级宏观调控部门可通过对网民网络表情等大数据分析预测经济景气情况，通过对网民上网搜索工作岗位的频繁程度等大数据分析预测就业形势，通过商品房网上销售价格预测房地产市场走势等，及时采取有效的宏观调控措施。

第5章

大数据在市场监管领域的应用

随着简政放权和商事制度改革的推进，如何对市场主体加强事中事后监管，是许多具有市场监管职能的政府部门面临的重要问题。运用大数据，可以对市场主体实行分类分级监管，科学配置执法资源，提高市场监管水平，对市场进行精准治理。

以信息化推进市场监管现代化

“互联网 + 监管”和智慧监管

“互联网 + 监管”是指互联网在市场监管领域的应用。智慧监管是指运用物联网、云计算、大数据、人工智能、5G、区块链、虚拟现实等新一代信息技术提高市场监管的自动化、智能化水平。

2015 年 5 月，国务院召开推进简政放权、放管结合职能转变工作电视电话会议，李克强总理提出运用大数据、云计算、“互联网 +”等创新监管。建立统一监管平台，推进综合执法，推广随机抽查，做到公开透明，压缩权力寻租空间。

2018 年 6 月，李克强总理在全国深化“放管服”改革、转变政府职能电视电话会议上提出推进跨部门联合监管和“互联网 + 监管”，实现从职能部门“单打独斗”转变为综合监管、“智慧监管”，做到“一次检查、全面体检”。

2018 年 10 月，李克强总理主持召开国务院常务会议，决定依托国家政务服务平台建设“互联网 + 监管”系统，强化对地方和部门监管工作的监督，实现对监管的“监管”，并通过归集共享各类相关数据，及早发现防范苗头性和跨行业、跨区域风险。

2019 年 3 月，李克强总理在政府工作报告中提出推进“双随机、一公开”跨部门联合监管，推行信用监管和“互联网 + 监管”改革，优化环保、消防、税务、市场监管等执法方式，对违法者依法严惩、对守法者无事不扰。

运用信息化提升市场监管水平

加强事中事后监管要依靠信息化和社会信用体系。信息不对称是产生监管漏洞的重要原因。市场监管领域的信息不对称主要表现在政府部门之间的信息不对称、政府部门和市场主体之间的信息不对称、消费者和市场主体之间的信息不对称。

不同政府部门负责不同市场行业的监管，“行政碎片化”造成“信息碎片化”。为此，要整合政府信息资源，打破“信息孤岛”，建立整体政府。以社会信用代码为唯一标识，关联不同政府部门掌握的同一市场主体的监管信息，实现对市场主体从“注册”到“注销”的全生命周期监管。以身份证号为唯一标识，关联不同政府部门掌握的同一个人的监管信息，实现对自然人从“摇篮”到“坟墓”的全生命周期监管。要通过数据比对、大数据分析，及时发现对政府部门进行弄虚作假、骗保骗补等行为。市场监管部门要加快社会信用体系，建立法人和自然人信用数据库，建设行业信用信息系统并接入全国统一信用信息平台。通过开展信用数据交换，对不法企业和不法人员开展信用联合惩戒，提高违法者的机会成本。及时在网上公示市场主体的违法犯罪行为，引导消费者选择遵纪守法的市场主体，避免上当受骗。

随着电子商务的发展，越来越多的人在网上购买物品或服务。市场监管部门可要求电子商务平台运营商开放接口，自动接收用户的差评、投诉信息，经核实后对不良商家依法进行处罚。

近年来，“地沟油”“僵尸肉”“天价虾”“天价鱼”等事件屡屡发生。许多消费者都拥有智能手机，可建立基于地理信息系统（GIS）的消费者网上投诉举报平台及其 App，利用智能手机的定位功能，让消费者随时随地对不良商家进行投诉举报，把在什么时间在哪里遇到什么事情编辑上传到消费者网上投诉举报平台，系统自动分类转发到不同市场监管部门进行处理，有针对性地开展执法检查。这样就可以避免单独依靠政府部门而出现“执法人员太少、商家太多、管不过来”的局面，依靠群众实现协同治理、社会共治。

以大数据创新市场监管模式

对于具有市场监管职能的政府部门，通过大数据分析可以发现各类市场主体违法违规的规律、市场监管漏洞等，对市场主体进行分类、分级监管，科学地配置有限的执法力量，增强市场监管能力。

2015 年 6 月，国务院办公厅印发了《关于运用大数据加强对市场主体服务和监管的若干意见》，提出运用大数据加强和改进市场监管。

（1）健全事中事后监管机制。创新市场经营交易行为监管方式，在企业监管、环境治理、食品药品安全、消费安全、安全生产、信用体系建设等领域，推动汇总整合并及时向社会公开有关市场监管数据、法定检验监测数据、违法失信数据、投诉举报数据和企业依法依规应公开的数据，鼓励和引导企业自愿公示更多生产经营数据、销售物流数据等，构建大数据监管模型，进行关联分析，及时掌握市场主体经营行为、规律与特征，主动发现违法违规现象，提高政府科学决策和风险预判能力，加强对市场主体的事中事后监管。对企业的商业轨迹进行整理和分析，全面、客观地评估企业经营状况和信用等级，实现有效监管。建立行政执法与司法、金融等信息共享平台，增强联合执法能力。

（2）建立健全信用承诺制度。全面建立市场主体准入前信用承诺制度，要求市场主体以规范格式向社会做出公开承诺，违法失信经营后将自愿接受约束和惩戒。信用承诺纳入市场主体信用记录，接受社会监督，并作为事中事后监管的参考。

（3）加快建立统一的信用信息共享交换平台。以社会信用信息系统先导工程为基础，充分发挥国家人口基础信息库、法人单位信息资源库的基础作用和企业信用信息公示系统的依托作用，建立国家统一的信用信息共享交换平台，整合金融、工商登记、税收缴纳、社保缴费、交通违法、安全生产、质量监管、统计调查等领域信用信息，实现各地区、各部门信用信息共建共享。具有市场监管职责的部门在履职过程中应准确采集市场主体信用记录，建立部门和行业信用信息系统，按要求纳入国家统一的信用信息共享交换平台。

（4）建立健全失信联合惩戒机制。各级人民政府应将使用信用信息和信用报告嵌入行政管理和公共服务的各领域、各环节，作为必要条件或重要参考依据。充分发挥行政、司法、金融、社会等领域的综合监管效能，在市场准入、行政审批、资质认定、享受财政补贴和税收优惠政策、企业法定代表人和负责人任职资格审查、政府采购、政府购买服务、银行信贷、招标投标、国有土地出让、企业上市、货物通关、税收征缴、社保缴费、外汇管理、劳动用工、价格制定、电子商务、产品质量、食品药品安全、消费品安全、知识产权、环境保护、治安管理、人口管理、出入境管理、授予荣誉称号等方面，建立跨部门联动响应和失信约束机制，对违法失信主体依法予以限制或禁入。建立各行业“黑名单”制度和市场退出机制。推动将申请人良好的信用状况作为各类行政许可的必备条件。

（5）建立产品信息溯源制度。对食品、药品、农产品、日用消费品、特种设备、地理标志保护产品等关系人民群众生命财产安全的重要产品加强监督管理，利用物联网、射频识别等信息技术，建立产品质量追溯体系，形成来源可查、去向可追、责任可究的信息链条，方便监管部门监管和社会公众查询。

（6）加强对电子商务领域的市场监管。明确电子商务平台责任，加强对交易行为的监督管理，推行网络经营者身份标识制度，完善网店实名制和交易信用评价制度，加强网上支付安全保障，严厉打击电子商务领域违法失信行为。加强对电子商务平台的监督管理，加强电子商务信息采集和分析，指导开展电子商务网站可信认证服务，推广应用网站可信标识，推进电子商务可信交易环境建设。健全权益保护和争议调处机制。

（7）运用大数据科学制定和调整监管制度和政策。在研究制定市场监管制度和政策过程中，应充分运用大数据，建立科学合理的仿真模型，对监管对象、市场和社会反应进行预测，并就可能出现的风险提出处置预案。跟踪监测有关制度和政策的实施效果，定期评估并根据需要及时调整。

（8）推动形成全社会共同参与监管的环境和机制。通过政府信息公开和数据开放、社会信息资源开放共享，提高市场主体生产经营活动的透明度，为新闻媒体、行业组织、利益相关主体和消费者共同参与对市场主体的监督创造条件。引导有关方面对违法失信者进行市场性、行业性、社会性约束和惩戒，形成全社会广泛参与的监管格局。

2015 年 8 月底，国务院印发了《促进大数据发展行动纲要》，提出在企业监管、质量安全、节能降耗、环境保护、食品安全、安全生产、信用体系建设、旅游服务等领域，推动有关政府部门和企事业单位将市场监管、检验检测、违法失信、企业生产经营、销售物流、投诉举报、消费维权等数据进行汇聚整合和关联分析，统一公示企业信用信息，预警企业不正当行为，提升政府决策和风险防范能力，支持加强事中事后监管和服务，提高监管和服务的针对性、有效性。

对于地方政府，要推行信用监管和“互联网 + 监管”，建立和完善基于大数据分析的智慧监管体系。建设“互联网 + 监管”平台，通过大数据分析发现各类市场主体违法违规的规律、市场监管漏洞以及市场主体经营异常规律、某个行业发展态势、消费者投诉举报情况等。

运用大数据对市场主体实行分类分级监管，科学配置执法资源，实现对市场主体的全生命周期监管。完善法人信用数据库、自然人信用数据库和信用信息平台，对市场主体进行信用画像，构建以企业信用信息公示为基础、以信用监管为核心的事中事后监管体系，提升事中事后监管规范化、精准化和智能化水平。

大数据在市场监管部门的应用

商事

对于工商部门，通过采用大数据技术可以分析市场主体经营异常规律、某个行业发展态势、消费者投诉举报情况等。

目前，大数据已经在一些工商部门得到应用。例如，2015 年 7 月，湖北工商大数据分析系统正式上线运行。工商部门可以对一个地区或者一个时间段被投诉举报最多的商品或服务进行分析，据此做到精准整治。可以对已注销市场主体的数据进行挖掘，分析出哪类主体消亡快、哪类主体生命力强、哪类主体属于高成长、哪类主体属于高衰退，为产业结构调整提供科学依据。可以准确地发现经营异常企业的分布及其原因，为有针对性地加强市场监管提供数据支撑。可以直观地了解全省市场主体的类型、结构及分布情况，各类关键指标的同比、环比分析一目了然。

重庆市工商局通过建立数据监测中心、数据模型等对归集整合的 2500 万条全市小微企业数据进行分析，动态监测小微企业发展活跃度，精准实施分类扶持监管政策，对发展态势好的企业重点推介，对经营异常、有不良信用记录的企业进行预警，对违法失信企业联合惩戒，成功助力 1.32 万户享受创业补助的微型企业成长壮大为中小企业。[①]

① 倪铭．大数据为政府治理现代化“添翼”．光明网，2016-07-13.

质量监管

目前，大数据在质监领域得到了初步应用。例如，2015 年 6 月，广东省云浮市质监局发挥国家石材产品质检中心的公共服务检测平台作用，通过建立石材产品分类数据库，将大数据引入质量领域，不仅对当地石材产业有序发展起到规划作用，而且将实现质量监管与诚信体系建设并重发展。

食品安全监管

近年来，我国各级食品安全监管部门做出了巨大努力，食品安全状况有所好转，但时不时曝光的食品安全事件，依然难以给老百姓安全感。传统人海战术、运动式执法、被动式执法已经不适应时代要求，必须用互联网思维、大数据思维，实现食品安全的精准治理。

（1）建立和完善食品生产经营者数据库，运用大数据摸清食品安全的家底，感知食品安全态势。俗话说，知彼知己，才能百战不殆。食品安全监管，信息是基础。试想，如果食品安全监管部门连辖区内有多少家食品安全市场主体，它们都是谁，位置在哪里，生产经营哪些食品，以前有过哪些违法犯罪行为等情况都不清楚，怎么去监管，怎么能够监管得好？为此，要依托法人单位基础信息库，归集有关部门的食品安全相关信息，建立和完善食品安全生产经营者数据库。

目前，我国各级食品安全监管部门都不同程度地建立了数据库，但存在数据不全面、不及时、不准确的问题。数据库中的数据质量不高，更新不及时，有的甚至成了死库。食品生产经营者数据库的数据来源大致分为以下五类：一是食品安全监管部门自身业务工作中产生的数据，包括利用网上投诉举报平台获取消费者的投诉举报数据；二是通过数据交换从工商、公安、法院等其他政府部门获取食品安全相关数据，如涉及食品安全的行政处罚信息；三是从生产经营者的信息系统中抽取食品安全相关数据，如食品原材料进货数据、食品销售出货数据等；四是从互联网上搜索、抓取食品安全相关数据，如媒体报道的食品安全事件；五是从食品网上交易平台抽取食品安全相关数据，如用户对所购食品的评价数据、对商家的评分数据。随着越来越多的人从网上购买食品，网购食品安全事件也层出不穷，食品安全监管部门应要求涉及食品销售的相关电子商务平台提供数据接口，抽取用户点评信息。

（2）通过开展大数据分析，对食品生产经营者进行分类分级监管。许多食品安全监管部门还习惯于采用人海战术来应对食品安全问题，抱怨执法人员太少，一个人要管几百家甚至上千家食品生产经营市场主体，管不过来。但话说回来，即便拥有 1 万个执法人员，能保证辖区今后不出食品安全问题吗？又没有人敢保证。实际上，不少食品生产经营者都是遵纪守法的，只要管住那些信用不好、容易违法犯罪的食品生产经营者，就可以显著改善一个地区的食品安全状况，而不能盲目执法，眉毛胡子一把抓，平均使用执法力量。

对于食品生产经营者，食品安全监管部门要依托食品生产经营者数据库，开展大数据分析，进行分类、分级监管。我国食品种类众多，而且生产加工方法、价格等各不相同。有些食品容易出现食品安全问题，而有些食品很少出现食品安全问题。食品安全领域的违法犯罪，绝大多数都是为了牟利。容易出问题的食品，多是通过非法添加之后牟利较多的，如肉制品、奶制品等。对于生产经营不同食品的商家，要开展食品安全风险评价，区别对待。对于生产经营高风险食品的商家，要重点监管。近年来，许多食品安全监管部门已经开展了社会信用体系建设，今后要进一步完善食品安全信用体系，归集食品生产经营者的信用记录，对食品生产经营者的信用状况进行分级。对于信用状况好的食品生产经营者，减少执法检查频率。对于信用状况不好的食品生产经营者，增加执法检查频率。这样就把执法力量集中用于信用不良的食品生产经营者。

（3）运用大数据分析食品安全事件规律，科学配置有限的执法力量。1994 年，纽约警察局应用了社会治安管理信息系统 CompStat。这是一个基于地图的纽约犯罪统计分析系统。之后，纽约治安状况明显好转。1996 年，CompStat 获得了哈佛大学颁发的“美国政府创新奖”。自 1998 年起，美国在全国警察部门推广纽约的犯罪地图和数据驱动管理（Crime Mapping and Data-Driven Management）模式。食品安全监管部门可以借鉴 CompStat 的成功经验，建立食品安全地理信息系统，并开发相应的 App。

互联网的发展为食品安全从政府独自监管走向社会共同治理提供了技术条件。食品安全监管部门一方面可以把自身掌握的食品安全事件标注到电子地图上，另一方面可以通过完善食品安全有奖举报制度发动广大消费者通过手机把自己遇到的食品安全问题标注到电子地图上，并说明在什么时间遇到了什么样的食品安全事件，让食品安全监管部门和其他消费者知道。食品安全监管部门通过大数据分析，就可以掌握辖区内食品安全事件发生发展规律，科学部署执法力量，有针对性地采取措施，改善本地区的食品安全状况。

此外，食品安全监管部门还要依法依规开放公共数据资源，如食品生产经营者基本信息、食品抽检情况、食品检测检验报告等，鼓励社会机构对这些公共数据资源进行开发利用，提供食品安全大数据应用产品和服务。实行行政执法全程留痕，构建“数据铁笼”，提高食品安全领域行政执法的规范化水平。

大数据在其他市场监管领域的应用

税务

对于税务部门，通过采用大数据技术对涉税数据进行比对，可以有效发现税收征管漏洞，促进财税增收。

天津市国税局积极探索利用互联网平台和大数据分析开展股权转让管理工作，寻找非居民股权转让税收突破点，摸索出一条以征管系统为依托，通过互联网广泛收集第三方信息，集中开展大数据分析的新征管手段。截至 2015 年 5 月，天津保税区国税局共受理非居民股权转让申报 23 例，征收非居民企业股权转让预提所得税 1.3 亿元。

天津某非居民企业间接转让境内一家企业，天津保税区国税局在调查核实中，发现转让价格明显偏低且无合理解释理由，怀疑是关联交易行为。为了印证这一疑点，该局通过网络技术手段多方搜集信息，发现转让双方为同一集团控制下的不同层级的关联子公司。最终境外企业补缴预提所得税 300 万元。

江苏、湖北、北京和山东等地税务机关把大数据引入税收风险应对工作，组织开发了数据情报平台和“数字稽查”等软件，充分挖掘应用第三方信息，依照分析模型比对涉税数据，用多条数据疑点直指风险“靶心”，改变了“人盯户、票管税”的传统做法，提高了税收风险防范能力。

无锡市地方税务局积极引入“大数据”理念，建立了纳税人需求管理系统和具有税情采集、需求管理、服务反馈、依法维权、质效提升等功能的纳税人需求响应中心，通过大数据分析，找出准纳税人需求和纳税服务中存在的痛点，进一步提升了纳税服务的针对性和有效性。

生态环境

2016 年 3 月，环境保护部办公厅印发了《生态环境大数据建设总体方案》，提出创新生态环境监管模式。

（1）推动环评统一监管。建立环境影响评价数据标准、共享机制，建设全国环境影响评价管理信息系统，提升环评统计分析、预测预警能力，推动环评监管事前审批向事中和事后监管转变，实现全国环境影响评价数据“一本账”的管理模式。

（2）创新监察执法方式。利用环境违法举报、互联网采集等环境信息采集渠道，结合企业的工商、税务、质检、工信、认证等信息，开展大数据分析，精确打击企业未批先建、偷排漏排、超标排放等违法行为，预警企业违法风险，支撑环境监察执法从被动响应向主动查究违法行为转变，实现排污企业的差别化、精准化和精细化管理。

（3）开展环境督察监管。研究制定绿色发展指标体系，构建自然资源资产负债表，建立健全政府环境评价考核方法和流程，建立生态环境损害评估方法，为地方领导干部自然资源资产离任审计制度、企业赔偿制度、生态补偿机制、责任追究制度的执行和落实提供数据和技术支撑。

（4）强化环境监管手段。建立全国统一的实时在线环境监控系统，实现生态环境质量、重大污染源、生态状况监测监控全覆盖。采集和发布饮用水源地、城市黑臭水体、城市扬尘、土壤污染场地、核与辐射等信息，强化企业排污信息公开，利用“互联网 +”方式整合企业信息。

（5）建立“一证式”污染源管理模式。以排污许可证制度为核心，利用排污许可证“证载”内容，支撑排污许可和环境标准、环境监测、环境统计、环评、总量控制、排污收费（环境税）、许可证监管等制度有效衔接，建立唯一的固定污染源信息名录库，对污染源进行统一编码管理，实现污染源排放信息整合共享，有效推进协同治理，开启“一证式”污染源管理新模式。

（6）加强环境信用监管。综合运用信息化手段，在环保行政许可、建设项目环境管理、环境检查执法、环保专项资金管理、环保科技项目立项、环保评先创优等工作流程中，嵌入企业环境信用信息调用和信用状况审核环节。对不同环境信用状况的企业进行分类监管，对环境信用状况良好的企业予以优先支持，加强对失信的约束和惩戒。探索在环境管理中试行企业信用报告和信用承诺制度。

（7）推进生态保护监管。强化卫星遥感、无人机、物联网和调查统计等技术的综合应用，提升自然生态天地一体化监测能力。加强自然生态数据的集成分析，实现对重点生态功能区、生态保护红线、生物多样性保护优先区、自然保护区的监测评估、预测预警、监察执法，支撑生态保护区域联防联控。

（8）保障核与辐射安全。进一步加强核与辐射安全信息标准化建设，提高联网数据共享交换和获取率，不断增强数据汇聚和关联分析能力，推动核设施、核安全设备、核技术利用、核与辐射安全相关关键岗位人员资质及核活动等的联网审查审批，全面实现对核与辐射安全风险的实时管控和预警，提高核与辐射安全监管决策科学化和信息化水平，保障我国的核与辐射安全。

（9）增强社会环境监管能力。通过采集和集成多源异构环保举报数据，实现智能化环保举报感知、异常探测，发掘环保举报需求，智能化分析举报情景，动态生成和调整环保举报管理进程，实现全国环保举报工作协同、有序、高效管理。

2020 年 8 月，江西省生态环境厅启动生态环境大数据平台建设项目，预计用 9 个月时间，完成系统的所有软件开发、系统上线试运行和验收，通过数字化、智慧化手段提升江西生态环境治理现代化水平。该项目将依托省电子政务外网、省政务云，利用省生态环境厅现有信息化基础，建立生态环境大数据资源中心和生态环境大数据智能服务中心两个中心，开发业务协同、目标管控、政务及公共服务三类大数据应用，共计 21 个大数据子应用系统。按相关要求对现有局域网进行升级改造，整合省直单位生态环境相关数据资源，构建江西省生态环境大数据平台。通过该项目建设，江西将建成一批从预警、分析、研判、辅助决策到执行落实的生态环境大数据创新应用系统，实现生态环境数据大集成、大整合、大共享、大治理，全面推动生态环境管理业务协同效率，为全省生态环境精准治污提供技术支撑。

第 6 章

大数据在社会治理领域的应用

中央发布的《国民经济和社会发展第十四个五年规划和2035年远景目标纲要》提出坚持专群结合、群防群治，提高社会治安立体化、法治化、专业化、智能化水平。大数据可以创新社会治理模式，提高社会治理智能化水平，促进社会治理精细化、精准化，有利于维护社会稳定，推动社会事业发展。

大数据在社会治理中的应用

我国正处于经济社会转型期，各类社会问题纷繁复杂。具有社会管理职能的政府部门人员编制，执法人员数量和时间、精力有限。传统运动式执法、满大街巡查等社会治理方法越来越难以满足维护社会秩序的需求。通过大数据分析，有关政府部门可以准确掌握社会态势，对重点人群进行精准监控。

国外情况

近年来，欧美一些国家发起了一项“大数据社会福祉”（Big Data for Social Good）运动，以数据驱动的方式应对现代社会中面临的一些复杂问题，增进社会福祉。吴湛微和禹卫华通过对一些国外社会治理大数据案例进行分析，总结出国外社会治理大数据的四种模式。

1. 大数据开放，提高基础服务能力

这一模式就是将已有的数据通过一个开放的网络平台免费提供给

所有需要的人。开放数据不但可以给市民直接提供服务，也可以为其他政府部门、科研机构以及公益组织提供进一步整合和利用数据的机会，从而给社会治理提供间接帮助。因此，建设公共数据资源开放平台已经成为各国大数据社会治理的基础模式。

美英等国采取的方式都是各城市分别建设大数据开放平台，由国家常设机构统筹各地数据建立统一检索平台。以美国为例，纽约市的 DataBridge 平台、洛杉矶市的 LAOpenData 平台等分别负责各自的数据开放，美国总务署负责全国层面的数据开发平台 data.gov 建设。

2. 大数据决策，实现科学决策

这一模式将原始大数据加工成能解释、预测社会现象的精炼数据，用于帮助决策者掌握更全面的信息或更有力的证据，从而增强决策的科学性。

一是广泛收集可能与待解释现象相关的大量数据，然后筛选出关联度最高的一组数据或计算成一个指标，以此为依据辅助决策。例如，为判断哪些建筑物容易发生火灾，纽约消防局筛选了消防、建筑、治安、经济、城市建设等多个部门的数据，从中找到 60 余个与火灾发生关联最大的数据，并以此为依据计算了建筑火灾危险指数。使用该指数，消防局派遣视察人员对高危区域进行日常排查，有效降低了火灾危害。此外，洛杉矶、旧金山等地利用用电、用水、垃圾和投诉等生活数据与居住行为的关联性来排查建筑非法改装和群租行为，为治安和建筑风险治理提供依据；芝加哥公共健康部门利用餐厅的历史记录、市民投诉、商业数据、周边环境等数据对餐厅的食品安全进行排查；伊利诺伊州使用医疗数据、孕妇群体的历史数据和地区经济社会数据来关联最需要帮助的年轻孕妇，提高社会福利并改善生育率，等等。

二是根据现有数据预测未来可能发生的事件，并提前做好预案。例如，美国多地劳动部门根据就业、企业、经济和教育数据分析劳动技能的供需趋势，引导企业、就业者和教育者提前规划和实施技能培训、填补“技能沟”，以达到充分就业的目的。波士顿教育部门通过成绩、投诉、奖学金和学生活动等数据来预测学生辍学的可能性并提前干预；芝加哥公共教育部门根据学生、学校和教师数据，结合地区治安、住宅、人口和经济发展数据预测辖区各学校的招生人数，并提前划拨公共教育经费；纽约将全市 33 万余栋建筑物分为 2400 类，分别预测火灾发生情况，拟订有针对性的灭火方案。

3. 大数据沟通，改善外部环境

利用数据的客观性，以对公开大数据的呈现为依据，引导广大市民自行从整体和长期的角度进行理性思考和辩论，以获得更广泛的关注和支持。例如，费城使用一种被称为 Textizen 的应用向市民的手机发送短信通知目前正在制定的政策法规，并投递调查问卷，调查结果被作为施政的依据以可视化的方式在网站公布，以求凝聚社会共识。纽约使用一种 LBS（基于位置的服务）应用让市民在地图上提出建议，以确定公共自行车租赁站的设置地点，获得广泛支持；佛蒙特州根据位置信息向市民推送粮食捐献政策和捐献点位置，说服市民捐献保质期内可能吃不完的食物。在美国大选中，科辛斯基等发现仅通过脸书等社交网站的点赞数据就可以推测出用户的年龄、性别、种族、政治观点、宗教态度等，根据这些数据可以有针对性地投放精心设计的说服信息，从而赢得选票。

4. 大数据群体智慧，弥补政府资源不足

社会治理的政策设计和执行都需要大量的人力、物力，一些任务可能极为细碎繁复，完全依靠政府力量往往难以完成或者效率不高。可以通过发动群众参与，利用群体智慧从数据、技术和人力资源等多个方面来弥补政府资源的不足。例如，波士顿市经常下雪，消防栓很容易被雪埋住找不到而耽误消防任务。由于消防栓众多，日常维护光靠消防局显然人手不足。为此，波士顿消防局开发了一个名为“认领消防栓”的App，邀请居民认领一个住宅附近的消防栓，帮助除雪等日常维护，受到居民的积极响应。英国借助群体智慧维护道路和附属设施；纽约发动群体智慧利用公共空间设计环境艺术和扩大绿化；芝加哥利用群体智慧帮助流浪汉和孤寡老人等。此外，多地政府以支持数据竞赛、工作坊和夏令营等形式，发动高校、研究机构、公益组织和有条件的个体志愿者参与基于开放大数据设计，开发数据产品和应用，服务社会治理，取得了良好的效果。[①]

国内情况

2018年4月，习近平总书记在海南省政务数据中心考察时指出，加快政府大数据平台建设是提高社会治理能力和水平的迫切要求。

近年来，贵阳市、重庆市合川区等一些地方积极运用大数据开展社会治理，取得了明显成效。

1. 贵阳“社会和云”

2015年6月，贵阳市社会治理大数据云平台——“社会和云”工程启动建设，按照“一年打基础、两年建平台、三年抓应用”的思路分步实施，确保2017年初步建成并正常运转。该工程将建设以基础设施层、系统平台层、应用平台层为框架结构，多个系统应用为支撑的社会治理大数据云平台，通过大数据运用，统计分析与民生相关的海量数据，准确把握不同社会成员和不同地区的社会需求，实施精细化服务管理，推动建立多层次服务体系，营造和谐稳定的社会环境。[②]

“众采客”是“社会和云”工程中，对所有群众开放的数据众包采集平台。它通过广大群众的力量，进行全方位的数据采集，为“社会

① 吴湛微，禹卫华. 大数据如何改善社会治理——国外“大数据社会福祉”运动的案例分析和借鉴. 中国行政管理，2016（01）.

② 骆明. 贵阳市社会治理大数据云平台启动建设. 贵阳日报，2015-06-25.

和云”工程提供准确、及时、涵盖面广泛、种类丰富的非隐私数据。一方面，贵阳市民可以通过利用自己的空闲时间，到该平台上领取任务，采集数据，获取劳动报酬；另一方面，贵阳市政府可以低成本、高效率地获取高质量的数据源。

2. 重庆市合川区社会治理大数据系统

近年来，重庆市合川区委、区政府在社会治理方面树立了大数据思维，建立了“合川区社会治理大数据系统”及其 App，提升了社会治理水平。

重庆市合川区社会治理大数据系统包含场所管理、人口管理、事件处理、分析研判等 13 个功能模块，10 多万个基层干部、网格员和人民群众安装了该系统的手机 App。

重庆市合川区社会治理大数据系统整合了公安、信访、民政、教育等部门的信息资源。网格员负责动态采集、报送辖区人口基础信息、矛盾纠纷信息、治安隐患信息、重点人员信息等，把全区人、地、事、情、组织等基础信息全部纳入合川区社会治理大数据系统，做到“底数清、情况明”。合川区在社会治理指挥中心建立了视频指挥调度中心，打破部门壁垒，集中接入了 2.5 万余个公安、交通、市政、教育、金融等部门的监控视频，推动公安专业数据、政府各部门管理数据、公共服务机构业务数据集成应用，提高了应急处置能力。

重庆市合川区通过大数据分析及时发现社会矛盾和问题，将过去政府被动应对问题转化为主动发现问题和解决问题。社会治理大数据系统可以自动对海量数据进行分析和挖掘，分种类、分区域、分时段对全区刑事治安案件、社会矛盾纠纷、民情民意等进行智能预警，区社会治理指挥中心根据智能预警调整工作策略，适时提出应对建议，分级报送区委、区政府和镇（街道）作为决策参考。截至 2017 年 3 月，通过大数据分析研判，有效防范群访事件 8 起，针对性开展治安整治行动 9 次。利用手机 App 建立特殊人群“日点名”“日见面”制度，掌握全区社区矫正人员、吸毒人员、过激言行人员、精神障碍患者的表现情况，常态化开展法治教育、医疗救治、心理疏导等工作。一旦出现危害社会的行为或苗头，立即调动力量依法处置。2016 年以来，全区精神病人肇事肇祸案件“零发生”，社区矫正人员“零发案”。该系统把收集上来的困难救助、就业帮助、就学资助等民生需求，分类推送给相关社会组织，引导开展“一对一”帮扶，促进供需对接。利用该系统广泛推行“网上信访”“视频调解”。截至 2017 年 3 月，全区在线受理解决群众信访事项 1570 个，占信访总量的 51.2%；在线解答群众法律咨询 6000 余次，在线调解矛盾纠纷 500 余起。

重庆市合川区建立了流程化的事项办理机制、动态化的督办督查机制和制度化的回访考核机制。实行“区、镇（街道）、村（社区）、网格”四级流程化办理，下一级办理不了的事项，依托三级指挥体系逐级向上提交，上一级管理平台逐一交给责任单位或人员办理，通过上下联动、层层把关，真正把问题解决在基层，做到小事不出村（社区）、大事不出镇（街道）、难事不出区。截至 2017 年 3 月，已收集民情民意 2 万余条，办理民生实事 3 万余件，化解矛盾纠纷 1.1 万余件，事项办结率达 99%。人民群众和网格员的事项提交后，社会治理大数据系统会自动启动督办程序，每个环节都有明确的责任单位、责任人和办理时限，超过 10 个工作日未办结，系统亮黄灯警示，超过 15 个工作日未办结，系统亮红灯警告，倒逼责任单位提高工作效率。目前，95% 以上的社会治理事项都能够在 10 个工作日内得到妥善办理并回复。由区社会治理民意调查中心按比例抽取已办结事项，通过对当事人进行电话回访，将群众的满意度评价和意见建议录入社会治理大数据系统，由社会治理大数据系统自动对“红黄灯”、办结率、满意率进行统计汇总，全面真实地掌握社情民意。

重庆市合川区社会治理大数据系统提升了社会治理的广度和深度，消除了社会治理的盲区和死角，实现了社会共治，促进了社会和谐。全区刑事发案数、到区信访人次逐年下降。合川连续三年群众满意度指数名列全市第一，公众安全感指数保持全市前 5 名，矛盾化解率达到 90% 以上。

以大数据推进依法治国

大数据在公安机关的应用

《国民经济和社会发展第十四个五年规划和 2035 年远景目标纲要》提出推进公安大数据智能化平台建设。

对于全国各级公安机关，大数据技术可应用于社会治安管理、车辆管理、户籍管理、出入境管理、打拐、反扒、消防、踩踏预警、反恐、打击电信诈骗等许多领域。

1. 预测犯罪

犯罪预测系统是运用大数据预测犯罪行为的信息系统，可以实现由发案后警方快速抵达现场转变为提前到达犯罪可能发生地，由破案抓嫌犯转变为威慑阻止犯罪发生。

美国纽约警察局使用 CompStat 系统后，凶杀案从 1994 年的 1561 宗下降到 2009 年的 466 宗。

美国加利福尼亚州桑塔克鲁兹市建立了犯罪预测系统，对可能出现犯罪的重点区域、重要时段进行预测，并安排巡警巡逻。在所预测的犯罪事件中，有 2/3 真的发生了。犯罪预测系统投入使用一年后，全市入室行窃减少了 11%，偷车减少了 8%，抓捕率上升了 56%。

2013 年 4 月，北京市公安局怀柔分局犯罪数据分析和趋势预测系统正式上线运行。该系统共收录了怀柔近 9 年来 1.6 万余件犯罪案件数据，通过标准化分类后导入系统数据库，同时采用地图标注，将警务辖区实施空间网格编号，通过由数学专家建立的多种预测模型，自动预测未来某段时间、某个区域可能发生犯罪的概率以及犯罪的种类，为打击防范可防性案件提供前瞻性指导。2014 年 5 月，北京市公安局怀柔分局犯罪数据分析和趋势预测系统预测提示，近期泉河派出所辖区北斜街发生盗窃案的可能性较高。怀柔公安情报信息中心根据提示，指导泉河派出所对该区域加大巡逻防控。5 月 7 日 1 时许，泉河派出所民警巡逻至北斜街南口时，当场抓获一名盗窃汽车内财物的嫌疑人。经讯问，嫌疑人李某交代了伙同他人窜至怀柔区，撬机动车锁并盗窃车内财物作案 3 起的犯罪事实。2014 年 1 至 5 月，怀柔全区接报 110 刑事和秩序类警情同比下降 27.9%，立现案同比下降 14.7%，其中立抢劫案下降了近 55%。

苏州市公安局犯罪预测系统于 2014 年上线运行，包含警务综合平台的接处警、案事件、人口等 39 类公安业务数据以及地理、天气、房价等 11 类社会时空地理信息共 7.8 亿条数据。利用大数据技术进行智能建模分析，预测当天辖区案件的高发区域及发案概率，把需要重点防控的区域以简明扼要的图形界面直观地凸显出来，以引导一线科学部署防范措施，使工作重点和警力投放更具有针对性。

2. 破获陈年命案

苏州、泰州等地公安机关用大数据破获了多起陈年命案。1993 年 4 月 21 日，有人在泰州市兴化市鲁汀河发现一具男尸，第二天又发现一具女尸，均为他杀。经过侦查，警方确认死者是江苏盐城市射阳县的一对夫妻。当时警方在案发现场找到了一些线索，但受限于当时的技术手段，一直没能找到犯罪嫌疑人的确切身份。2017 年 4 月，泰州警方利用大数据技术对当时发现的嫌疑线索进行比对分析，分析结果指向盐城市一徐姓男子。泰州警方立即成立专案组展开调查，最后锁定犯罪嫌疑人就是这名徐姓男子及其兄长。24 年后，两名犯罪嫌疑人被抓获，在铁证面前，兄弟二人对当年的犯罪行为供认不讳。这是 2017 年以来泰州市公安局破获的第三起陈年命案。此前，泰州警方相继侦破一起 14 年和一起 17 年的命案积案。

3. 人员踩踏预警

2015 年元旦，上海外滩发生踩踏事件，造成 36 人死亡。目前，大城市几乎人人都有手机，电信运营商根据手机信号能够知道机主的实时位置。如果活动组织方和有关政府部门通过电信运营商分析一个地区的人口密度，判断该地区的拥挤程度，超过一定阈值就自动报警，采取疏散措施，或许上海外滩踩踏事件就可以避免。

4. 交通车辆管理

苏州市公安局建立的“蜻蜓系统”以卡口抓拍照片或实时道路视频为数据源，凭借车型识别、车牌识别、以图搜图等智能技术，构建车辆数据库，大大拓宽了原有智能抓拍系统的应用深度。目前“蜻蜓系统”已在苏州市区各分局、常熟市局等单位及刑警、交警、公交等专业警种全面推广，主要用于假套牌人工甄别预警、大货车违法上高架预警、车辆特征实战比对应用等工作。

5. 消防

大数据在消防领域也很有价值。美国纽约有 100 多万栋建筑物，每年有差不多 3000 栋会因火灾损毁。由于城市状况复杂，消防人员往往难以第一时间赶赴现场，预防火灾成了减少损失的重中之重。为此，纽约市消防部门通过大数据分析 60 个可能产生火险的因素，如区域居民平均收入、建筑物年龄、是否存在电气性能问题等，给建筑物标注风险指数，并据此确定消防检查的优先级和重点，从而有针对性地开展安全排查工作。

6. 打拐

韩国每年寻找走失儿童的社会代价是 47.6 亿美元，平均每个走失儿童花费 56 万美元。为此，许多韩国城市在街头安装了具有人脸识别功能的智能视频监控系统（见图 6–1）。当探头发现走失儿童时，就可以向警察发出报警信息，警察立即前往寻找并通知家长前来认领。利用人脸识别技术，可以改变传统人海战术，通过视频监控探头自动识别被拐妇女儿童并报警，节省警力，提高寻找效率，降低寻找成本。

图 6–1　韩国利用人脸识别技术寻找走失儿童

2009 年，公安部建立了世界上第一个专门用于打拐的 DNA 信息库。有的孩子被拐卖多年，体貌特征发生了显著变化，即使生身父母也难以辨认。孩子被解救后，如何帮助其找到生身父母是个难点。通过 DNA 比对可以快速确定被拐儿童和父母的血缘关系。截至 2015 年 2 月，公安机关已为 3500 余名多年前被拐的儿童找到生身父母。[①] 此外，DNA 比对技术还可以用于被拐儿童摸排工作。通过比对每个家庭父母和子女的 DNA，如果 DNA 比对不一致又没有合法的收养、领养手续，子女是被拐儿童的可能性就比较大。

2015 年 5 月 20 日，深圳市公安局通过人像识别系统比对、走访排查、DNA 比对，成功侦破发生于 1995 年 11 月 28 日盐田区沙头角万双健被拐案和 1998 年 5 月 8 日盐田沙头角黄嘉鹏被拐案，在罗湖区抓获犯罪嫌疑人，在河源龙川县成功解救两名被拐人员。

---

① 刘子阳 . 中国 2014 年解救 4.3 万被拐妇女儿童 人贩被迫收手 . 法制日报，2015-02-16.

7. 打扒

通过大数据分析可以有效识别扒手。在火车站、汽车站、公交车、街道、地铁、机场等公共场所，利用手机定位信号信息，通过分析人群的活动轨迹，识别异常活动的人。例如，如果某人整天在某个区域晃悠，或整天在公交车上、地铁里，很可能是扒手。执勤民警可以上去盘问，留意其行为。

8. 治理电信诈骗

要用大数据思维治理电信诈骗。公安部门要建立电信诈骗大数据平台，对电信诈骗案件进行大数据分析，发现电信诈骗发生发展规律，采取有效措施进行主动预防和精确打击。对电信诈骗电话进行监控、监听，通过拨打频率、关键词分析等技术手段自动识别电信诈骗电话。对电信诈骗嫌疑分子、嫌疑车辆、嫌疑场所进行视频监控。采用图像识别技术，自动识别电信诈骗嫌疑分子、嫌疑车辆并进行监控。例如，某人一天拨打了成百上千个电话，很可能是电信诈骗分子。某人的钱到账之后，立马把钱分解到不同的账户，也很可能是电信诈骗分子。接到过电信诈骗分子的电话之后，人们可以对该号码进行标记。如果某个号码被许多人标记为电信诈骗分子的电话号码，有关部门可以对该号码的拥有者进行查处。

科大讯飞联合安徽省公安厅、公安部物证鉴定中心建立了智能语音技术公安部重点实验室，研制了电话诈骗防范拦截平台，能够针对诈骗人员的诈骗行为、作案手段和诈骗剧本进行分析建模，采用大数据和人工智能技术，自动识别诈骗主题以及判定受骗程度。2016 年 4 至 8 月，该平台推送电话诈骗预警线索接近 1.5 万条，平均预警准确率达 99%，避免经济损失超过 3 亿元。

贵阳市公安局整合政府、社会和互联网等数据资源，建成全国第一家块数据指挥中心，对贵阳人、事、物进行实时的三维立体画像，以全新模式实现立体化管控。贵阳市公安局块数据指挥中心启用以来，

2016 年刑事发案下降 6%，其中“两抢”案件破案率同比上升 20.6%，“八类案件”破案率同比上升 13%。

延伸阅读　如何证明“你妈是你妈”

在 2015 年 5 月 6 日召开的国务院常务会议上，李克强总理讲了如下一个故事：有家媒体报道，一个公民要出国旅游，需要填写“紧急联系人”，他写了他母亲的名字，结果有关部门要求他提供材料，证明“你妈是你妈”。李克强总理话音刚落，会场顿时笑声一片。乌海市公安局正在把以前的所有纸质户籍资料全部数字化，建立乌海户籍数据库，开展公安大数据应用。在户籍数据库中，建立每个人的社会关系图。一个人的父亲是谁、母亲是谁、儿子或女儿是谁，一目了然，证明“你妈是你妈”的问题迎刃而解。

大数据在检察院的应用

对于全国各级人民检察院，大数据技术可以应用于办案实时监测、电子证据分析、案件规律分析、案件智能研判、预防职务犯罪等多个领域。

2017 年 6 月，最高人民检察院印发了《检察大数据行动指南（2017—2020 年）》，提出以大数据及智能语音等相关技术应用为重点，形成以类案推送、量刑建议等各项应用需求为“点”，以司法办案、服务为民等业务需求为“线”，以服务深化司法体制改革和检察改革、以审判为中心的诉讼制度改革为“面”，以实现大数据与检察工作深度融合为“体”，构建“点、线、面、体”的检察大数据应用体系框架。此外，该指南还提出建设“一中心、四体系”，即国家检察大数据中心、检察大数据标准体系、应用体系、管理体系和科技支撑体系，其中国家检察大数据中心建设内容包括检察大数据共享交换平台、检务大数据资源库、大数据软硬件基础资源、智能语音大数据平台资源等。

1. 北京市人民检察院“检立方”平台

北京市人民检察院整合了历年来的办案数据，通过大数据分析为执法办案提供辅助决策，形成了全面、全程、全要素覆盖的“检立方”。

“检立方”的核心理念是一核、三轴、多面的大数据立方体。一核是指以检察数据为核心，三轴是指以规范、监督、公开为三条主轴。在这些维度上，同时开发统计分析、预警研判、管理支撑等多项基本功能，形成检察业务的多维度管理体系。

从 2004 年开始，北京市检察机关就开发、应用了自己的执法办案业务应用系统，积累了超过 9800 万项的业务数据，建成了一个庞大的数据仓库。因此，北京市人民检察院决定着手开发“检立方”系统，对检察数据资源进行深度挖掘、整合与利用，最大限度发挥这些数据的价值。

截至 2014 年 12 月，“检立方”已经采集案件信息 50 余万件，业务数据 9800 万项，生成 692 项业务统计指标，将最高人民检察院确定的 26 项核心数据以及北京市检察机关 53 项辅助数据悉数涵盖其中，这些数据均细化到每一个院、每一个部门、每一名检察办案人员。

对于检察官而言，“检立方”像是一个办案实时监测系统，每天提醒检察官手头还有多少案件没有办结、哪些案件用的时间比较长、哪些环节存在问题隐患等。检察官不仅对自己的办案情况一目了然，还能看到本院甚至全市公诉部门检察人员的办案数据。通过这种“互相看得见”的模式，实现网上办案、网上管理、网上监督、网上考核，从绩效、案件、时间、人员四个维度，把案件数据细化到每个检察院、每个部门和每名检察人员，为准确评价执法办案和公开透明奠定基础。

“检立方”实现了执法司法质量的实时动态监控。在“检立方”里，每一起案件的所有信息都集纳在一张表上，审查批捕的是谁、审查起诉的是谁、出庭公诉的是谁清清楚楚，部门之间能实时看到案件办理情况，打破部门之间的信息界限也就实现了检察院各环节之间的监督。可以说，“检立方”打破了案件信息之间的壁垒，不仅整合了部门之间的办案信息，而且实现了市院、分院、基层院三级检察院案件信息的贯通。

“检立方”系统使得北京市检察机关在内部实现了透明化办案，所有的办案流程、所有的环节节点都在“检立方”系统内一目了然。通过“检立方”系统，所有办案信息都能够在网上查询，流程也很规范。一方面满足了群众对知情权的渴望；另一方面，也使检察工作得到规范，有利于依法独立公正行使检察权。

此外，“检立方”还接入了全市检察机关控申接待室、大要案指挥中心、提讯室等执法场所的视频信号，实现了对执法司法场景监督全覆盖。“我们按照最高检的要求，做到凡接触犯罪嫌疑人必录、凡问必录、凡搜查必录，在移送逮捕、起诉时，这些同步录音录像资料可根据诉讼需要一并接受审查。”这些措施有效保障了犯罪嫌疑人的合法权利，有效杜绝了非法取证行为。

“检立方”系统专门设置了律师接待平台，大大方便了律师。以往承办一个案件，约见检察官、了解检察机关对案件的办理进度，是律师最为头疼的事情，因为时间、进度自己都不好掌握。现在有了“检立方”系统，律师不仅是约见检察官不需要打电话，还可查询自己承办的案件在检察院的办理进度和详细信息。①

2. 贵州省人民检察院

贵州检察机关积极推动大数据与检察工作的深度融合，使贵州检察各项工作迈上新台阶。贵州省检察机关创建了案件智能研判系统。该系统可以全面、真实、客观地记录每个案件办案情况，进行数据量化分析，并按照“一人一档案”要求建立数字化司法业绩档案，为案件监控提供数据分析。

① 彭波，李广德．检察院里的“大数据思维”．人民日报，2014-12-17.

贵州省人民检察院运用案件智能研判系统对全省检察机关近两年来办理的 14100 件故意伤害案件进行分析，发现其中存在要素偏离 2332 件、量刑偏离 2395 件、证据风险 674 件，由办案单位认真整改。结合网上案件质量评查系统，按照一案一评查的要求评查各类案件 100352 件，发现和纠正实体性瑕疵 30 余个。

贵州省人民检察院把 2017 年作为贵州省检察机关“大数据应用推进年”，大数据司法办案辅助系统、案件智能研判系统、大数据分析服务系统这三大系统在 100 个检察院全部上线，并拓展延伸建设公诉出庭数据库，组织完成贵州省统一业务系统上线以来的 35 万件历史案件的数据转换、数据清洗工作。[①]

2017 年，江苏省检察机关利用大数据进行统计，对 2014—2016 年各级检察院，特别是基层检察院的侦查监督、公诉、反贪、刑事执行检察等 6 类业务案件量进行测算，按检察官人均办案系数对全省 110 余家基层检察院进行排序，省级检察机关直接将预留的 319 个员额指标精准投放给排序前 40 位的检察院，以此缓解这些地方案多人少矛盾突出、办案压力大的问题。[②]

大数据在法院的应用

最高人民法院院长周强指出，加强司法大数据研究应用，是推进人民法院审判体系和审判能力现代化的需要，是加速推进“智慧法院”建设的必然要求。

对于全国各级人民法院，大数据技术可以应用于审判流程管理、审判全程留痕、裁判文书分析、被执行人联网查控、失信被执行人联合惩戒等多个领域。通过案例大数据分析，可以减少“同案不同判”

① 于潇 . 贵州检察大数据应用实例：“一人一档”对办案量化分析 . 正义网，2017-02-16.

② 卢志坚 . 江苏检察机关运用大数据精准投放员额指标 . 正义网，2017-08-06.

现象。

最高人民法院构建了跨层级、跨地域、跨系统、跨部门、跨业务的大数据管理和服务平台，每5分钟动态汇聚全国3525家法院的案件、文书和卷宗信息。截至2018年底，已累计汇聚全国近1.4亿件案件信息，建成全球最大的司法审判信息资源库。通过数据融合实现了人案关联、案案关联，有效地支撑了全国各级人民法院的工作。

近年来，浙江法院在运用信息技术促进司法公开方面进行了有效的探索，取得了良好的社会效果。2014年7月，浙江省高级人民法院集成大数据，融入云技术，开通了浙江法院公开网，配合后台完善的审判信息系统、数字法庭管理系统、数据中心等基础平台，形成覆盖全省法院的网上司法社区，将全省法院应公开的司法事项“一网打尽”。

浙江省高级人民法院审判流程公开平台下设“开庭公告”“送达公告”“诉讼案件信息查询”“互联网办案平台”等10个子栏目，使审判环节全流程透明化，当事人及其代理人可即时查询审判流程节点信息。借助互联网和云技术搭建的互联网办案平台，为那些事实清楚、争议不大的案件，以及一方当事人在国外的涉侨纠纷提供了快捷的审理方式，当事人、诉讼代理人通过手机、电脑等终端即可远程参与诉讼。

此外，浙江法院公开网还集成了微博、微信、语音等各种司法公开渠道，服务功能更加突出。12368司法服务热线可以提供诉讼咨询、案件查询、联系法官等服务，12368短信平台会自动向当事人发送立案、移送分案等审判流程的办案进展信息。同时，为方便当事人交纳诉讼费，浙江省高级人民法院还在支付宝开通在线支付功能，当事人只需扫一扫诉讼费预缴通知书上的二维码就可交纳。①

福建省高级人民法院司法大数据平台集审判动态、审判质效、干警绩效、司法统计、司法公开、专题分析、即席分析和综合搜索等功

① 许聪，蒋国华．浙江高院集成大数据助力审判流程公开．人民法院报，2015-01-11.

能于一体，通过对全省法院海量司法数据的采集、存储、分析、控制，以实时化、可视化的方式对其进行展示，能够实现对法院司法信息资源的科学分类、多元检索、挖掘、分析和充分利用。

福建省高级人民法院司法大数据平台综合采集了司法审判流程、司法查控、绩效考核等方面的数据，以文字描述、表格、图形、词云、金字塔、仪表盘、地图等形式全面展示审判动态、审判质效、干警绩效等方面的分析结果，提供全方位、立体化和可视化的司法信息分析服务。

2015 年 1 月，贵州主动申请成为全国第一批司法体制改革试点省份，以“让人民群众在每一起司法案件中感受到公平正义”为目标，全省法院抢抓我省作为全国大数据综合试验区的重大机遇，坚持把体制创新和科技创新作为车之两轮、鸟之两翼，将大数据手段融入应用到工作的方方面面，积极打造“智慧法院”，依托大数据破解公正与效率的难题，切实维护当事人的合法权益，提高办案质量和效率。

2016 年 3 月底，贵州省高级人民法院对全省三级法院历史案件数据进行采集，形成案件大数据。通过大量同类案件数据的分析，梳理出影响案件判决结果的要素，建立起案件与对应法律法规的关系网络，为法官裁判提供智慧支持，为当事人提供裁判理性预期，为法院监督提供保障服务。[①]

为化解“案多人少”的矛盾，遵义市中级人民法院于 2016 年 11 月率先建成了民商事案件自动分案系统、办案辅助系统和裁判文书纠错系统，并在全市法院试用。该系统可实现案件自动繁简分流、自动分案，并通过精准推送法条和案例，帮助法官理清办案思路，纠正文书错误。此外，遵义市中级人民法院还将该系统与矛盾纠纷多元化解机制有机结合，加大诉调对接、简案速裁、特别程序的运用，实现案件快速审结。2016 年结案率达 97.23%，位居全省法院第一。

① 涂林念 . 贵州法院运用大数据提高办案质效 打造智慧法院 . 贵州日报，2016-09-19.

大数据在司法部门的应用

对于全国各级司法部门，大数据技术可以应用于法律援助分析、公证、司法鉴定、服刑人员分析、戒毒人员分析、律师分析等多个领域。

内蒙古司法行政机关把信息化建设作为重中之重来抓，走出了一条适合地区特点的路子。内蒙古自治区司法厅在全区部署一套系统，各基层单位作为用户，形成全区一张网、四级应用模式。内蒙古自治区司法厅把带有重复性的内容进行整合、数据共享共用，防止造成数据孤岛和信息壁垒。内蒙古自治区云中心为内蒙古自治区司法厅单独划出司法行政云，统一提供服务器、基础性软件及运行维护服务。内蒙古自治区司法厅建成了执法执业平台，动态采集数据，实现业务流、工作流、信息流的深度融合。

内蒙古自治区司法厅建成了监控指挥中心，设有指挥大厅、控制室、会商室等功能用室。利用自治区政法网，将盟市司法局监控指挥中心及监狱系统 14699 个监控点接入了司法厅监控指挥中心，实现了对监狱的实时监控和在线指挥。利用北斗定位系统开发了一套社区服刑人员定位管理平台，定位手机及腕带经试运行性能稳定。开发了网络舆情监测平台，实行 24 小时值班制度，全天候全网监测，为有效应对网上舆情提供即时性、预警性、苗头性信息。

此外，采取 O2O（线上到线下）模式，结合民族地区特点，建成了全国首家蒙汉双语 12348 公共法律服务平台。针对内蒙古辖区跨度大、路途远等特点，开发了远程探视（探访）系统，服刑、强制隔离戒毒人员家属到户籍所在地旗县司法局即可进行远程探视探访。

江苏省司法厅通过运用互联网、云计算、大数据等现代信息技术，建成了江苏司法行政一体化智能平台，形成了信息主导、精准服务、精准管控、智能研判的工作新模式，有效解决了基层管理底数不清、情况不明、处置不及时等问题，提高了基层治理能力。

江苏司法行政一体化智能平台从四个方面有效推动了全省司法行

政工作：一是通过对司法行政各类数据资源进行碰撞比对、关联分析，真实、准确地反映社情民意，敏锐地发现民生热点问题，为党委、政府科学决策提供可靠支撑；二是创新“互联网 + 法律服务”的全新服务模式，设计开发了 12348 公共服务平台，为群众提供便捷高效的一站式法律服务，构建了一个普惠型、覆盖城乡居民的公共法律服务体系；三是依托大数据的运用，从工作队伍管理、行业监督管理、特殊人群管理等方面，全面提升了司法行政工作参与社会治理的水平；四是建立“纵向贯通、横向协同、决策前移”的扁平化实战指挥系统，推动工作流程再造，打破了行政界线和信息壁垒，实现基层信息与上级指挥的快速反应、实时联动，使整体工作效能取得重要突破。

贵州省司法厅与贵州省公安厅联合建立了贵州省服刑在戒及刑释解戒（含原解教）人员信息管理系统，对服刑在教在戒人员的信息进行实时甄别、核实，实现安置帮教工作无缝对接。

此外，对于各级地方党委政法部门，要依托网格化管理，推进政府部门、企事业单位、社会组织、新闻媒体等社会综合治理相关数据的有效集成，在流动人口管理、刑释人员安置帮教、预防青少年违法犯罪等领域开展大数据应用试点，推进“雪亮工程”建设。

对于各级地方行政执法部门，要推进执法部门政务信息共享，为联合执法、综合执法提供数据支撑。实时采集并汇总分析综合治理、行政许可、市场监管、劳动用工、检验检测、投诉举报、消费维权等数据，提升行政执法能力。在综合执法过程中，加强相关业务部门的信息共享。通过大数据技术与数字城管、数字交通、视联网等系统的融合，提升城市管理、交通违法行为精准判定和处理水平。

信访大数据

对于全国各级信访部门，大数据可以应用于信访调研、访情预判、绩效考核、管理决策、记录历史等领域。目前，全国各级信访部门积累了大量信访数据。开展信访大数据分析，有利于准确研判信访态势，发现信访规律，服务信访决策管理。发展信访大数据，要做好如下三个方面的工作。

（1）建立和完善信访数据标准体系。数据标准化是进行信访信息资源整合和共享的基础。信访数据标准体系包括信访基础数据标准、信访表单标准、信访数据格式标准、信访数据统计标准、信访数据接口标准等。

（2）组织研发信访大数据分析工具。运用数理统计方法，建立信访专业分析模型，采用数据挖掘、地理信息系统等技术，建设信访大数据分析系统，用可视化的方法直观展现不同区域、不同部门、不同领域的信访规律。

（3）针对重点领域开展信访大数据应用。依托全国网上信访信息系统，针对土地征用、房屋拆迁、劳动保障等重点领域开展信访大数据应用，分析这些领域的信访态势、特点、成因等，对信访事件进行预警，以便有关部门及时采取措施化解社会矛盾。

以大数据推进诚信建设

社会信用体系是社会主义市场经济体制和社会治理体制的重要组成部分。它以法律、法规、标准和契约为依据，以健全覆盖社会成员的信用记录和信用基础设施网络为基础，以信用信息合规应用和信用服务体系为支撑，以树立诚信文化理念、弘扬诚信传统美德为内在要求，以守信激励和失信约束为奖惩机制，目的是提高全社会的诚信意识和信用水平。

党的十九大提出推进诚信建设。加快社会信用体系，是转变政府职能、加强事中事后监管的重要举措。

国家发展改革委副主任连维良认为，信用建设必须以大数据为支撑，以大数据为支撑的信用建设手段，对于加强对市场主体的服务和监管具有非常重要的作用。

2015 年 6 月，国务院办公厅印发了《关于运用大数据加强对市场主体服务和监管的若干意见》，提出积极培育和发展社会化征信服务。

（1）推动征信机构建立市场主体信用记录。支持征信机构与政府部门、企事业单位、社会组织等深入合作，依法开展征信业务，建立以自然人、法人和其他组织为对象的征信系统，依法采集、整理、加工和保存在市场交易和社会交往活动中形成的信用信息，采取合理措施保障信用信息的准确性，建立起全面覆盖经济社会各领域、各环节的市场主体信用记录。

（2）鼓励征信机构开展专业化征信服务。引导征信机构根据市场需求，大力加强信用服务产品创新，提供专业化的征信服务。建立健全并严格执行内部风险防范、避免利益冲突和保障信息安全的规章制度，依法向客户提供便捷高效的征信服务。进一步扩大信用报告在行政管理和公共服务及银行、证券、保险等领域的应用。

（3）大力培育发展信用服务业。鼓励发展信用咨询、信用评估、信用担保和信用保险等信用服务业。对符合条件的信用服务机构，按有关规定享受国家和地方关于现代服务业和高新技术产业的各项优惠政策。加强信用服务市场监管，进一步提高信用服务行业的市场公信力和社会影响力。支持鼓励国内有实力的信用服务机构参与国际合作，拓展国际市场，为我国企业实施海外并购、国际招投标等提供服务。

2015 年 8 月 31 日，国务院印发了《促进大数据发展行动纲要》，提出推动信用信息共享机制和信用信息系统建设。加快建立统一社会信用代码制度，建立信用信息共享交换机制。充分利用社会各方面信息资源，推动公共信用数据与互联网、移动互联网、电子商务等数据的汇聚整合，鼓励互联网企业运用大数据技术建立市场化的第三方信用信息共享平台，使政府主导征信体系的权威性和互联网大数据征信平台的规模效应得到充分发挥，依托全国统一的信用信息共享交换平台，建设企业信用信息公示系统，实现覆盖各级政府、各类别信用主体的基础信用信息共享，初步建成社会信用体系，为经济高效运行提供全面准确的基础信用信息服务。

对于全国各级社会信用体系建设主管部门，大数据可以应用于市场主体或个人失信规律分析、市场主体或个人失信态势分析、市场主体或个人信用评价、跨部门信用联合激励和惩戒等。

上海建立了社会信用体系“三清单”（数据清单、行为清单、应用清单），确定了社会信用体系“三阶段”（事前告知承诺、事中评估分类、事后联动承接）。截至 2015 年底，累计有 97 家单位确认向上海市公共信用信息服务平台提供 5198 项信息事项，其中法人信息事项 4072 项，自然人信息事项 1126 项。上海市公共信用信息服务平台可供查询数据共计约 3.04 亿条，其中法人数据约 1046 万条，自然人数据约 2.944 亿条。法人信用信息查询共计 376 万次，自然人信用信息查询共计 1194 万次。97 家单位编制了数据清单；49 家单位编制了法人失信行为事项，涉及法人失信行为事项 1482 项；有 61 家单位向市公共信用信息服务平台提交了应用清单。74 家单位申请开通了市公共信用信息服务平台账号 688 个。

上海自贸试验区保税区管理局依托平台信息，围绕综合执法监督检查、工程建设招投标、外商投资准入等领域，探索信用监管新模式。委托上海市公共信用信息服务平台对上海自贸试验区 30406 家企业进行信用信息查询比对，共计 883 家企业存在监管类、执行类、判决类负面记录，占企业名单总数的 2.9%，主要涉及市高院、工商、税务、交通、消防、质监等部门所产生并记录的负面信息，共计 2162 条。其中民事、刑事判决类信息达 1099 条，执行类信息达 85 条，税务的非正常户认定信息达 323 条，其他负面信息 855 条。通过信用评价模型和信用数据比对查询，形成保税区重点检查对象建议名单，为保税区综合执法检查更加“精准定位”提供参考。

企业要申请上海市有关政府部门的财政专项资金，有关政府部门都会通过上海市公共信用信息服务平台对申请企业的信用状况核查，促使企业诚信经营，引导企业规范、合理使用专项资金。

2015 年 8 月，沈阳、青岛、南京、无锡、宿迁、杭州、温州、义乌、合肥、芜湖、成都 11 个城市被国家发展改革委列为首批创建社会信用体系建设示范城市。

浙江省义乌市以创建国家信用示范城市为契机，打造信用大数据和统一共享平台，探索出了基于“互联网 + 社会信用”的社会治理新模式。

义乌市整合市场监管局、文明办等征信系统，建成了全市统一的信用信息共享平台，归集了行政处罚、法院判决、荣誉、水电气缴费、金融信贷逾期等信用信息。截至 2017 年 3 月，义乌市信用信息共享平台已归集了 52 个政府部门、100 家金融机构的 1078 项信用数据，形成覆盖 30 万法人和其他组织、208 万自然人共计 7000 多万条记录的信用数据库。

义乌市以信用大数据为依托，建成了信用信息核查平台。根据信用信息类别，设定了 85 个扣分项和 47 个加分项。同时考虑失信行为危害程度、所获荣誉的级别予以加减分，最终计算出信用评分（0~100）和信用等级（A~E），作为各部门实施联合奖惩和分类监管的重要依据。截至 2017 年 3 月，义乌市 46 个政府部门开展了信用核查，累计核查 1.4 万余次。

以大数据保障和改善民生

习近平总书记在主持中央政治局第二次集体学习时指出，要运用大数据促进保障和改善民生。大数据在保障和改善民生方面大有作为。要坚持以人民为中心的发展思想，推进“互联网 + 教育”“互联网 + 医疗”“互联网 + 文化”等，让百姓少跑腿、数据多跑路，不断提升公共服务均等化、普惠化、便捷化水平。要坚持问题导向，抓住民生领域的突出矛盾和问题，强化民生服务，弥补民生短板，推进教育、就业、社保、医药卫生、住房、交通等领域大数据普及应用，深度开发各类便民应用。要加强精准扶贫、生态环境领域的大数据运用，为打赢脱贫攻坚战助力，为加快改善生态环境助力。

教育大数据

党的十九大提出优先发展教育事业。建设教育强国是中华民族伟大复兴的基础工程，必须把教育事业放在优先位置，加快教育现代化，办好人民满意的教育。

对于全国各级教育主管部门，大数据可以应用于教育发展情况分析、学校等教育资源科学配置等方面。对于学校、教师，大数据可以应用于因材施教等方面。

2016 年 6 月，教育部印发了《教育信息化“十三五”规划》，提出积极利用云计算、大数据等新技术，创新资源平台、管理平台的建设、应用模式。依托网络学习空间逐步实现对学生日常学习情况的大数据采集和分析，优化教学模式。

西安电子科技大学校长杨宗凯认为，发展教育大数据，有利于促进个性化学习，有利于实现差异化教学，有利于实施精细化管理，有利于提供智能化服务。

大数据可以精细刻画学生的特点和个性，洞察学生的学习需求，引导学生的学习过程，诊断学生的学习结果。通过对学生的学习背景和过程相关的各种数据采集和分析，从海量学生相关数据中归纳分析各自的学习风格和学习行为，进而提供个性化的教育服务。例如，美国亚利桑那州立大学建立了 Knewton 在线教育服务系统，该系统通过大数据分析识别每个学生的优缺点，并提供有针对性的学习指导。全校 2000 名学生使用该系统两学期之后，毕业率从 64% 上升到 75%，学生的成绩也大幅提高。

通过大数据分析可以实行差异化教学，因材施教。教师可以根据学生的不同需求推荐合适的学习资源。在教学过程中，慕课（MOOC）平台可以通过大数据分析构建学生的学习模型，对线上课程进行评估，对线上课程进行再设计，改变课程学习顺序，优化教学策略，为每个学生提供不同的教学服务，实现规模化教育下的多样化、个性化教学。

在传统教育环境下，教育管理部门或决策制定者依据的数据往往是静态的、局部的、零散的、滞后的。很多时候只能凭经验做管理、做决策。大数据可以推进教育管理从经验型、粗放型、封闭型向精细化、智能化、可视化转变。例如，马鞍山学院建立了高等教育个性化服务建议助理系统（SHERPA），该系统可以根据学生的喜好为他们推荐课程、学习时段和节次，解决学生面临的选课难题。此外，该系统还可以通过大数据分析为教师和课程设计者提供学生的反馈意见，使他们能有的放矢地改进教材。

通过采集、分析学生、教师、家长的行为记录数据，学校可以为学生、教师、家长等提供更好的服务。在择校服务方面，运用大数据智能分析技术可助力破解教育择校感性化难题，推进理性择校。例如，美国教育科学院推出的“高校导航器”（College Navigator）项目通过对全美 7000 多所高校各类资源指标（如所在地区、学费、奖学金、入学率和毕业率等）进行大数据分析并对所有大学进行排序和筛选，进而帮助家长和学生找到理想中的大学。[①]

卫生健康大数据

人民健康是民族昌盛和国家富强的重要标志。党的十九大提出实施健康中国战略。对于全国各级医疗卫生主管部门，大数据可以应用于分析本地居民健康状况、发现疾病发病规律、科学配置医疗资源、开展疫情监测和预警等方面。对于医院、医生，大数据可以应用于疾

---

① 杨宗凯 . 大数据驱动教育变革与创新 . 光明日报，2017-04-18.

病研究、辅助看病等方面。

大数据对于医疗卫生行业具有巨大的应用价值。根据麦肯锡公司的初步测算，医疗卫生行业如果能够充分、有效地利用大数据，医疗机构和消费者可节省高达4500亿美元的费用。

2016年6月，国务院办公厅出台了《关于促进和规范健康医疗大数据应用发展的指导意见》，提出推进健康医疗行业治理大数据应用，推进公共卫生大数据应用。

社保大数据

党的十九大提出加强社会保障体系建设。按照兜底线、织密网、建机制的要求，全面建成覆盖全民、城乡统筹、权责清晰、保障适度、可持续的多层次社会保障体系。

对于全国各级人力资源和社会保障主管部门，大数据可以应用于城乡居民就业分析、缴纳社保情况分析，杜绝骗保、冒领养老金等违法违规行为。

我国社会保障工作经过十多年的发展，制度框架已基本建立，但还存在统筹层次低、接续转移难、信息不互通等问题。以社会保险为例，一方面，社会保险基金存在结余；另一方面，全社会并没有实现应保尽保，一些失业人员无法领取失业保障金，一些工伤人员没有得到应有的保障。目前，在社会保险领域，数据已经非常多了，但在数据利用、整理、分析、加工、解构、重构方面有所欠缺。近年来，人社部门的工作主要集中在“扩面”“调待”“提统”等宏观层面，而在参保人员管理、财务管理、基金管理方面缺乏精细化管理，更缺乏精算管理，而大数据有利于社会保障管理能力、服务能力和经办能力的提升。①

① 孙洁．利用大数据提升社保管理服务能力．人民政协报，2014-06-16.

针对一些人采取欺诈、伪造材料等非法手段骗保、套保，损害广大参保人切身利益的现象，河北省人力资源和社会保障厅运用大数据对社保基金进行精准监管，2017 年 1 至 8 月全省挽回社保基金损失近千万元。河北省人力资源和社会保障厅与河北省公安厅密切协作，调取人员生存信息 350 余万条，通过入村入户重点核查，有效解决了信息数据异常、死亡后冒领等问题。

此外，河北省人力资源和社会保障厅引入定量评价分析方法，就电子对账单数据异常、待遇支出金额较大、待遇领取人与应缴费人数之比较高及现金收缴保费等情况，对 8 个设区市 20 个县（市、区）的上报数据进行综合分析，掌握了被检查对象的大量有效疑点信息。

目前，河北省人力资源和社会保障厅以大数据为基础的智能监管平台已完成死亡后继续领取养老金监控、重复领取养老金监控、因病提前退休监控等 20 余个场景的建设。通过社保各险种之间的数据比对，对重复领取待遇、死后冒领养老金、违规提前退休等问题进行有效监督，对社保基金欺诈违法行为及时预警，初步实现了基金监管智能化。①

民政大数据

对于全国各级民政部门，大数据可以应用于婚姻状况分析、社会救助对象经济状况核查、民政专项资金监管等方面，杜绝骗保、重婚、骗婚、开大处方等违法违规行为，帮助儿童寻找生身父母。

在婚姻管理方面，民政部建立了中央级婚姻登记数据中心，全国 31 个省（自治区、直辖市）均已建立省级婚姻登记工作网络平台和数据中心，实现了在线婚姻登记和婚姻登记信息全国联网审查，有效地防止了重婚、骗婚等违法现象的发生。

① 史自强．大数据精准监管社保基金 河北追回骗保资金近千万．人民日报，2017-08-11.

在社会救助方面，为解决城乡低保审批过程中出现的骗保、错保、人情保、关系保等问题，杜绝极少数基层干部借低保审批管理吃拿卡要或贪污受贿等违法违纪行为，2014 年 6 月，广西壮族自治区民政厅建成了全区低保核对大数据平台，具有区、市、县三级联网核对功能。该平台先后与自治区高级法院、公安厅、人社厅、工商局、地税局、国税局、农机局、畜牧水产兽医局和保监局、银监局 10 个部门实现数据共享，与 12 个市房产部门、14 个市公积金管理部门签署了联网协议。在经救助申请人及其家庭成员授权情况下，通过大数据核对查询申请对象的婚姻、户籍、车辆、农机、渔船、社会保险、商业保险、住房、银行存款、个体工商户、纳税、公积金和涉农补贴资金等家庭经济状况信息，重点核查救助对象名下的房子、车子、票子，核对结果作为社会救助的审批依据。该平台运行两年来，共接受各市县委托核对 154 万户、404 万人次，核对出 39 万名与个人财产收入申报不相符的疑似对象。经县级民政部门入户核实认定后，有 16 万人不符合申报条件。①

近年来，北京市民政系统启用了最低生活保障系统、医疗救助系统、特困人员救助供养系统等一系列综合信息管理平台，与市工商局、市公安局、市人社局等七个部门实现了数据交换，能够完成车辆、住房、殡葬、婚姻登记等 11 类数据信息的查询比对，为救助待遇的审核审批提供了科学依据，有效杜绝了错保、漏保和挤占、冒领救助资金现象。2015—2017 年，北京市清理出已死亡的养老卡持卡人 4000 余人，6000 多有车人和 500 多有房产人在申请低保时触动信息预警系统，被取消低保申请资格。②

上海市民政局通过居民经济状况核对系统，完成 17.4 万余户次申请家庭的经济状况核对，检出 1.7 万不合规户，节约公共财政 19

① 周骁骏，童政 . 广西低保核对大数据平台实现精准救助 . 经济日报，2016-06-22.

② 郑建钢 . 用民政大数据杜绝骗保行为 . 法制日报，2017-08-25.

亿元。

广州市民政局下属的广州市居民家庭经济状况核对中心运用大数据查出 14.3% 的不合格申请，节约社会救助资金 7300 万元。

2015 年 8 月，甘肃省民政厅与省公安厅决定建立信息共享查询协作机制，在婚姻登记、行政区划、人口基本信息和车辆基本信息等方面实现共享查询，解决申请社会救助中出现的车辆核查难、人户分离等问题，更加准确地掌握申请救助家庭的财产状况，杜绝“开豪车吃低保”、重复施保等现象，促进社会救助政策的公平公正。目前，甘肃省民政厅已与 14 个部门建立了信息共享查询协作机制，核对机制建设正有序全面推进。

2014 年 9 月，浙江省实现居民医保与新农合的合并统筹管理，全省 5000 多万居民只要有一张社会保障卡，就能在省内定点医疗机构看病就医，并且能够实时结算。浙江医保监管平台可以按照预先设定的规则参数，对医院上传的结算数据逐一检查，筛选并标记出可疑数据。医保医师“一人一码”，违规开大处方、超量配药、跨科室跨病种配药等违反医保管理规定的行为都会被“记录在案”，扣完了分数的医生必须重新参加医保政策培训，通过考试后才能恢复行医资格。

此外，采集儿童福利院中儿童的 DNA 信息，并与公安部 DNA 信息库进行比对，可以帮助儿童尽快找到生身父母。

第 7 章

大数据在公共服务领域的应用

党的十九大提出建设人民满意的服务型政府。目前，许多地方政府建立了行政服务中心，并通过政府网站、热线电话、微博、微信、App、自助服务终端机等为企业和社会公众提供公共服务。随着行政审批系统的建设和“互联网＋政务服务”的推行，各级政府部门都积累了大量数据。通过大数据分析，政府部门可以为行政相对人提供个性化的、主动的、精准的服务，有利于深化“放管服”改革。

公共服务的主要渠道

总的来看，政府部门提供公共服务的主要渠道包括行政服务中心、热线电话、自助服务终端机、网站、微博、微信和App等。这些公共服务渠道都有各自的优点和缺点，要统筹建设，发挥各自的优势，以满足不同群体的实际需求。

行政服务中心

1999年以来，许多地方政府陆续建立了行政服务中心。行政服务中心的好处是把一个政府各个部门的办事窗口集中到一个地方，人民群众到当地行政服务中心就可以办理绝大多数事项，避免挨个政府部门跑，方便了人民群众。不同地方的行政服务中心信息化水平不一样。许多地方只是把政府部门物理集中到一起，各个部门都有各自的业务信息系统，没有实现互联互通和信息共享，无法开展行政事项协同办理，人民群众要挨个窗口跑，不同表格同样栏目要重复填写。

虽然物理集中的行政服务中心在一定程度上解决了目前急需解决的政府服务流程不透明、效率低下、办事人员要跑部门的弊端，但由于其没有解决各个部门之间信息共享和业务协同问题，已不能满足日益深化的行政审批服务体制改革的需要。通过信息化手段提供一站式服务，多个政府部门进行协同办公，开展协同政务，可以显著提高办事效率。

有关部门要做好行政服务中心信息化规划，做好相应信息系统的需求分析工作，在实施过程中与 IT 厂商密切合作。要做好行政服务中心信息基础设施建设、数据库建设、业务系统建设和网站建设，并建立良好的维护、管理、升级以及信息安全等工作，保证整个信息系统持续、健康、安全、可靠运行。

政府呼叫中心

目前，许多政府部门都开通了热线电话。例如，公安部门的 110、消防部门的 119、急救部门的 120、工商部门的 12315、税务部门的 12366、质监部门的 12365、安监部门的 12350、食药监部门的 12331、环保部门的 12369、物价部门的 12358、知识产权部门的 12330、监察部门的 12388 等。优点是人民群众遇到某件事情可以直接拨打主管部门的电话。缺点是号码多，不好记；电话不容易拨通，经常占线或无人接听；有时会遇到政府部门之间来回“踢皮球”，让人民群众无所适从。建立统一的政府呼叫中心是整合热线电话资源的有效途径。

贵阳市网格化服务管理指挥调度中心把原贵阳市城管局的 12319 公共服务指挥中心调整到贵阳市群工委，建立了“受理—立案—派遣—追踪—回复—核查—反馈—结案—评价”流程。群工委书记由中共贵阳市委专职副书记兼任。撤销了 49 个街道办，成立了 94 个社区服务中心。贵阳市委和市政府办公厅、信访局的网络舆情监测工作整合到贵阳市网格化服务管理指挥调度中心。2014 年热线接听量达 28.7 万个，处置率从 78.6% 上升到 98%。

延伸阅读　美国巴尔的摩市 CitiStat 系统

美国巴尔的摩市通过 311 非紧急救助热线电话收集城市运行的问题信息，同时要求各部门提交绩效数据。在每两周召开一次的市政绩效会议上，市长与各部门负责人一起参会。市长通过绩效数据识别哪些领域处于低效状态，并寻求改进对策。CitiStat 系统实施第一年就节约了 1300 多万美元，其中减少加班费 600 万美元，减少项目行动费 102 万美元，减少事故损失费 123 万美元，减少运行费用 131 万美元，增加财政收入 364 万美元。2000—2007 年，CitiStat 系统为巴尔的摩市政府节约了 3.5 亿美元财政支出。

政府网站

自从 1999 年实施"政府上网工程"以来，许多政府部门都开通了网站。政府网站的优点是内容丰富，信息量大，网上办事功能较强。缺点是不少政府网站网速慢、更新频率低，一些基层政府网站甚至成了"僵尸网站"。不少政府网站没有及时回应社会关切，发布的许多信息并不是人民群众真正需要的。

延伸阅读　新加坡电子公民中心

1999 年 4 月，新加坡政府建立了电子公民中心（www.ecitizen.gov.sg，见图 7-1），整合各个政府机构的服务资源，为新加坡人提供一体化的公共服务。新加坡电子公民中心的最大特点是根据人们的不同年龄段提供相应的公共服务。一个人一般都要经历上学、工作、结婚、退休等不同阶段，在每个阶段都要与相关政府部门打交道。新加坡电子公民中心根据一个人的年龄把相关政府部门的服务打包，为其提供个性化服务。

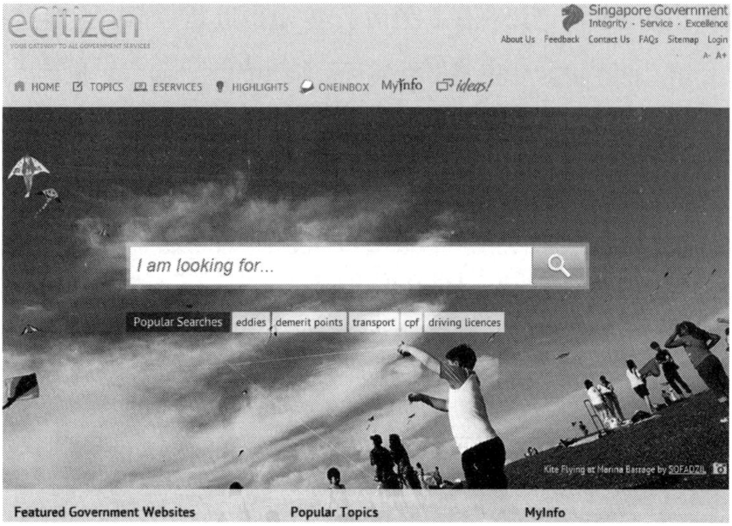

图 7–1　新加坡电子公民中心

场景式服务是政府网站发展的新趋势。场景式服务是指将办理同一事项的不用用户群体，以还原实际场景的方式界定用户需求，按照用户的思维习惯建立相应的服务通道，引导用户走完服务流程。

荷兰政府网站根据移民的不同需求，将移民服务分为五大类：我想来荷兰、我想带某人来荷兰、我想成为荷兰公民、我想待在荷兰、我不得不离开荷兰，如图 7–2 所示。

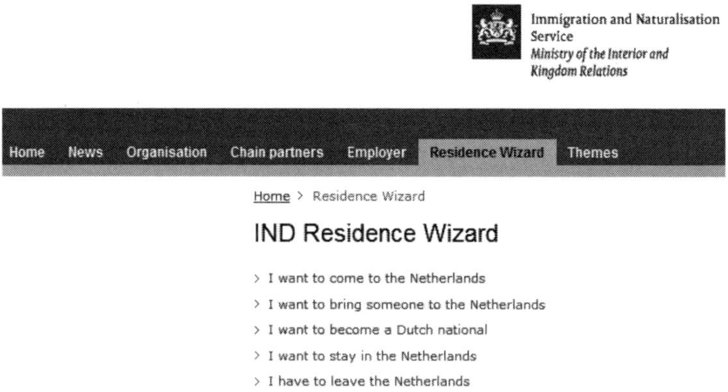

图 7–2　荷兰移民主题场景式导航

以“我想来荷兰”为例，政府网站提供了界定用户需求的信息填报界面，要求用户填写国籍、停留时间和停留原因三项信息。在停留原因中，网站提供了如旅游度假、访亲、求学、工作、贸易等 15 种原因，基本囊括了可能出现的情况。当用户选择荷兰访亲的原因之后，网站提供的服务信息列表包括了办理前、办理中、办理后三个阶段以及其他帮助信息。其中办理前阶段向用户提供了办理事项需要满足的条件、需要准备的材料以及办理费用信息查询等服务；办理中阶段提供了申请过程中每个环节的具体服务；办理后阶段则提供了办理失败或再次办理的相关服务信息。

深圳市政府门户网站按用户对象和流程导航方式设计了专项场景式服务。网站选取了“上学”“看病就医”“买房卖房”“出入境”“医疗保险”“养老保险”等 14 个场景式服务主题，结合业务办理流程，依次整合政府相关部门的咨询渠道、网上服务资源，使用户能够顺利获取各项办事服务（见图 7–3）。

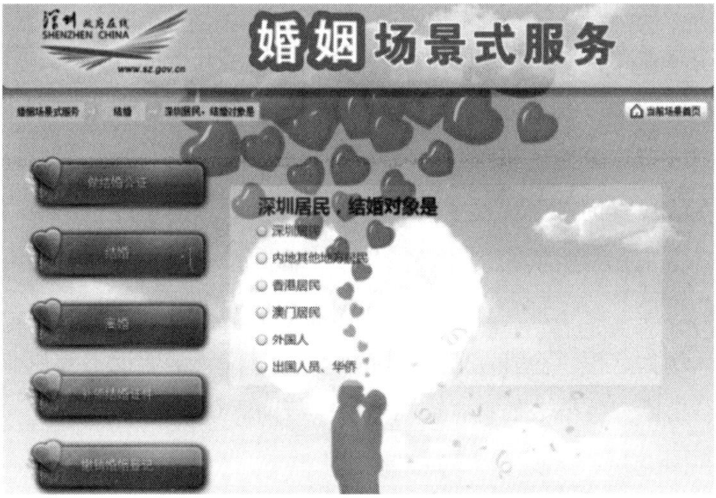

图 7–3　深圳市政府网站的场景式服务

从全国政府网站普查情况来看，区县、乡镇等基层政府的网站合格率较低，问题较为严重。这主要是由于基层政府领导对网站建设重视程度不足，缺资金，缺人才，缺技术。有的政府网站没有提供规范、清晰的服务流程，缺少可供下载的表格和文件，不具备网上申报、查询等功能。有的网站结构混乱、页面繁杂，用户难以快速查找有关信息。有的政府网站运行速度慢，更新频率低，甚至成了“僵尸网站”。不少政府网站有点像新闻网站，没有及时回应社会关切，发布的许多信息并不是社会和群众真正需要的。

根据中国互联网络信息中心发布的第47次《中国互联网络发展状况统计报告》，截至2020年12月，我国互联网普及率为70.4%，这其中不少是还没有走上社会的在校学生。由于没有电脑或不会使用电脑、没有接入互联网或不会上网、不知道政府网站的网址等原因，许多人没有上过政府网站，政府网站利用率并不高。

1．完善网站功能

在信息发布方面，要以用户为中心组织网站信息，使网站结构化、条理化，及时回应社会关切，变“端菜”为“点菜”。例如，用户类型包括企事业单位和社会公众两大类，可以专门开辟为外国人、外来务工人员、游客、残疾人等特定人群服务的栏目。国际性大都市、边贸口岸型城市等尤其要开通多语种网站。

在信息查询方面，要从市场监管和社会治理的角度，围绕与人民群众日常工作、生活密切相关的事项，为人口基础信息库、法人单位基础信息库、电子证照库等政府数据库提供网上查询入口，维护社会秩序。例如，提供企业与社会团体等法人单位、学历证书及执业资格证书、房产证等个人信息查询功能，以帮助群众辨别真伪。

在网上办事方面，可开通“网上办事大厅”，为企事业单位和社会公众提供单一入口，尽最大可能提供一站式服务，同时提供场景式服务，引导用户按流程在网上办理有关事项。

在在线互动方面，政府网站要具备在线征求意见、在线问卷调查、在线访谈、在线投诉举报等功能，倾听人民群众的心声，了解人民群众的诉求，拉近政府和人民群众的距离，以实现“互联网＋群众路线”。

政府网站性能主要包括网站响应速度、并发访问用户数等。打开网页耗时过长、服务器宕机、网站瘫痪等均会影响用户体验。政府部门可采用云计算技术来提高网站性能，通过应用商业化的云平台避免自身机房服务器计算能力有限而导致网址瘫痪。

2. 提供整体服务

联合国经社理事会把政府在线服务划分为信息服务起步阶段、信息服务提升阶段、政务处理阶段和整体服务阶段。我国不少政府网站还停留在前两个阶段，处于整体服务阶段的政府网站很少。许多政府网站提供的服务是碎片化的，查询信息或办理事项要跳转到不同的网站，很不方便。

提供整体服务有赖于政府网站后台资源整合，实现政府部门之间信息共享。在全面依法治国的背景下，需在国家层面研究制定政务信息共享条例及其实施细则，明确政务信息共享的范围、内容、方式、程序和责任等，使政务信息共享有法可依。各级地方政府要加快建立政务信息共享目录和交换体系，整合政务信息资源，建设统一的电子证照库，实现政府网站前后台无缝衔接。提供整体服务还需关联不同政府部门的服务，应以社会信用代码为唯一标识，为企事业单位提供一站式的、从“注册”到“注销”的全生命周期服务；以身份证号为唯一标识，为城乡居民提供一站式的、从“摇篮”到“坟墓”的全生命周期服务。

3. 与其他公共服务渠道融合发展

除了政府网站，政府部门提供公共服务的渠道还包括行政服务中心、热线电话、自助服务终端机、微博、微信和 App 等。为了满足不同用户的实际需求，政府部门要综合运用各种渠道提供公共服务。在政府门户网站提供行政服务中心网站链接或开辟“网上办事大厅”专栏，提供热线电话一览表、自助服务终端机分布图，提供微博、微信公众号及 App 下载服务。用户通过智能手机“扫一扫”功能即可关注政务微博、政务微信公众号，下载政府 App。

对于贫困地区、偏远地区，政府网站还要与报刊、广播、电视等传统媒体相结合，才能更好地发挥作用。例如，摘录一些政府网站信息编成小册子，通过中小学发放给学生，再由学生交给其家长或念给家长听。

鉴于基层政府在网站建设方面缺资金、缺人才、缺技术的局面，可以采用网站群建设模式，由地市一级政府统一提供网站群平台，采用统一的网站模板，统一进行运行维护，各个区县政府网站作为子网站。此外，鉴于政府网站的敏感性，还要做好政府网站的网络安全防护工作，提高对黑客攻击的抵御能力，避免网站信息被恶意篡改。政府部门要定期委托专业机构对政府网站进行“体检”，及时发现网络安全隐患，采取有效的补救和应对措施。

两微一端

1. 微博

微博是微型博客的简称，是一种通过关注机制分享简短实时信息的广播式的社交网络平台。一条微博的字数（包括标点符号）控制在 140 个以内。目前，人民日报、新华社、新浪、腾讯等都提供了微博服务。

政务微博是指党政部门推出的官方微博，是党政领导干部走群众路线的新渠道。政务微博在创新社会管理、促进政务公开、引导社会舆论、倾听民众呼声、树立政府形象等方面都可以起到积极的作用。例如，通过微博信息平台，政府部门可以及时发布政策信息，传播正能量，通过查看网民评论了解社会公众的诉求。

目前，许多政府部门都开通了官方微博，一些政府官员也开通了个人微博。根据中国互联网络信息中心发布的第 47 次《中国互联网络发展状况统计报告》，截至 2020 年 12 月，经过新浪平台认证的政务微博达到 140837 个。

政务微博的优点是内容简洁（140 个字以内）、传播速度快。缺点是信息量小，功能简单。主要是信息发布功能，难以开展网上办事。

2. 微信

微信是腾讯公司于 2011 年 1 月推出的一个为智能终端提供即时通信服务的免费应用程序。微信用户可以通过“摇一摇”、“搜索号码”、“附近的人”、扫二维码方式添加好友和关注公众号平台，将用户看到的精彩内容分享到朋友圈或分享给好友。

微信是目前用户数量最多的移动即时通信软件。根据腾讯公司旗下的企鹅智酷发布的《2017 微信用户 & 生态研究报告》，截至 2016 年 12 月，微信全球月活用户共计 8.89 亿。

目前，许多政府部门开通了微信公众号，许多官员都有微信。根据腾讯研究院发布的《2015 微信政务民生白皮书》，截至 2015 年 8 月底，全国政务民生微信公众号已超过 8.3 万个，其中经过认证的微信公众账号占 62.6%。微信公众号使用频率排名前 10 位的部门分别是税务、公安、旅游、气象、文体广电、教育、商务、住建、人社和党委。从用户访问量看，交通违法、公共交通、出入境、医疗、气象、人社、高速服务、车船票、生活缴费、税务等方面的公共服务最受用户关注。

微信城市服务的接入于 2014 年 12 月率先在广州实现，涉及医疗、交管、交通、公安户政、出入境、缴费、教育、公积金等 16 项民生公共服务（见图 7–4）。城市服务将政府部门线下的、桌面端的办事流程升级到移动端，通过位置服务、预约预检、业务办理、线上支付、进度查询、评价投诉等功能，实现全流程、闭环式的移动端办事服务，使公众足不出户、随时随地就能获得政府提供的服务，为公众的生活工作带来切切实实的便利。

图 7–4 腾讯公司推出的微信城市服务

截至 2015 年 9 月，腾讯在北京、上海、广州、深圳、成都、武汉、杭州等 68 个城市开通了微信城市服务，覆盖全国 2 亿多用户，累计提供 21 类、762 项便民服务。[①] 从已上线城市服务的城市来看，此前，医院挂号、违章办理、港澳再次签注、户政业务预约、长途汽车购票，是使用频次最高、最受用户欢迎的服务。

2015 年 5 月，佛山市南海区启用了“南海政务通”微信公众号，该微信公众号具备新闻推送、办事指南查询等一般查询功能以及提供办事预约、进度查询等办事功能，还可以与市民进行互动、进行疑难解答、接受投诉建议等。

微信的优点是用户数量多，传播速度快，信息量比微博大，功能比微博强，具有信息发布、网上办事、网上缴费等功能。微信的缺点是相对封闭，限于朋友圈的人可以看到。

---

① 叶丹 . 广东全省上线微信城市服务 首创粤通卡空中充值 . 南方日报，2015-09-13.

3.App

随着越来越多的人都拥有智能手机，而且一般情况下都会随身携带。近年来，App 逐渐成为政府部门提供公共服务的新渠道。

截至 2014 年 10 月，美国联邦政府提供了 300 多个 App，涉及商业、教育、医疗卫生、旅游、金融、气象等领域。这些 App 可按发布单位、主题、手机操作系统分类查询。

截至 2016 年 4 月，我国已有至少 26 家中央部委办局开通了 35 个 App，其中 2/3 的国务院直属机构开通了 App。会有越来越多的政府部门通过 App 来提供公共服务。

2016 年 5 月，上海浦东文明办和网格化综合管理中心联合推出了一款城市管理 App——“浦东 e 家园”，在单一受理处置市民上报问题的基础上，增加了监督、互动、信息服务等功能，市民仅需通过 App 上传公共设施缺损、安全事件和突发事件等问题的照片，即可随时查看该问题的处置流程，甚至还能得到 1.5 元的微信红包。

App 的优点是信息量比微博、微信大，功能比微博、微信强，可以在线升级。App 的缺点是有些 App 更新频率低、功能较单一，这和政府网站有些类似。有些政府 App 可看作手机版政府网站。

自助服务终端机

一些地方政府在城市小区和农村公共活动场所布置类似银行 ATM 机的自助服务终端机，人们可以查询社保等方面的信息，办理一些事项。

截至 2015 年 7 月底，珠海市政务服务管理局在全市投放了 217 台政务服务自助终端机，提供 20 项网上办事服务和 7 项便民服务，基本实现了“大事不出镇、小事不出村”。

自助服务终端机的优点是可以满足一些特定人群的实际需求，如家里没有电脑的或不会用电脑的、无法上网或不会上网的、腿脚不便的老年人和残疾人。缺点是成本比较高，特别是如果自助服务终端机要密集部署的话。

推行“互联网＋政务服务”

相关政策

2016年3月，李克强总理在政府工作报告中提出大力推行“互联网＋政务服务”，实现部门间数据共享，让居民和企业少跑腿、好办事、不添堵。

2016年4月，国务院办公厅转发了国家发展改革委等部门制定的《推进“互联网＋政务服务”开展信息惠民试点实施方案》，提出通过两年左右时间，在80个信息惠民国家试点城市实现“一号”申请，“一窗”受理，“一网”通办，变“群众跑腿”为“信息跑路”，变“群众来回跑”为“部门协同办”，变被动服务为主动服务。

1.“一号”申请，简化优化群众办事流程

依托统一的数据共享交换平台，以公民身份证号作为唯一标识，构建电子证照库，实现涉及政务服务事项的证件数据、相关证明信息等跨部门、跨区域、跨行业互认共享。在群众办事过程中，通过公民身份证号，直接查询所需的电子证照和相关信息，作为群众办事的依据，避免重复提交，实现以“一号”为标识，为居民“记录一生，管理一生，服务一生”的目标。

建立居民电子证照目录。结合编制权力清单、责任清单等工作，全面梳理涉及群众办事的政务服务事项，逐项梳理基本流程和办事依据，简化无谓证明和烦琐手续。推行群众办事相关证件、证照、证明等电子化，形成居民个人电子证照目录。

建设电子证照库。按照分散集中相结合原则，以电子证照目录为基础，启动电子证照库建设，在城区、街道、社区统一应用，并逐步向农村延伸，实现基础证照信息的多元采集、互通共享、多方利用。推进制证系统、业务办理系统与电子证照库对接联通，做到电子证照与纸质证照同步签发。以电子证照库支撑各部门办事过程中相关信息“一次生成、多方复用，一库管理、互认共享”。

建立跨区域电子证照互认共享机制。为方便群众跨区域业务办理，依托统一的数据共享交换平台，推进跨层级、跨区域、跨部门的电子证照互认共享，逐步实现在全国范围内异地业务办理。

研究制定电子证照法规与相关标准。积极开展电子证照相关政策的研究和试点工作，为制定电子证照相关法规和政策提供实践依据。健全完善电子证照关键技术标准和跨地区互认共享标准，推动相关标准在信息惠民国家试点城市及所在省（区、市）的实施应用。

2.“一窗”受理，改革创新政务服务模式

前端整合构建综合政务服务窗口和统一的政务服务信息系统，后端建设完善统一的分层管理的数据共享交换平台体系，推动涉及政务服务事项的信息跨部门、跨区域、跨行业互通共享、校验核对，建立高效便民的新型“互联网+政务服务”体系，推进网上网下一体化管理，实现“一窗口受理、一平台共享、一站式服务”。

整合构建统一的数据共享交换平台和政务服务信息系统。统筹整合建设覆盖全国的数据共享交换平台体系，统一管理政务信息资源目录，实现与人口、法人、空间地理、电子证照、社会信用等基础信息库和业务信息库的联通，逐步推进各级共享交换平台对接，支撑政务信息资源跨部门、跨层级、跨区域互通和协同共享。

依托统一的数据共享交换平台及社区公共服务综合信息平台等已有信息平台，构建统一的政务服务信息系统，完成与各部门业务系统对接，实现相关审批数据、结果同步推送和业务协同办理。推进与电子监察系统对接，确保所有政务服务事项审批办理的流程、结果信息即时可查可用，做到办事过程公开，方便群众监督。

3. “一网”通办，畅通政务服务方式渠道

以大数据创新网络服务模式。有效整合“一张网”中的群众行为数据、电子证照库、数据共享交换平台数据库等资源，形成为群众服务的大数据资源体系。运用大数据技术，开展跨领域、跨渠道的综合分析，了解政务服务需求，不断优化资源配置，丰富服务内容，做好个性化精准推送服务，变被动服务为主动服务，有效提升政务服务质量和效率。

2016 年 7 月，中办、国办印发了《国家信息化发展战略纲要》，提出完善一体化公共服务体系。制定在线公共服务指南，支持各级政府整合服务资源，面向企业和公众提供一体化在线公共服务，促进公共行政从独立办事向协同治理转变。各部门要根据基层服务需求，开放业务系统和数据接口，推动电子政务服务向基层延伸。

2016 年 9 月，国务院出台了《关于加快推进“互联网 + 政务服务”工作的指导意见》。提出优化再造政务服务。规范网上服务事项，优化网上服务流程，推进服务事项网上办理，创新网上服务模式，全面公开服务信息。融合升级平台渠道。规范网上政务服务平台建设，推进实体政务大厅与网上服务平台融合发展，推动基层服务网点与网上服务平台无缝对接。夯实支撑基础。推进政务信息共享，加快新型智慧城市建设，建立健全制度标准规范，完善网络基础设施，加强网络和信息安全保护。建立“互联网 + 政务服务”工作绩效考核制度，纳入政府绩效考核体系，加大考核权重，列入重点督查事项。将“互联网 + 政务服务”工作纳入干部教育培训体系，定期组织开展培训。

2016 年 12 月，国务院办公厅印发了《“互联网 + 政务服务”技术体系建设指南》。该指南以服务驱动和技术支撑为主线，围绕“互联网 + 政务服务”业务支撑体系、基础平台体系、关键保障技术、评价考核体系等方面，提出了优化政务服务供给的信息化解决路径和操作方

法，为构建统一、规范、多级联动的“互联网 + 政务服务”技术和服务体系提供保障。

《国民经济和社会发展第十四个五年规划和 2035 年远景目标纲要》提出深化“互联网 + 政务服务”，提升全流程一体化在线服务平台功能。

典型案例

近年来，一些地方政府按照党中央、国务院的部署和要求，积极探索创新，推动“互联网 + 政务服务”发展，涌现出一批优秀案例。

1. 广州市“一窗式”服务

广州在全市政务服务中心全面推行“前台综合受理、后台分类审批、统一窗口出件”。在建设工程、民生热点行业等领域探索集成服务模式下跨部门、跨层级审批事项“一口受理、一次交件、一表录入、一网预审、同步办理、统一出件”工作机制。建立统一的综合受理和业务审批系统，实现审批信息共享、材料共享、结果共享。截至 2016 年 7 月，广州市已有 9 个部门的 600 多类业务在全市或部分区域实行联网通办。

近年来，广州市荔湾区在全力推进政务服务改革的进程中，不断探索创新，坚持以问题为导向，以解决服务群众“最后一公里”为目标。坚持依法改革，通过优化行政审批、再造办事指南，以信息技术为支撑，开创了“统一收件、分类审批、统一出件”的政务服务“一窗式”模式。

广州市荔湾区把受理和审批分离，由政务服务中心综合窗口统一受理，后台各职能部门分类审批，政务服务中心出件窗口统一出件，从原来 19 个部门共 977 项事项，分设 48 个窗口受理，综合压减为 9 个统一收件窗口和两个统一出件窗口，提高了窗口利用率，避免“忙闲不均”的问题。对经营类的新办企业推行企业信息“一表制”，实行营业执照、国税、地税、法人代码“联办”。重点企业和重点项目落地注册享受“四证一章联办”，实现营业执照、国地税证、法人代码证及刻章一天办结同发，办事效率提升了两倍。网上办事大厅与现场办事实现“线上线下”互动，网上和现场办事做到“三统一”（统一材料、统一标准、统一时限），区级356项行政审批事项进驻网上办事大厅，网办率达92.4%。

广州市荔湾区建立了一站式行政审批系统。社会公众在外网咨询、查询、预约，系统综合受理，内部专业网分类审批。在目前各部门业务审批系统无法统一的情况下，要求各部门将相关审批基本数据同步推送至一站式行政审批系统。该系统在收件受理、审核审批、批件完成、批件取件等每个环节均主动推送短信到办事群众手机上。该系统还与荔湾区公众外网、荔湾政务微信平台和荔湾区效能监察网联通，保证政务服务中心的所有审批事项的流程信息可查可管。

2. 深圳“秒批秒报一体化”

2018年，深圳在全国率先推出政务服务“秒批”改革，基于数据自动比对即时获得审批结果，实现全程无人干预自动审批。截至2020年9月，全市“秒批”事项清单已增加至212个。

在“秒批”基础上，2019年深圳全国首创无感申报，即“秒报”模式，它是基于实名认证和申请人授权，由系统自动读取相关后台数据库，实现表单自动填充和材料自动推送，从而实现“免填免报”。截至2020年9月，深圳在公积金、社保等196个事项实现全无感申报。

2020年9月，深圳在“秒批”“秒报”基础上，推出“秒报秒批一体化”政务服务新模式。首批试点包括变更高龄老人补（津）贴、深圳经济特区居住证申领等58个事项。

“秒报秒批一体化”是指将申报端“秒报”和审批端“秒批”相结合，从而实现高效率、优体验的智慧政务服务。以企业投资项目延期为例，改革前需要填报包括项目名称、项目属性等在内的 28 项信息，提交申请报告后，最快 4 个工作日完成审批。而推行“秒报秒批一体化”后，该项目可实现自动填报，申请人只需填写“延期理由”，确认信息后，系统对比后可马上办结。

发展对策

以“互联网 +”优化公共服务，是在互联网时代建设服务型政府的必然要求。今后，有关政府部门要做好如下三个方面的工作。

第一，以“制度 + 技术”推进政务信息跨部门、跨地区互联互通和共享，构建整体政府。公共服务效率难以提高，在很大程度上源于政府部门各自为政造成的“行政碎片化”和“信息孤岛”。在全面依法治国的背景下，要在国家层面研究制定《政务信息共享条例》及其实施细则，明确政务信息共享的范围、内容、方式、程序和责任等，使政务信息共享有法可依，改变目前主要靠领导协调的局面。对于国家部委，要加快业务信息全国联网，实现行政事项“异地办理”，方便外出工作人员。对于地方政府，要加快建立政务信息共享目录和交换体系，整合政务信息资源，建设电子证照库，开通“网上办事大厅”，并实现前后台无缝衔接。以社会信用代码为唯一标识，为企事业单位提供一站式的、从“注册”到“注销”的全生命周期服务。以身份证号为唯一标识，为城乡居民提供一站式的、从“摇篮”到“坟墓”的全生命周期服务。

第二，以用户为中心，推进公共服务多渠道融合发展。行政服务中心、热线电话、自助服务终端机、网站、微博、微信和 App 各有优缺点，要取长补短，融合发展。例如，推进行政服务中心和网上办事大厅一体化建设，实现公共服务线上线下互动（见图 7–5）。行政服务中心要同时开通网站、微博、微信和 App，在办事大厅部署自助服务终端机，让人民群众自助申报，打印办理结果。政府网站要同时开通手机版网站、微博、微信和 App，以顺应手机网民占 90% 以上这一现实。整合热线电话，建立政府呼叫中心。政府呼叫中心要同时开通网站、微博、微信和 App，让人民群众及时知道受理进度和受理结果。

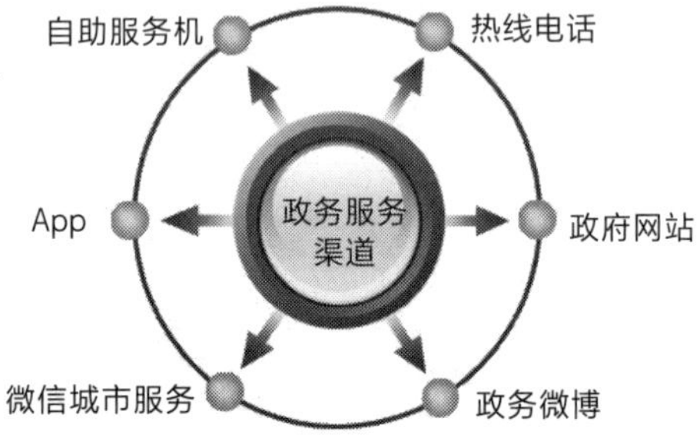

图 7–5　政务服务的主要渠道

第三，采取有效措施深化各个公共服务渠道的应用，弥补它们的短板。对于行政服务中心，要加快信息化建设，结合“一个印章管审批”改革，实现“一进一出”，即一个窗口统一受理，一个窗口统一取结果。对于政府热线电话，要整合成紧急号和非紧急号两个号码，并与城市网格化管理和服务平台对接或融合，对居民求助、投诉、举报等事项进行全程管理和督办。对于自助服务终端机，要采取 PPP（政府和社会资本合作）模式，走“政府购买服务”之路。对于政府网站，要及时更新，回应社会关切，提供场景式服务。对于政务微博，要及时发布信息，回应社会关切。对于微信，要加强政企合作，推广微信城市服务。对于 App，要整合政府 App 资源，建立政府 App 网站、子网站或栏目，按部门、按用户等进行分类，方便用户查找、下载。

今后，要把“互联网 + 政务服务”从服务百姓拓展到服务企业。从构建“整体政府”的高度推进“互联网 + 政务服务”。以客户为中心，为企业和社会公众提供全生命周期服务。

从信息化角度看，政府部门办事效率不高，公共服务质量不高，在很大程度上与政府部门之间存在“信息孤岛”有关。由于政府部门之间没有实现信息共享，人们要一遍遍地向不同政府部门提交相同的材料，一遍遍地在不同政府部门要求的表格上填写信息。不同政府部门的工作人员要一遍遍地审核某家企业或某个人同样的信息。为此，要加快建立和完善人口基础信息库、法人单位基础信息库，建设统一的电子证照库。推行“互联网＋政务服务”，为企业和社会公众提供“一站式服务”，逐步实现“一号”申请，“一窗”受理，“一网”通办。在政务服务网等公共服务信息平台建立用户评价机制，允许用户对所办理的事项进行打分、点评。其所在单位和公务员管理部门要对得“差评”的政府办事人员进行批评教育，对情节恶劣者给予行政处分。

发展政务服务大数据

相关政策

2015 年 6 月，国务院办公厅印发了《关于运用大数据加强对市场主体服务和监管的若干意见》，提出推进政府和社会信息资源开放共享，提高政府运用大数据的能力。积极推进政府内部信息交换共享。建立健全政府大数据采集制度。建立政府信息资源管理体系。探索建立政府信息资源目录。加强政府信息标准化建设和分类管理。推动政府向社会力量购买大数据资源和技术服务。

2015 年 8 月底，国务院印发了《促进大数据发展行动纲要》，提出加快政府数据开放共享，推动资源整合，提升治理能力。大力推动政府部门数据共享，稳步推动公共数据资源开放，统筹规划大数据基础设施建设，支持宏观调控科学化，推动政府治理精准化，推进商事服务便捷化，促进安全保障高效化，加快民生服务普惠化。实施公共服务大数据工程。

2016 年 12 月，国务院办公厅印发了《“互联网＋政务服务”技术体系建设指南》，提出运用大数据实现政务信息资源有效利用。精细化管理与清洗比对，智能化分析与深度挖掘，推动数据引进和数据开放。

2017年5月，国务院办公厅印发了《政务信息系统整合共享实施方案》，提出审清结合，加快消除僵尸信息系统；推进整合，加快部门内部信息系统整合共享；设施共建，提升国家统一电子政务网络支撑能力；促进共享，推进接入统一数据共享交换平台；推动开放，加快公共数据开放网站建设；强化协同，推进全国政务信息共享网站建设；构建目录，开展政务信息资源目录编制和全国大普查；完善标准，加快构建政务信息共享标准体系；一体化服务，规范网上政务服务平台体系建设；上下联动，开展“互联网+政务服务”试点。

2018年5月，中办、国办印发了《关于深入推进审批服务便民化的指导意见》，提出打破信息孤岛，统一明确各部门信息共享的种类、标准、范围、流程，加快推进部门政务信息联通共用。清理整合分散、独立的政务信息系统，统一接入国家数据共享交换平台。建立健全基本标准规范，实现“一次采集、一库管理、多方使用、即调即用”。整合省级各部门信息建设资金资源和管理职能，探索建立统一的政务数据管理机构，加快实现全省域“一平台、一张网、一个库”。运用大数据精准分析和评估审批服务办件情况，有针对性地改进办理流程，让办事更快捷、服务更优质。

2018年7月，国务院印发了《关于加快推进全国一体化在线政务服务平台建设的指导意见》，提出建设国家政务服务平台数据资源中心，汇聚各地区和国务院有关部门政务服务数据，积极运用大数据、人工智能等新技术，开展全国政务服务态势分析，为提升政务服务质量提供大数据支撑。

国外经验

2013年8月，澳大利亚财政部下属的政府信息管理办公室发布了《澳大利亚公共服务大数据战略》，旨在推动澳大利亚政府采用大数据分析手段来进一步提升公共服务水平。

《澳大利亚公共服务大数据战略》由如下六个部分组成：（1）序言；（2）引言：什么是大数据；作为一种资产的数据；隐私；安全；数据管理；（3）机会和效益：服务提供；政策制定；统计资料；商业和经济机会；技能；生产效益；（4）愿景：展望未来；（5）大数据原则；（6）行动。

在“愿景”部分，《澳大利亚公共服务大数据战略》提出，澳大利亚政府将采用大数据分析来加强现有服务，提供新的服务，以及提供更好的政策建议，同时注重最佳的隐私保护并充分利用已有的信息通信技术（ICT）投资。澳大利亚政府将力争在采用大数据分析提高行政效率、开展公共部门合作和创新方面成为一个世界级领导者。这个愿景支持以下能力：加强服务；新的服务和商业合作机会；改进的政策制定；隐私保护；充分利用政府在信息通信技术方面的投资。

在“大数据原则”部分，《澳大利亚公共服务大数据战略》提出了在公共服务领域开展大数据应用的六大原则：数据是一种国家资产；通过设计保护隐私；数据完整、程序透明；共享技能、资源和能力；与产业界和学术界合作；促进数据公开。

在“行动”部分，《澳大利亚公共服务大数据战略》提出了以下六大行动计划。

（1）制定大数据最佳实践指南。澳大利亚政府信息管理办公室的大数据工作组将与澳大利亚税务局下属的数据分析高级中心（Data Analytics Centre of Excellence，DACoE）一起合作制定最佳实践指南，该指南旨在改善政府机构在大数据分析方面的能力。内容包括：帮助政府机构识别在哪些方面大数据分析可以支持服务的改进，以及制定更好的政策；为大数据分析计划提供必要的管理；帮助政府机构识别高价值的数据集；为政府机构使用第三方数据集以及第三方使用政府数据提供建议；通过设计保护隐私；促进隐私影响评估（PIA）、同行评审和质量保证程序；利用云计算为政策和指南提供参考等。

（2）识别和报告大数据分析的障碍。大数据工作组将与 DACoE

合作，找出政府机构有效利用大数据的障碍，包括技术、政策、法律技能、资源、组织和文化障碍等。尽管不是所有的障碍问题都能解决，但政府信息管理办公室将发布一份详细阐述了这些障碍、可能的缓解措施以及补救战略和行动的报告。

（3）提高大数据分析技能和经验。大数据工作组将与 DACoE 一起确定并支持一批大数据试点项目，包括利用大数据分析已有项目，以及由一些选定的政府机构主导的新的大数据项目。这些试点项目将通过促进学习、创新和协作来加强大数据相关技能的开发。此外，大数据工作组将与 DACoE 一起推广多种大数据分析专业技能，这些技能比传统的 ICT 教学内容更宽泛，包括信息和通信技术、信息学和统计学、数学、社会经济学、商学、语言学和影响评估技能。

（4）制定数据分析指南。大数据工作组将与 DACoE 一起制定数据分析指南。该指南将侧重于大数据项目管理，并将澳大利亚信息专员办公室（OAIC）在隐私保护方面的建议和指南纳入其中。该指南还包括有关 NSS（国家统计服务中心）和交叉组合数据整合监督委员会（Cross Portfolio Data Integration Oversight Board）及其秘书处作用的信息。该指南将 NSS 的《为统计研究目的服务的联邦数据集成高级原则》纳入其中，包括当实施涉及整合由联邦机构持有的数据的大数据项目时，联邦机构与秘书处打交道的方式和时间要求。此外，该指南还将为支持这些项目的一个透明审查程序开展潜力调查。

（5）建立信息资产登记注册系统。大数据工作组将与 DACoE 一起制定一个帮助澳大利亚联邦政府机构建立专业信息资产登记系统的指南。该信息资产登记系统将明确每个政府机构可以访问和重复利用哪些数据集。这项行动建立在跨机构实施政府 2.0 的基础上，将有助于更好地管理由联邦机构持有的数据，并增加发布到澳大利亚政府数据网站的数据集数量。本指南将充分利用现有文献资料，包括出版 PSI（澳大利亚国际气动系统有限公司）的指南以及澳大利亚政府数据网站的相关工作文献。

（6）积极跟踪大数据分析技术进展。由澳大利亚政府信息管理办公室支持的大数据工作组的成员将积极跟踪大数据分析技术进展，并呼吁产业界、研究机构和学术机构的专家为工作组提供大数据分析的最新信息。

以大数据优化营商环境

营商环境是指市场主体在准入、生产经营、退出等过程中涉及的有关外部因素和条件，主要包括政务环境、市场环境和法治环境。营商环境好坏反映制度成本，影响企业生产经营成本，包括直接成本和间接成本（如机会成本）。对于营商环境，企业会“用脚投票”。因此，优化营商环境是推动高质量发展的重要举措，是深化“放管服”改革的重要内容。

党的十八大以来，习近平总书记高度重视营商环境，对营商环境作了一系列重要论述。例如，2017 年 7 月，习近平总书记在中央财经领导小组第 16 次会议上提出降低市场运行成本，营造稳定、公平、透明、可预期的营商环境。2018 年 4 月，习近平总书记在博鳌亚洲论坛上指出，投资环境就像空气，空气清新才能吸引更多外资。2018 年 9 月，习近平总书记在深入推进东北振兴座谈会上提出以优化营商环境为基础，全面深化改革。2018 年 11 月，习近平总书记在首届中国国际进口博览会开幕式上指出，营商环境只有更好，没有最好。

2017 年 6 月，李克强总理在全国深化“放管服”改革电视电话会议上指出，营商环境就是生产力，要由过去追求优惠政策“洼地”，转为打造公平营商环境的“高地”，真正做到审批更简、监管更强、服务更优。

推进政府数字化转型，可以固化制度，减少或避免人为干预，创造稳定、公平、透明、可预期的营商环境。可以提高政府的办事效率，降低企业办事成本，推进政务诚信建设，构建“数据铁笼”，促进依法行政，优化营商环境。

大数据在优化营商环境方面具有重要的应用价值。例如，通过数据共享，让数据多跑腿，群众少跑腿；推行并联审批，提高办事效率。通过用户画像，为企业提供个性化、主动的服务。为企业提供从注册到注销的全生命周期监管和服务。通过大数据分析，合理配置行政服务中心工作人员的工作量，优化业务流程。构建“数据铁笼”，促进依法行政。运用大数据科学评价营商环境，开展营商环境监督。

2017年以来，浙江针对企业投资项目审批部门多、环节多、周期长、办照容易办证难、准入不准营等问题，以打造法治化、国际化、便利化的营商环境为目标，大力推动投资审批、市场准入等重点领域“最多跑一次”改革，极大地优化了当地营商环境。例如，在杭州的德资企业益利素勒公司，投资项目审批仅用了3个月，比德国还快。在宁波的台资企业敏实集团，因为“最多跑一次”带来的良好营商环境，决定追加11亿美元的投资。在舟山港，一艘油船进驻，过去需要填报23份表单、提供20本证书、往返3趟海事窗口，现在只要到一个窗口，15分钟就能完成通关。

近年来，山东省聊城市运用大数据支撑“一次办好”，优化了营商环境。在大数据支撑下，聊城市不仅实现了政务服务“一件事、一次办”，而且使“联审联办”“全程网办”“智能审批”“秒批秒办”“不见面审批”等成为现实。依托“政务服务智能业务流转平台”，“我要开麻辣烫店”“我要开书店”“我要开宠物店”“我要开母婴用品店”“我要开培训班”等场景陆续上线，实行流程一次告知、材料一次提交、群众一键开店，证照网上领取，让办事企业和群众感受到了实实在在的方便。高唐县在公共资源交易服务中，用政务数据交换代替档案资料流转，实现了公共资源交易全流程电子化，使招标、投标不再“人来人往”，大大节省了企业成本，提高了工作效率。仅2019年11月，市政务数据共享交换平台就为市、县两级政务服务提供信息核查核对2万多次，提供电子证照“亮证”7875次，为办事群众节省跑腿3万多次，精简材料 5 万多份。

浙江“最多跑一次”改革

2016 年 4 月 19 日，习近平总书记在网络安全和信息化工作座谈会上强调要以信息化推进国家治理体系和治理能力现代化，让百姓少跑腿、信息多跑路，解决办事难、办事慢、办事繁的问题。自 2017 年以来，浙江实施“最多跑一次”改革，取得了显著成效。2018 年 5 月，中办、国办印发了《关于深入推进审批服务便民化的指导意见》，把浙江“最多跑一次”改革作为典型经验向全国推广。2019 年 7 月，中组部把浙江“最多跑一次”改革选入《贯彻落实习近平新时代中国特色社会主义思想在改革发展稳定中攻坚克难案例》。2019 年 10 月，习近平总书记在主持中央政治局第十八次集体学习时强调深化“最多跑一次”改革，为人民群众带来更好的政务服务体验。

背景介绍

多年来，为应对政府部门办事“门难进、脸难看、事难办”问题，浙江省先后实施了多轮行政审批制度改革和“四张清单一张网”改革。但以往改革主要是从政府的角度去推进，从人民群众角度考虑问题不够，政府权力运行流程没有优化，政府部门之间的协同机制没有建立，导致人民群众“办事慢、办事繁、办事难”等问题依然存在，为办一件事情需要到有关部门多头跑、多次跑的问题比较突出，人民群众获得感有待增强。

2016 年 12 月，浙江省委经济工作会议第一次提出以“最多跑一次”倒逼政府部门简政放权、优化服务。2017 年 6 月，浙江省第十四次党代会提出以“最多跑一次”作为改革强省的总抓手，撬动各方面各领域改革，加快打造“审批事项最少、办事效率最高、政务环境最优、群众和企业获得感最强”的省份。

“最多跑一次”改革的制度逻辑是从“以政府为中心”向“以人民为中心”转变，从“碎片化治理”走向“整体性治理”，技术逻辑是顺应信息技术革命，推行“互联网＋政务服务”，推进政府数字化转型（见表 7–1）。

表 7–1 浙江省“最多跑一次改革”大事记

时间	事件
2016 年 12 月 27 日	浙江省委经济工作会议提出实施“最多跑一次”改革
2017 年 1 月 16 日	浙江省政府工作报告提出加快推进“最多跑一次”改革
2017 年 2 月 10 日	浙江省政府召开专题会议，研究加快推进“最多跑一次”改革
2017 年 2 月 16 日	浙江启动“最多跑一次”事项梳理工作
2017 年 2 月 20 日	浙江省政府印发《加快推进“最多跑一次”改革实施方案》
2017 年 2 月 23 日	浙江省政府常务会议审议通过《浙江省公共数据和电子政务管理办法》，自 2017 年 5 月 1 日起施行
2017 年 2 月 24 日	时任浙江省省长车俊主持召开省政府全体扩大会议，对“最多跑一次”改革做动员部署
2017 年 3 月 1 日	成立浙江省政府推进“最多跑一次”深化“四单一网”改革协调小组，由时任浙江省省长车俊担任组长
2017 年 3 月 3 日	浙江省政府办公厅公布第一批《省级公共数据共享清单》
2017 年 3 月 14 日	浙江省政府办公厅印发《浙江省深化“互联网＋ 政务服务”工作方案》
2017 年 4 月 12 日	浙江省政府在衢州召开推进“最多跑一次”改革座谈会
2017 年 5 月 4 日	浙江省政府办公厅公布第一批《省级公共数据共享清单》
2017 年 5 月 21 日	浙江发布省级地方标准《政务办事“最多跑一次”工作规范》
2017 年 5 月 24 日	浙江省政府专题会议研究打破信息孤岛，实现数据共享，加快推进“最多跑一次”改革
2017 年 6 月 12 日	浙江省第十四次党代会提出以“最多跑一次”作为改革强省的总抓手，撬动各方面各领域改革，加快打造“审批事项最少、办事效率最高、政务环境最优、群众和企业获得感最强”的省份

（续表）

时间	事件
2017 年 7 月 14 日	浙江省政府办公厅印发《关于加快推进企业投资项目“最多跑一次”改革的实施意见》
2017 年 8 月 21 日	浙江省政府办公厅印发了《企业投资项目“最多跑一次”改革实施方案》
2017 年 9 月 29 日	国务院办公厅对第四次大督查发现的典型经验做法给予通报表扬，其中包括浙江“最多跑一次”改革
2017 年 12 月 14 日	浙江省政府召开“打破信息孤岛，实现数据共享，推进‘最多跑一次’改革”第四次专题会议
2018 年 1 月 2 日	全省全面深化改革大会对推动“最多跑一次”改革向纵深发展做全面部署
2018 年 4 月 12 日	浙江省政府召开专题会议，研究全面深化“最多跑一次”改革
2018 年 4 月 18 日	浙江省“最多跑一次”改革办公室印发全省办事事项“八统一”梳理材料的通知
2018 年 5 月 23 日	中办、国办印发了《关于深入推进审批服务便民化的指导意见》，向全国推广浙江“最多跑一次”改革经验
2018 年 5 月 31 日	浙江省政府召开“深化‘最多跑一次’改革，推进政府数字化转型”第一次专题会议
2018 年 7 月 16 日	浙江省政府办公厅印发《浙江省数字化转型标准化建设方案（2018—2020 年）》
2018 年 7 月 31 日	浙江省政府召开“深化‘最多跑一次’改革，推进政府数字化转型”第二次专题会议暨政府数字化转型工作领导小组第一次会议
2018 年 9 月 29 日	浙江省政府召开“深化‘最多跑一次’改革，推进政府数字化转型”第三次专题会议
2018 年 10 月 24 日	浙江省最多跑一次改革办公室挂牌成立
2018 年 11 月 22 日	浙江省政府召开“深化‘最多跑一次’改革，推进政府数字化转型”第四次专题会议
2018 年 11 月 26 日	“浙里办”App 上线
2018 年 11 月 30 日	浙江省人大常委会通过《浙江省保障“最多跑一次”改革规定》，自 2019 年 1 月 1 日起施行

（续表）

时间	事件
2018 年 12 月 10 日	时任浙江省委书记车俊在省委深改委第一次会议上强调要坚持“认识再深化、内涵再丰富、外延再拓展、质量再提升”的方向，谋实改革举措，推动“最多跑一次”改革向纵深发展
2018 年 12 月 28 日	浙江省政府印发《深化“最多跑一次”改革推进政府数字化转型工作总体方案》
2019 年 2 月 28 日	浙江省政府召开“深化‘最多跑一次’改革，推进政府数字化转型”第五次专题会议
2019 年 5 月 10 日	浙江省政府召开“深化‘最多跑一次’改革，推进政府数字化转型”第六次专题会议
2019 年 7 月 5 日	浙江省政府召开“深化‘最多跑一次’改革，推进政府数字化转型”第七次专题会议
2019 年 8 月 23 日	浙江省政府召开“深化‘最多跑一次’改革，推进政府数字化转型”第八次专题会议
2019 年 8 月 26 日	时任浙江省委书记车俊在省委深改委第五次会议上强调要在擦亮“最多跑一次”改革这一金字招牌上加码加力，不断提升迭代升级的速度、拓宽延伸覆盖的广度、强化刀刃向内的力度
2019 年 10 月 8 日	浙江省政府办公厅印发《浙江省建立政务服务“好差评”制度工作方案》
2019 年 10 月 21 日	浙江省政府召开政府数字化转型专题新闻发布会
2019 年 11 月 21 日	浙江省委召开十四届六次全会，提出必须坚持把“最多跑一次”的理念、方法、作风运用到省域治理各方面、全过程
2019 年 12 月 19 日	浙江省政府召开“深化‘最多跑一次’改革，推进政府数字化转型”第九次专题会议，总结 2019 年工作，研究部署 2020 年工作
2020 年 1 月 12 日	时任浙江省省长袁家军在政府工作报告中提出擦亮“最多跑一次”改革金名片
2020 年 3 月 5 日	时任袁家军省长在省政府第五次全体会议上强调要树立“整体、智治”的理念，强化基于数字化的智慧化治理，全方位深化政府数字化转型，以更大力度推进“最多跑一次”改革
2020 年 3 月 26 日	浙江省政府召开“深化‘最多跑一次’改革，推进政府数字化转型”第十次专题会议

（续表）

时间	事件
2020 年 5 月 14 日	浙江省政府召开“深化‘最多跑一次’改革，推进政府数字化转型”第十一次专题会议
2020 年 7 月 30 日	浙江省政府召开“深化‘最多跑一次’改革，推进政府数字化转型”第十二次专题会议

“最多跑一次”改革是习近平总书记在浙江工作时倡导的机关效能建设、政府自身改革的再推进、再深化，是习近平新时代中国特色社会主义思想在浙江的生动实践，是浙江深化“放管服”改革、优化发展环境、推进省域治理现代化的重大举措。

主要做法

“最多跑一次”改革是一场从理念、制度到作风的全方位深层次变革。在这场改革过程中，浙江充分发挥党建引领作用，深入践行以人民为中心发展思想，激励引导各级党组织和广大党员干部强化责任担当、敢于攻坚克难，以钉钉子精神奋力推动“最多跑一次”改革，努力做到“干在实处、走在前列、勇立潮头”。

1. 秉持以人民为中心发展思想，以“勇闯深水区、敢啃硬骨头”的勇气拉开“最多跑一次”改革大幕

习近平总书记提出把以人民为中心的发展思想体现在经济社会发展各个环节，做到老百姓关心什么、期盼什么，改革就要抓住什么、推进什么，通过改革给人民群众带来更多获得感。“最多跑一次”改革应群众需求而生、为解决问题而变，从与人民群众生产生活关系最紧密的领域和事项做起，在人民群众反映最强烈、最渴望解决、最难办的事情上突破，无论从推进角度还是目标要求来看，都是一场以人民为中心的改革，彰显了我们党全心全意为人民服务的根本宗旨。

“最多跑一次”改革是一场浙江各级党委政府刀刃向内的自我革命，是动自己的奶酪、给自己找“别扭”。因此，当2016年12月“最多跑一次”改革第一次提出来时，有人质疑，有人担心，很多人甚至认为这是不可能完成的任务。

面对质疑和挑战，浙江省委省政府表现出了“明知山有虎、偏向虎山行”的巨大决心和勇气。2017年1月，“最多跑一次”改革写入省政府工作报告，随后被列为年度重点改革项目。2017年2月，浙江省政府印发了《加快推进“最多跑一次”改革实施方案》，明确改革的时间表、路线图和任务书。浙江省委省政府的鲜明态度，更让全省上下统一了思想，消除了疑虑，坚定了决心，各级党员干部紧紧围绕让群众和企业到政府办事“最多跑一次”的目标，聚焦高质量的政务服务体系建设，迅速行动起来。

改革伊始，千头万绪。浙江突出抓住政府部门职能分工过细、各自为政、办公场所分散，造成群众一件事多头跑、多次跑这一主要矛盾，运用习近平总书记倡导的系统集成方法，将“一窗受理、集成服务”作为推进“最多跑一次”改革的主抓手，着力建设市县乡村“四级联动”的政务服务体系（见图7–6）。各级党员干部牢固树立“以人民为中心”的理念，从方便群众和企业办事的角度出发，按照“一窗受理、集成服务”的新要求，夜以继日，加班加点，明确办理条件，精简办理材料，再造办理流程，形成“前台综合受理、后台分类审批、综合窗口出件”的政务服务新模式。建立行政服务中心作为第三方对政务服务的全流程统筹协调和监督管理机制，构建“受审分离、衔接有序、协同联动、信息共享、实时监督、便捷高效”的政务服务体系。除车辆、船舶、动植物防疫等31项需要现场检验检测事项外的办事事项全面进驻行政服务中心，使群众只需进行政服务中心“一个门”、到综合窗口“一个窗”就能把“一件事”办成。例如，在不动产交易领域，过去需要跑住建、自然资源和税务三个窗口、三次取号、三次排队，再持自然资源部门出具的通知书办理水电气联动过户，现在不动产登记和水电气过户只需要跑一次，一般 50 分钟即可当场领证。在卫生健康领域，通过“最多跑一次”改革解决人民群众“看病难、看病烦”问题。目前，全省医院高峰期挂号现场排队平均时间从改革前的 8.3 分钟减少到 3.8 分钟。浙江推广以“企业化”运营、“考级制”定薪、“积分制”考评、“全科制”培训为核心的行政服务中心窗口工作人员招录、管理制度，有效破解了窗口工作人员待遇低、业务素质差、队伍不稳定等难题。例如，台州市推行“一窗受理、集成服务”改革后，窗口工作人员日均办件量由原来的 5.88 件增加到 11 件，群众办事排队等候平均时间不超过 10 分钟。

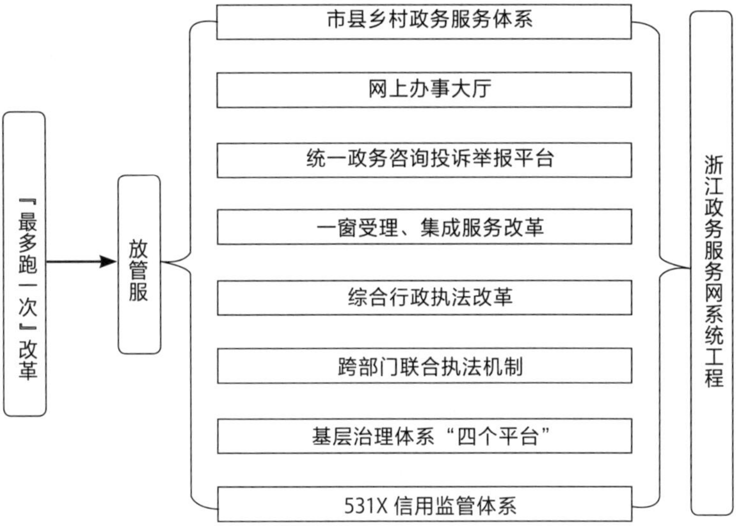

图 7–6　浙江“最多跑一次”改革总体设计框架

为解决好政务服务“最后一公里”问题，浙江在乡镇（街道）、村（社区）打造“代办点 + 自助服务终端 + 网格员服务”便民服务模式，扩大银行、邮政等网点代办政务服务事项范围和覆盖面，实现“就近能办、同城通办、异地可办”。同步上线地市、区县、乡镇（街道）、村（社区）四级办事网点电子地图，采集发布各类办事网点 39646 个，累计关联事项 1190348 个，为群众办事提供清晰指引。截至 2019 年

5月，全省共有900多个邮政网点、2300多个银行网点可以代办车驾管、医保社保、公积金等事项，部分市县的银行、邮政等网点的医保社保办件量已超过该类业务总办件量的30%。宁波、丽水等市实现由银行通过“互联网+不动产抵押登记”平台，办理商品房抵押权首次登记、注销登记和不动产登记资料查询等业务，群众办理银行抵押贷款无须不动产登记部门和银行两头跑，到银行就可一次办结。

2. 坚持问题导向，紧扣改革堵点、难点、痛点，以“愈挫愈奋，愈战愈勇”的担当攻下改革中的一道道难关

习近平总书记指出，奋斗是艰辛的，艰难困苦，玉汝于成，没有艰辛就不是真正的奋斗，要勇于在艰苦奋斗中净化灵魂、磨砺意志、坚定信念。浙江在推进“最多跑一次”改革过程中面临两大难题：一是办事事项标准化、规范化程度不高，二是信息孤岛林立、数据难以共享。这直接导致政府部门各自为政，群众多头跑、来回跑，材料重复提交，办事效率低下。传统的行政审批以不同部门相互分割的“事项”为标准，群众眼中的“一件事情”往往由一个或多个部门的多个“事项”构成。浙江以群众眼中的“一件事”为标准整合归并相关事项，推进一件事全流程最多跑一次（见图7–7）。办事事项是政务服务的最小单元，事项名称、申报要件的规范与否对“最多跑一次”改革能否有序、高效推进起着至关重要的作用。

一开始，浙江各地梳理公布的“最多跑一次”事项名称、口径、办事指南等不尽相同，造成各地事项数量悬殊，不同地区办理同一事项的条件、材料不一致，不仅办事的群众一头雾水，负责审批的同志也“丈二和尚摸不着头脑”。针对这一难点，浙江聚焦“最多跑一次”标准化全覆盖，坚持从群众和企业最迫切、最期盼的事项入手，以群众和企业眼中的“一件事”为标准，大力推进办事事项、办事指南标准化、规范化建设。省市县三级充分发挥党的组织体系强大优势，成立工作专班，开展专项行动。广大党员干部不怕苦、不怕累，采用

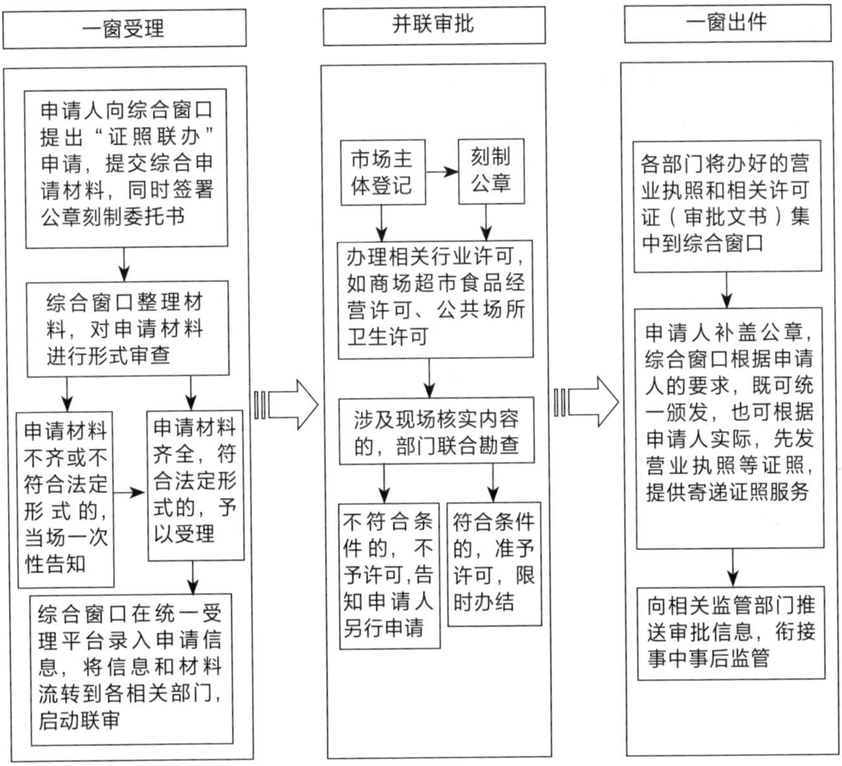

图 7–7　证照联办“一件事”流程

“上下联动、条块结合、稳步推进”的工作方法，集中火力，合力攻坚，以“八统一”为标准（主项名称、子项名称、适用依据、申请材料、办事流程、业务经办流程、办理时限和表单内容八个要素全省统一），全面完成省市县三级办事事项梳理（主项 1411 项、子项 3443 项），建立了全省统一规范的办事事项和办事指南体系，实现了除“最多跑一次”例外事项清单（共 6 个主项、9 个子项）外的省市县三级办事事项 100% 全覆盖。在此基础上，以“网上办”“掌上办”为导向，进一步梳理细化办事事项，如将“购房提取公积金”办事事项细分成“购买一手房”“购买二手房”“父母买房、子女提取”等 21 种情形。围绕群众、企业全生命周期“一件事”，聚焦出生、上学、就业、就医、退休、养老和企业登记开办、水电气报装、员工招聘、获得信贷、生产经营、并购重组、清算注销等关键环节，出台实施多部门联办“一件事”61 件，制定全省统一规范的办事指南，并持续扩大“一件事”的数量和覆盖面，推动群众和企业办理跨层级、跨部门的“一件事”全流程“最多跑一次”。

政府部门之间信息共享是实现“最多跑一次”的重要基础。但在实际工作中许多政府部门对信息共享认识不足，信息共享的意愿不高。针对这一突出问题，浙江省政府制定了《浙江省深化“最多跑一次”改革推进政府数字化转型工作总体方案》，提出统筹建设公共数据资源目录体系、共享平台、分析挖掘平台、开放平台等设施，以及基础数据库、主题数据库、部门数据仓等数据资源。加强数据资源规划、采集、存储、共享、开放，加强数据治理，提升数据质量和价值，构建全省共建共享的大数据资源体系。

建成统一架构、覆盖全省的浙江政务服务网，“浙里办”App 推出各类便民应用 315 个，实现省级 168 项、设区市平均 452 项、县（市、区）平均 371 项审批服务事项掌上可办，全省 63.64% 的民生事项实现“一证通办”，以数据多跑路换取群众少跑腿甚至一次都不跑。浙江省政府主要领导亲自挂帅，定期召开打破信息孤岛实现数据共享专题会议。各级党员干部开展“百日攻坚”数据大会战，围绕“一次录入、大家共用”和“一个数据用到底”等目标，坚持以业务需求引领数据需求，打破信息孤岛，实现数据共享。截至 2019 年 5 月，浙江已打通 5 套国家系统、85 套省级系统、275 套市县系统，建成个人综合库、法人综合库、信用信息库、电子证照库、办事材料库，开放 57 个省级单位 1.35 万余项数据共享权限，归集数据总量超过 154.7 亿条，统一公共支付平台累计服务 1 亿多人次、缴费金额 1700 亿元，2018 年证照快递送达服务达 1500 多万次。同时，强化大数据分析，查找办事业务关联性，推进流程再造和业务协同。例如，嘉兴市南湖区政府通过大数据分析发现 63% 从事卷烟零售的企业在提交工商营业执照申请后，同步提交烟草专卖许可申请，为此推行营业执照和烟草专卖许可

“一件事”联办。

此外，浙江还对政务服务事项进行大数据分析，根据企业和群众办事频率优化服务资源配置。

3. 着眼推动高质量发展，以“只有进行时、没有完成时”的定力推动“最多跑一次”改革持续提质增效

习近平总书记指出，实践发展永无止境，解放思想永无止境，改革开放也永无止境，停顿和倒退没有出路，改革开放只有进行时、没有完成时。随着“最多跑一次”改革效果初步显现，一些党员干部出现了思想松懈，认为改革手段已经够多、够好，落地的举措已经能用、够用，成绩有了，功劳也有了，可以松口气、缓一缓了。针对这一情况，浙江省委省政府明确提出不能满足于现在取得的成绩，不能满足于实现“跑一次”量的指标，而是要在提质增效上持续发力，推动“最多跑一次”向“一次都不用跑”和“办得快、办得好”转变。2018 年 1 月，浙江省委主要领导在全省全面深化改革大会上提出了“四个再”和“三个坚决摒弃”要求，会后浙江省委印发了《关于深化“最多跑一次”改革推动重点领域改革的意见》。2018 年 10 月，浙江省委全面深化改革委员会第一次会议提出“抓基础、抓扩面、抓提质、抓撬动”的新要求和“跑一次是底线、一次不用跑是常态、跑多次是例外”的新目标。

针对企业投资项目审批部门多、环节多、周期长，市场准入领域“办照容易办证难”“准入不准营”问题，浙江以打造法治化、国际化、便利化的营商环境为目标，大力推动投资审批、市场准入等重点领域“最多跑一次”改革。2017 年 7 月，浙江省政府办公厅印发了《关于加快推进企业投资项目“最多跑一次”改革的实施意见》。同年 8 月，浙江省政府办公厅印发了《关于印发企业投资项目“最多跑一次”改革实施方案》，提出最大限度减少审批事项、环节和材料，以“数据跑路”代替“企业跑腿”，大力推进项目审批集成式优化，破除制约企业

投资项目“最多跑一次”改革的制度障碍。目前，企业投资项目在线审批监管平台 2.0 版实现“四个 100%”，即 100% 应用平台、100% 系统打通、100% 网上审批、100% 网上申报。实施“区域能评、环评 + 区块能耗、环境标准”和“多评合一、多审合一、多测合一”等，大幅缩短投资审批时间。一般企业投资项目开工前审批最多 100 天，“标准地”出让占省级以上平台新批工业用地的 80%，从备案赋码到施工许可全流程时间为 71 天，降幅达 63%。在施工图“多审合一”后，业主从跑建设、消防、人防 3 个部门、3 个中介、10 多次变为“最多跑一次”，电子图审一次都不用跑。一般项目施工图审查时间从两三个月压缩到 18 天，平均一年为企业节约费用约 5 亿元。2019 年进一步提出企业投资项目竣工验收前审批最多 90 天。在供电、供水、供气行业，进一步简化报装流程、精减办事材料、压缩环节和时限。以用电报装为例，全省用电企业平均申请材料精减 71%，用电费用节约 135 亿元。企业办理 10 千伏高压用电时间缩短至 45 个工作日，压缩了 27%；办理低压用电时间缩短至 16 个工作日，压缩了 10%。推进证照分离、证照联办、多证合一、一照一码等改革。以前开办一家餐馆，群众要跑市场监管、消防、环保等多个部门。改革后，只要到行政服务中心综合窗口，实现“一套材料、一表登记、一次办成”。全省企业开办，从受理到领取税务发票只要 1 个工作日。

在民生领域，浙江大力开展“减证便民”。全省地方设定的证明事项从 61 项减少到 1 项（献血者和用血者的亲属关系证明），出生、婚姻状况等 15 个大项公证事项已实现“最多跑一次”。以出生一件事为例，原先办理预防接种、出生医学证明、落户、参保登记、社保卡申领等出生事项需要跑 5 个窗口、填写 60 项信息、提交 20 份材料，现在只需跑 1 个窗口、填写 9 项信息、提交 1 份材料（见图 7–8）。浙江以民生领域高频事项为重点，与江西、河南、安徽等省积极推进跨省数据共享应用。与江西实现了身份证、户口簿等 11 本证照跨省“亮证”，江西籍夫妻在浙江办理生育登记时，不用再提交结婚证；在浙江办理新生儿落户时（需夫妻一方已落户浙江），不用再提交户口簿、结婚证。

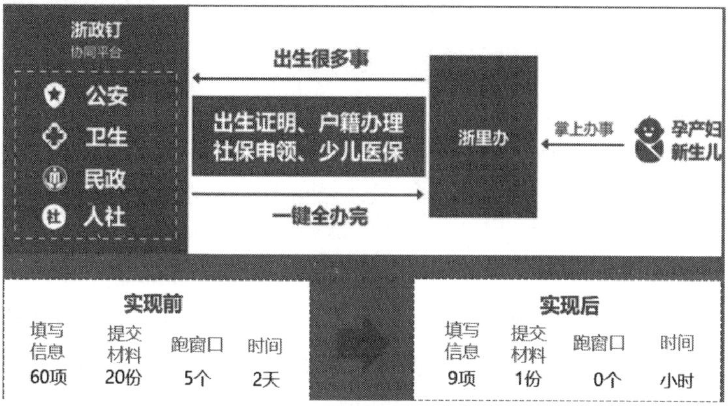

图 7–8　出生“一件事”前后比较

针对机关内部办事层级多、流程多、材料多、时间长等突出问题，着力推动机关内部“最多跑一次”改革。围绕减事项、优流程、少材料、压时间、减次数五个关键点位，综合施策，精准发力，有效降低行政成本，提升行政效能。

针对重审批、轻监管问题，聚焦放管结合，推进“最多跑一次”改革向事中事后监管延伸。落实“部门联合、随机抽查、按标监管”的“一次到位”机制，按照“服务零距离、监管不扰民”的要求，创新市场监管模式，完善行政执法监管平台和掌上执法系统，强化“12345”投诉举报平台功能，加强“四个平台”建设（综治工作、市场监管、综合执法、便民服务），健全以“双随机、一公开”监管为基本手段、以重点监管为补充、以信用监管为基础的新型监管机制。投诉举报办理时间从 21 天缩短到 4 天，98% 的事件在乡镇、村居或网格层面解决。

针对改革与法治不衔接的问题，在桐庐县先行开展“最多跑一次”改革与法律法规衔接绿色通道试点，在深入梳理总结全省改革创新做法和试点经验的基础上，2018 年 11 月底，浙江省人大常委会通过了

《浙江省保障“最多跑一次”改革规定》，在地方立法权限内将“一窗受理、集成服务”“标准地”“告知承诺”“证照分离”等一批行之有效的经验做法和改革成果以法律的形式固化下来，为今后进一步深化“最多跑一次”改革提供了法治保障。此外，浙江还大力推进“最多跑一次”标准体系建设，制定了《一窗受理、集成服务》《行政服务大厅现场管理工作规范》《企业投资工业项目“标准地”管理规范》等一系列地方标准。

截至 2019 年末，浙江 41 件个人和企业全生命周期事项实现“一件事”全流程办理，80.5% 的政务服务事项掌上可办，97.4% 的事项“跑零次”，“一证通办”民生事项比例达 91.4%。企业开办实现一日办结，一般企业投资项目实现竣工验收前审批“最多 90 天”。

三年来，浙江“最多跑一次”改革取得了显著成效。“最多跑一次”改革推进了政府治理体系和治理能力现代化，使政府工作更加透明、高效、规范，有利于深化“放管服”改革。优化了营商环境和资源配置，有利于深化供给侧结构性改革、推动高质量发展。创新了政务服务模式，增强了人民群众的获得感。促进了权力运行规范化、权力监督公开化，有利于党风廉政建设和依法行政。重塑了政府、市场、社会的关系，撬动了其他领域的改革，赢得了社会各界的普遍赞誉（见表 7–2）。在新冠肺炎疫情防控和企业复产复工方面，浙江的出色表现也得益于“最多跑一次”改革。

表 7–2　2018 年浙江“最多跑一次”事项实现率、满意率对比情况

事项	实现率			满意率		
	6 月调查	10 月调查	变化情况（百分点）	6 月调查	10 月调查	变化情况（百分点）
不动产登记类	84.5%	89.4%	↑ 4.9	94.1%	96.7%	↑ 2.6
车辆管理类	94.5%	96.7%	↑ 2.2	95.5%	97.4%	↑ 1.9
出入境事项类	96.6%	98.1%	↑ 1.5	97.7%	98.7%	↑ 1.0

（续表）

事项	实现率			满意率		
	6 月调查	10 月调查	变化情况（百分点）	6 月调查	10 月调查	变化情况（百分点）
户籍登记类	93.0%	94.5%	↑ 1.5	94.5%	96.5%	↑ 2.0
社保（养老）类	88.4%	90.3%	↑ 1.9	93.6%	96.0%	↑ 2.4
医保类	89.7%	90.8%	↑ 1.1	94.3%	96.2%	↑ 1.9
税务事项类	94.9%	95.7%	↑ 0.8	96.2%	98.0%	↑ 1.8
商事登记类	79.9%	83.0%	↑ 3.1	90.5%	94.3%	↑ 3.8
企业投资项目审批类	85.9%	86.1%	↑ 0.2	94.6%	96.0%	↑ 1.4
卫计事项类	90.5%	93.0%	↑ 2.5	95.8%	97.7%	↑ 1.9
教育事项类	89.3%	93.1%	↑ 3.8	96.5%	97.6%	↑ 1.1

经验启示

1. 领导干部以上率下形成氛围

“最多跑一次”改革启动以来，浙江省委省政府主要领导亲自决策、亲自部署、亲自协调，全过程、全方位倾力推动，赴基层调研必去行政服务中心，亲身经历改革、实地掌握改革信息。2017 年 3 月，浙江成立省政府推进“最多跑一次”深化“四单一网”改革协调小组，由时任省长车俊担任组长。浙江省省长每两个月召开一次“打破信息孤岛、实现数据共享”专题会议，2018 年又升级为“推进政府数字化转型”专题会议。

2018 年浙江机构改革成立了浙江省委深改委办公室，加挂“浙江省最多跑一次改革办公室”牌子，由省委常委、秘书长陈金彪担任主任，时任省委常委、常务副省长冯飞担任第一副主任。浙江省最多跑一次改革办公室是浙江唯一由两位省委常委担纲的机构，并建立了每月例会制度。

浙江各级党委政府主要负责同志坚持把“最多跑一次”改革作为本地区中心工作，实行挂图作战。各职能部门负责人身体力行，百名局长赴办事窗口指导工作。“两代表一委员”以普通群众身份至窗口办事，亲身体验改革实际效果，提出意见建议。省委省政府主要领导亲自谋划，高位协调，以上率下，靠前指挥，各级党政领导一级做给一级看、一级带着一级干，形成了改革创新的浓厚氛围。

2. 立足基层首创加强集成提升

“最多跑一次”改革是一个新生事物，没有成熟的经验可以借鉴，没有现成的范本可以参照，浙江在整个改革过程既注重顶层设计，又充分尊重基层首创精神，如衢州市“一窗受理、集成服务”和数据共享、台州市外贸企业“11 证合一”、嘉兴市南湖区分领域“证照联办”等。对于这些经实践检验证明行之有效的做法和经验，在省级层面及时进行总结提炼并加以复制推广。

3. 始终秉持为了群众、依靠群众的群众路线

以往的行政体制改革，多是从政府自身的角度进行，如简政放权或改变公权力的实现形式。浙江“最多跑一次”改革坚持换位思考，从群众的视角思考政府改革，用群众的语言设定改革目标，以群众的感受确立改革标准。坚持“让实践来检验、让基层来评判、让群众来打分”，把改革的评判权交给人民群众，由人民群众来评价“最多跑一次”改革的实施效果。在各类网络平台开通“调查评估”和“改革建言”等栏目，征集社会各界对“最多跑一次”改革的意见和建议。通过第三方评估等形式，调查、了解实际办事的基层一线企业和群众对“最多跑一次”改革的满意度，让人民群众成为这场改革的监督者、评判者、推动者。

4. 科学运用目标量化、业务协同的理念方法

可量化、可检验的目标，是改革全面落地的重要前提。浙江“最多跑一次”改革紧紧围绕破解“办事难、办事慢、办事繁”的问题，设定群众和企业到政府办事“最多跑一次”这一量化度高、群众感受直观的目标，倒逼政府部门自我革新，接受群众监督，推进政府数字化转型。同时，“最多跑一次”改革在实施过程中突出强化整体政府的思维方式，特别注重改革的系统性、整体性、协同性。既考虑前台管理服务的转型升级，又考虑后台政策法规的制定和修订、业务流程的重组和再造。通过打破信息孤岛，实现政府部门之间的信息共享和业务协同，构建整体政府，实现“让百姓少跑腿、信息多跑路”。

5. 持续加强对改革的有效制度供给

改革重“破”，法治重“立”。浙江在实施“最多跑一次”改革过程中，注重为改革提供法治保障，破立并举。一方面围绕既有政务服务模式的痼疾与短板，瞄准企业和群众对高效、便捷审批服务的需求，制定了《加快推进“最多跑一次”改革实施方案》和《浙江省深化“最多跑一次”改革推进政府数字化转型工作总体方案》等一系列政策文件，积极开展创新实践，持续取得改革突破。

另一方面，注重把科学立法作为处理改革和法治关系的重要环节。在研究改革方案和改革措施时，同步考虑改革涉及的法律法规问题，配套提出立法需求和立法建议，出台了全国“放管服”改革领域第一部地方性法规——《浙江省保障“最多跑一次”改革规定》，从法制和制度层面固化改革成果，推动改革红利惠及长远。

“最多跑一次”改革是我国“放管服”改革的浙江样本，推动了浙江服务型政府、透明政府、效能政府、法治政府、责任政府以及整体政府、智慧政府、开放政府等现代政府建设。在全国 31 个省、自治区、直辖市中，有 29 个省市学习借鉴了浙江“最多跑一次”的改革经验。

第8章

大数据在应急管理和疫情防控领域的应用

新冠肺炎疫情是对地方治理能力的一次大考。习近平总书记多次强调以信息化推进应急管理现代化，运用大数据开展疫情防控。《国民经济和社会发展第十四个五年规划和 2035 年远景目标纲要》提出“强化数字技术在公共卫生、自然灾害、事故灾难、社会安全等突发公共事件应对中的运用，全面提升预警和应急处置能力”。运用大数据，可以提升应急管理水平，实现对疫情的精准防控。

以信息化推进应急管理现代化

2019 年 11 月，习近平总书记在主持中央政治局第十九次集体学习时强调要适应科技信息化发展大势，以信息化推进应急管理现代化，提高监测预警能力、监管执法能力、辅助指挥决策能力、救援实战能力和社会动员能力。

进入 21 世纪以来，中国城镇化进程加速推进。截至 2020 年末，中国城镇化率超过 60%。随着城镇化率越来越高，城市安全形势十分严峻。据统计，位于地震烈度 7 度及以上的城市占 45%，800 多个城市处于洪水水位以下，每年过境台风对东南沿海城市造成巨大损失。此外，安全生产事故、交通事故、重大疫情等对人民的生命健康构成严重威胁。中国正处于经济社会转型发展阶段，社会矛盾突出，群体性事件时有发生。城市人口多、财富集中，一旦发生突发事件，后果不堪设想。据调查，城市安全问题是最让市领导睡不好觉的事情。

应急管理是城市管理的重要组成部分，应急管理信息化是建设新型智慧城市的重要内容。大力开展应急管理信息化建设，以信息化推进应急管理现代化，可以减少人民生命和财产损失，保障城市安全，维护社会稳定，提升城市治理水平。

新一代信息技术及其在应急管理中的应用

物联网、云计算、大数据、人工智能、5G、区块链、虚拟现实等新一代信息技术是智慧城市的关键技术。近年来，新一代信息技术快速发展，在应急管理领域得到不同程度的应用，对提升应急管理水平发挥了重要作用。

1. 物联网技术及其在应急管理中的应用

物联网（Internet of Things）是不同传感器之间按约定的协议进行信息交换和通信，以实现物品的智能化识别、定位、跟踪、监控和管理的一种网络。简单来说，物联网就是通过传感器联网以实现物与物之间的通信。

从技术特点来看，政府部门运用物联网技术可以“感知”监管对象。目前，物联网技术在公安、海关、自然资源、生态环境、交通运输、市场监管、应急管理等政府部门得到了应用，取得了良好的效果。例如，公安部门运用物联网技术对车辆进行自动监控，生态环境保护部门运用物联网技术对工业企业排污情况进行自动监测，市场监管部门运用物联网技术对食品安全进行溯源。

物联网是智慧城市的“感官”。在应急管理领域，物联网技术可以应用于城市重大危险源自动监控、危险化学品运输车辆监控、应急抢险车辆监控、“城市生命线工程”监测、企业安全生产事故监测预警、城市轨道交通安全事故防范、台风监测预警、洪水水位自动监测、火灾自动监测、地震自动监测预警、滑坡灾害监测预警、应急抢险设备和救灾物资管理等领域。

2011 年 3 月，北京市政府办公厅印发了《北京市城市安全运行和应急管理领域物联网应用建设总体方案》，提出实施十大示范工程，包括城市安全运行和应急管理物联网应用辅助决策系统工程、物联网应用支撑平台工程、春节期间烟花爆竹综合管理物联网应用示范工程、“城市生命线”实时监测物联网应用示范工程、安全生产物联网应用示范工程、“政治中心区”综合管理物联网应用示范工程、轨道交通安全防范物联网应用示范工程、极端天气条件下保持道路交通畅通物联网应用示范工程、城市运行保障和应急抢险车辆卫星定位管理物联网应用示范工程、区县和社区综合监管物联网应用示范工程。

2015 年 8 月 12 日晚 11 点左右，位于天津滨海新区的瑞海国际物流公司危险品仓库发生爆炸，造成 165 人死亡。如果采用物联网技术对危险品仓库的温度、挥发气体浓度等进行实时在线监测，一旦超过警戒值就自动报警，也许这次特大安全生产事故就不会发生。

政务网络、应急通信网络和物联网这“三张网”是应急管理的信息基础设施。目前，越来越多的城市运用物联网技术建立城域物联网，对影响城市安全的安全生产类、自然灾害类等突发事件进行自动监测、监控和预警，提高城市综合防灾、减灾、救灾能力。

2. 云计算技术及其在应急管理中的应用

云计算（Cloud Computing）是一种可以随时随地方便地、按需地通过网络访问可配置计算资源（如网络、服务器、存储、应用程序和服务）的共享池模式，这个池可以通过最低成本的管理或与服务提供商交互来快速配置和释放资源。

按照云计算资源的使用方式，可以将云计算分为公共云、私有云和混合云。公共云是指多个用户共用一个云服务提供商的 IT 资源。每个用户根据自己占用、消耗 IT 资源的多少，向云服务提供商支付费用。公共云适用于中小企业。目前，许多地方推进“企业上云”，降低中小企业信息化门槛。私有云是指某个单位建设一个云计算中心或云服务平台供自己使用，不向社会提供云计算服务。私有云适用于国家部委、省和地市一级政府和大型企业集团。例如，目前许多省市建立了“政务云”。混合云是指一部分资源公用，一部分私用。混合云适用于 IT 资源有富余的单位，在满足自身应用的同时，把多余 IT 资源卖给外单位。例如，阿里巴巴、腾讯等大型互联网企业在满足自身云计算需求的同时对外提供云服务。

按服务类型分类，可以将云计算分为基础设施即服务（IaaS）、平台即服务（PaaS）、软件即服务（SaaS）三类。IaaS 是指云计算服务提供商把服务器、存储设备、网络设备等硬件设备资源打包成服务提供给用户使用。在 IaaS 模式下，用户无须自己购买硬件设备，而是通过付费来使用云计算服务提供商的硬件设备。PaaS 是指云计算服务提供商为用户提供应用软件开发、测试、运行等环境。在 PaaS 模式下，许多用户可以在这个公共平台上开发自己的软件，测试自己的软件，运行自己的软件。SaaS 是指云计算服务提供商或软件企业通过互联网为用户提供所需的软件。用户无须自行购买软件，而只需要以服务费的形式支付软件的使用费，在线使用软件。目前，许多中小企业会使用云平台上面的 ERP（企业资源计划）软件、CAD（计算机辅助设计）软件。

云计算使得人们可以像用水、用电一样按需使用计算资源。许多党政机关和企事业单位不再需要自行购置或开发软硬件设备，不再需要对软硬件设备进行运行维护，而是支付一定的服务费，解决了长期困扰基层政府部门的“缺资金、缺技术、缺人才”问题，在一定程度上降低了基层政府部门的信息化门槛。

目前，许多国家部委和地方政府都建立了政务云，把政务信息系统迁移到政务云平台，实现了数字政府集约化建设，促进了政务信息共享和业务协同，在一定程度上避免了重复投资、重复建设，消除了“信息孤岛”。

云计算的技术特点是具有很好的弹性和可扩展性，用户可以按需使用。当城市发生突发公共事件时，应急管理信息系统的访问量会短时间内剧增。如果采用传统机房建设模式，计算资源有限，应急管理部门的服务器很可能会承载不了而宕机。云计算平台具有丰富的计算资源，可以从容应对短时间的大规模并发访问。例如，浙江省水利厅建立了台风路径实时发布系统，把该系统部署在阿里云。有一次某台风过境浙江，即使 165 万人同时访问该系统查看台风路径，系统也可以顺畅运行。

应急管理往往牵涉很多部门，如应急管理、公安、交通运输、卫生健康等。对于应急管理部门，建设云计算平台或运用市级政务云平台，把各类应急管理信息系统逐步迁移到云平台，可以促进跨部门信息共享和业务协同。目前，贵州等一些地方政府建立了专门的“应急管理云”。

在新冠肺炎疫情防控中，一些地方政府建立了疫情防控云平台。例如，2020 年 2 月 10 日，青岛市城阳区建成战“疫”云平台，形成“人防 + 技防、管控 + 服务”四位一体的防控新模式。通过采集社区居民、企业员工的基本信息，在后台形成基础数据库，重点关注人群可每日上报体温、身体症状等动态信息，并进行分析研判。云平台分析出的疫情防控重点信息，通过微信三级联动体系及时推送给相关街道、部门、社区、企业第一时间进行处置，实现“区 + 街道 + 片区 + 社区 + 网格”五级数据共享。

3. 人工智能技术及其在应急管理中的应用

人工智能（Artificial Intelligence，AI）是研究、开发用于模拟、延伸和扩展人的智能的理论、方法、技术及应用系统的一门新的技术科学。近十多年来，类脑计算、深度学习等人工智能技术快速发展，被广泛应用于人机大战、智慧医疗、机器人（见图 8–1）、无人驾驶汽车、无人机、智能家居、搜索引擎、人脸识别等领域，人们的生产、生活的智能化程度越来越高。

政府部门应用人工智能技术，可以提高行政管理的自动化和智能化程度，减轻办事人员的工作量。例如：通过数据比对自动剔除不符

图 8–1　消防机器人

合条件的各种申请、申报，杜绝“骗保”等行为；对人、车辆等监管对象进行自动识别、自动追踪，协助公安机关抓捕犯罪分子；根据水位、环境污染、山体滑坡、特种设备等监测情况自动报警、预警；对于一些简单重复性工作，由计算机自动处理；对于各类统计工作，由计算机自动生成统计分析报表；对于政府热线电话，由机器人来回答市民的问题。

2018 年 10 月底，习近平总书记在主持中央政治局第九次集体学习时强调，要加强人工智能同社会治理的结合，开发适用于政府服务和决策的人工智能系统，推进智慧城市建设，促进人工智能在公共安全领域的深度应用，运用人工智能提高公共服务和社会治理水平。

在应急管理方面，人工智能技术可以应用于人脸识别、车牌号识别、应急救援、智能测温、视频结构化、网络舆情管控等方面。

在城市突发事件应急处置过程中，通过人脸识别，可以掌握现场的人员身份信息。通过车牌号识别，可以掌握应急抢险车辆信息，利用交通信号灯智能管控手段保障应急抢险车辆一路畅通。

近年来，随着人工智能技术的发展，应急救援等方面的特种机器人越来越多。在火灾、爆炸等充满危险的突发事件现场，采用机器人进行灭火、排除爆炸物，可以减少消防官兵、武警指战员等人员伤亡。

在火车站、汽车站、飞机场、商场、超市、医院等人员密集场所对流动人员进行快速体温筛查，有利于及时发现疑似病例，避免交叉感染。例如，四川德阳火车站安装了智能测温系统。该系统以非接触式体温测量方式，对大规模移动人群进行快速测温。一旦发现体温异常的个体，系统会自动抓拍并自动触发声光报警，提醒现场工作人员核查。

目前，许多城市都建立了视频监控系统。通过视频分析，对视频中的数据进行处理和分析，并将其转化为结构化数据，继而对态势进行事前感知，达到事前预警的效果。基于人工智能技术的第三代事前预警系统以视频为报警源，用视频结构化分析技术来监测、判断是否符合预定的报警条件，当检测到触发设定条件时启动报警，实现从原来的人工查找到自动推送，从以前的事后查找向事前预测、预防、预警发生根本性的转变。例如，通过视频结构化，可以自动发现城市火灾，让应急指挥人员更好地了解火灾现场的情况。

在群体性事件中，网络舆情往往会影响事态发展。在互联网时代的应急管理中，通过网络舆情监测和网上舆论引导来控制事态很重要。采用人工智能技术，以“网络抓手”的身份出现在各大网络平台中，根据相关关键词对或将造成不良舆论的言语或资讯进行自动捕捉和删除，可以避免不良舆论的滋生，有利于控制事态。

4.5G 技术及其在应急管理中的应用

移动互联网指由蜂窝移动通信系统通过移动终端接入互联网，用户可以随时随地地接入互联网，以获得互联网上丰富的数字内容和服务。微博、微信和 App 就是移动互联网的典型应用，简称“两微一端”。许多党政机关都开通了“两微一端”。

目前，移动通信技术已经发展到第五代。2019 年 6 月，工业和信息化部正式向中国电信、中国移动、中国联通、中国广电发放 5G 商用牌照，标志着中国正式进入 5G 时代。

5G 的主要优势在于数据传输速率远远高于以前的蜂窝网络，最高可达 10Gbit/s，比先前的 4G LTE（长期演进）蜂窝网络快 100 倍。5G 的另一个优点是较低的网络延迟，网络延迟低于 1 毫秒，而 4G 的网络延迟为 30~70 毫秒。5G 可以应用于智能制造、自动驾驶、远程医疗、虚拟现实、智慧能源、应急管理等领域。

移动电子政务是指用户可以通过手机等移动终端和 5G 等无线网络获取政府部门提供的信息和服务，进行移动办公、移动执法等。与传统电子政务相比，移动电子政务有很多优势，如可以随时随地处理公文、查阅信息。领导干部即使出差在外也可以处理公文，避免等待，提高办事效率。办公人员可以摆脱网线的束缚，进行移动办公。执法人员可以开展移动执法，利用无线网络调阅后台数据，进行现场处理，而不必再回办公室调阅信息。

在应急管理中，5G 技术可以应用于应急通信、医疗救助等领域。

当城市发生突发性公共事件时，通过 5G 网络，可以将现场情况实时传回应急指挥大厅。例如，湖南联通与长沙市应急管理局共同打造的陆空一体 5G+ 无人机综合管理平台是全国首个应用 5G 网络的综合应急救援平台。2019 年 9 月，长沙市应急管理局开展了“无人机 + 卫星空地一体化”应急指挥演练活动。湖南联通全程为演练提供 5G 网络保障。本次应急演练模拟灾害事件发生时依托 5G 网络与无人机进行综合应急救援的情景，设置了大范围通信中继和通信快速覆盖，受灾现场巡查搜救，向被困群众定点抛投应急物资，人机搭载高空喊话，卫星通话及视频传输五个演练科目。

当城市发生疫情，运用 5G 网络可以开展远程医疗，及时救助病毒感染者。2020 年 2 月 8 日，北京和武汉两地医护人员使用 5G 技术实现了远程病例讨论，这是新冠肺炎疫情出现以来，北京医疗队利用

5G 技术的首次实战。

5. 区块链技术及其在应急管理中的应用

区块链（Blockchain）是由多个参与方共同记录和维护的分布式数据库，该数据库通过哈希索引形成一种链状结构，其中数据的记录和维护通过密码学技术来保护其完整性，使得任何一方难以篡改、抵赖、造假。区块链技术提供了不同组织机构在非可信环境下建立信任的可能性，降低了电子数据取证的成本，带来了建立信任的范式转变，在特定场景下可以产生巨大的价值。

目前，区块链技术在司法公信、政务服务、市场监管、自然资源、生态环境、公共安全、卫生健康、志愿服务、资金管理等领域得到了初步应用。

2019 年 10 月，习近平总书记在主持中央政治局第十八次集体学习时强调，要推动区块链底层技术服务和新型智慧城市建设相结合，探索在信息基础设施、智慧交通、能源电力等领域的推广应用，提升城市管理的智能化、精准化水平。

区块链技术具有自治性、难篡改、可信任、可追溯、智能化、隐私性、容错性等特点，可以应用于疫情防控、应急救援物资管理、应急救援资金管理等方面。

我国虽然建成了全球规模最大的传染病疫情和突发公共卫生事件网络直报系统，但在这次新冠肺炎疫情中没有发挥作用。运用区块链技术建立“防疫链”，传染病报告卡初次登记上报和人工核实、事后补充双线异步并行，可以避免传统逐级上报模式的弊病。

在应急管理中，运用区块链技术有利于解决物资、人员调配等关键性难题。根据应急预案，通过智能合约，可以实现对突发事件的快速响应，提供点对点的应急救援服务，保障救援物资供应，调配专业救援人员，提高应急管理效率。发展区块链金融，可以对救援资金进行快速结算，避免发生传统救灾模式下的“一笔糊涂账”问题。发展

"区块链 + 物流"，可以追踪救援物资流向，有效调配救援物资。此外，运用区块链技术可以加强捐赠物资管理，解决重复捐赠和冒领等问题。

6. 虚拟现实技术及其在应急管理中的应用

虚拟现实（Virtual Reality，VR）技术是一种能够创建和体验虚拟世界的计算机仿真技术，利用计算机生成交互式的三维动态场景，实体行为的仿真系统能够使用户沉浸到该环境中。VR 技术让用户有一种身临其境的感觉，在工业、医学、教育、城市规划、房地产、军事、娱乐游戏、应急管理等领域具有广阔的应用前景。

在应急管理中，VR 技术可以应用于应急演练、应急培训、心理治疗等领域（见图 8–2）。例如，运用 VR 技术，可以提高应急演练的逼真度。通过佩戴沉浸式头盔，让参与应急演练的官兵有一种身临其境的感觉，提高应急演练效果。

图 8–2　运用虚拟现实技术进行应急演练

2019 年 9 月，上海化工区消防体验馆投入试运营，包括医疗救护区、烟热逃生区以及 VR 体验区。VR 体验区拥有高层火灾逃生、地震灾害逃生、居民火灾逃生、商场火灾逃生、地铁火灾逃生 5 个 VR 虚拟场景，参观者不仅可直观感受到不同空间火场中的火势变化，还能自主选择逃生路径和逃生方式，并与场景中的灭火器等消防安全设施进行互动。

运用 VR 技术，可以优化应急救援方案。通过 VR 技术建立突发事件现场的三维虚拟场景，进行模拟救援。通过比较不同应急救援方案的实施效果，选取最佳应急救援方案，最大限度地减少人员伤亡和财产损失。

此外，VR 技术还可以用于灾后心理疏导和心理治疗。许多人会在突发事件中受到惊吓。运用 VR 技术，可以构建一个舒缓的虚拟场景，抚慰有关人员。有的人患有“恐高症”等心理疾病，运用 VR 技术建立虚拟场景，对有“恐高症”的人员进行训练，使其不再恐高。

值得指出的是，物联网、云计算、大数据、人工智能、5G、区块链、虚拟现实这些新一代信息技术不是孤立的，而是相互关联的。物联网是采集数据，云计算是处理数据，大数据和人工智能是分析数据，5G 是传输数据，区块链是保证数据的真实性，虚拟现实是展示数据。因此，要积极开展新一代信息技术在应急管理领域的综合集成和融合创新，发展“智慧应急”。

国外应急管理信息化发展情况

纽约、芝加哥、伦敦、巴黎、柏林、东京等许多西方发达国家的城市都很重视应急管理信息化建设，运用信息化手段提高应急管理水平，值得中国城市学习、借鉴。

1. 美国

1967 年，美国国会通过立法规定 911 作为紧急求助特服电话，改变了过去多个特服号码共存的状况。911 中心也因此成为紧急事件的接警单位和指挥部门。

目前，美国有 2.2 万个 911 中心，多数设在警察局，少数是独立政府部门。911 中心以警方接处警平台为主，配备消防、医疗及公用事业处理平台，各部门派员 24 小时值班。接到报警求助电话后，按照刑事案件、火灾、交通事故、医疗急救等性质分别转到相关部门处理。目前，911 中心已经形成比较完善的工作运行机制，拥有科技含量很高的装备设施和经过严格培训素质较高的接处警队伍。

每个 911 中心接处警工作都配有先进的信息系统，可以指导接警人员如何接受报警，为接警人员设计具体、规范的询问内容提供向导，还可对报警情况的紧急程度自动分类，然后转到相关部门处理。属于警方管辖范围的，可按地区自动转到相对应的处警平台，并提供处警程序和相关信息以及电子地图。

美国许多大城市的 911 中心还有自动翻译系统。例如，芝加哥市 911 接警平台能自动翻译 144 种语言。

美国积极运用人工智能技术开展防灾减灾工作。2018 年 5 月，美国马里兰州埃利科特市发生了洪水灾害。环保组织切萨皮克保护协会联合微软公司和佛蒙特大学绘制了一张高分辨率地图，利用人工智能使得航拍图像生成的地图能够显示小于 3 平方英尺[①] 的物体，使地图精确度提高了 1000 倍。

在美国，IBM（国际商业机器公司）、谷歌、脸书、SilviaTerra（一家碳补偿公司）、One Concern（一家灾害预测公司）等公司积极运用人工智能技术研发防灾减灾工具，提供防灾减灾服务。例如，IBM 公司与美国安大略市电力公司合作研发了一款能够预测飓风路径和破坏程度的软件工具，帮助电力公司做好飓风防范工作，灾后快速恢复供电。谷歌公司联合哈佛大学研究人员构建了一个能够在大地震之后预测余震的人工智能模型，比传统余震预测方法更加准确。脸书开发出一种可以快速评估某地区自然灾害破坏程度的新技术，建立了“灾

① 1 平方英尺 ≈0.09 平方米。

害影响指数”，可以快速评估灾害损失，帮助政府科学地确定重灾区。

在森林防火方面，SilviaTerra 公司利用人工智能技术建立森林火灾风险评估模型，可以根据树木密度、种类和大小等情况帮助当地政府找出森林火灾风险最高的区域，从而提前采取森林防火措施。

在防震减灾方面，One Concern 公司利用城镇中的建筑类别、建筑年龄、建筑材料等数据进行地震模拟，推断房屋倒塌情况，从而实现快速救援。

此外，美国还运用物联网、大数据技术进行防灾减灾。例如，2011 年 3 月 11 日，日本大地震发生后仅 9 分钟，NOAA 就发布了详细的海啸预警。随即，NOAA 通过对海洋传感器获得的实时数据进行计算机模拟，其制作的海啸影响模型出现在 YouTube 等网站。NOAA 的快速反应得益于其全球范围内庞大的海洋传感器网络。通过这些置于海面和海底的传感器，NOAA 源源不断地获取全球海洋信息。为了在更短时间内分析出准确的海啸活动趋势，NOAA 一直在努力提升大数据分析能力（见图 8–3）。

2018 年 5 月，美国联邦应急管理局（FEMA）发布了《应急管理

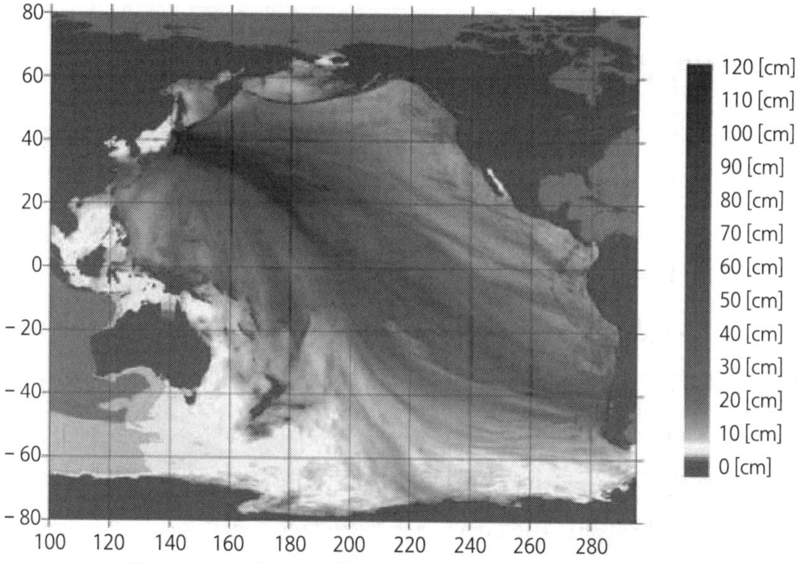

图 8-3　美国运用物联网和大数据技术进行海啸预警

战略规划 2018—2022》，提出了三大战略目标，包括防灾减灾的风险文化建设，做好重特大灾害应急准备，简化风险防控、应急管理和灾后恢复的流程。该规划对应急管理信息化建设做了一系列部署。

2. 日本

日本是个自然灾害频发的国家。因此，日本利用信息通信技术建立了覆盖全国的自然灾害预警系统，布设了中央 – 都道府县 – 市町村三级防灾行政无线系统，通过与全国瞬时警报系统（J-ALERT）相连，实现灾害信息瞬间直接传达。在 2017 年应对台风“兰恩”和 2018 年应对“西日本暴雨”灾害中，防灾行政无线系统发挥了重要作用。

近年来，日本不断改进其灾害预警系统。随着互联网的普及，日本开始利用推特等网络社交媒体发布灾害预警信息，并开发“YAHOO！防灾速报”等灾害预警 App。

2003 年 4 月，东京都建立了知事直管型危机管理体制。该体制主要设置局长级的“危机管理总监”，改组灾害对策部，成立综合防灾部。综合防灾部由信息统管部门和实际行动指令部门组成。其中信息统管部门主要负责信息收集、分析和研判。

东京都防灾中心负责对灾害信息进行收集、传达和处理、分析；对灾害对策进行审议、决定和协调；向各防灾机构发出各种指示和请求。东京都防灾中心配有防灾行政无线通信、数据通信系统和图像通信信息系统。

为了防止在灾害发生后有线通信被中断，东京都设有防灾行政无线。这套系统有国家主管的消防防灾无线和东京都防灾行政无线。消防防灾无线是总务省消防厅与都道府县之间为了收集大地震等灾害的信息而建设的。东京都政府吸取了阪神大地震的教训，加强了东京都政府大楼及东京都派出机构在与灾害现场观察的车辆、携带式的无线手机之间的信息收集和传递。为了能够通过图像了解灾害现场，东京都政府还配备了卫星中转车和多种移动无线车。

国内应急管理信息化发展情况

1. 应急管理信息基础设施不断完善

许多城市在应急管理局成立前，应急管理相关部门都开展了网络基础设施建设，包括政务内网和政务外网。一些政府部门还建设了政务专网。许多城市开展平安城市建设，公安、城管等部门建立了视频监控系统。有的城市把视频监控系统互联互通，建立了“视联网”。有些城市还建立了城域物联网，一些政府部门把物联网技术应用于应急管理。不少城市都建立了人口、法人单位、自然资源和地理空间基础信息库，有的城市还建立了应急管理专题数据库。

2. 应急管理信息系统建设不断深入

近十多年来，许多城市建立了应急联动系统，把公安、交通、通信、电力、市政等部门纳入一个统一的指挥调度体系，实现跨部门统一指挥、快速反应、联合行动，提高了对突发事件的应急处置能力。

2001 年 11 月，南宁在全国率先建成城市应急联动系统。该系统应用 C4I（指挥、控制、通信、计算机、信息）集成技术，将公安 110、消防 119、急救 120、交警 122 等接处警调度系统，12345 市长热线电话、防洪、防火、防震、防空以及水电气等公共事业的应急救助纳入统一的指挥调度系统，实现跨部门、跨警区、跨警种的统一指挥（见图 8–4）。

2002 年 9 月中旬，在南宁市大学路，一辆液化气运输车翻倒在地，车上装有 37 吨液化气体，随时可能爆炸。应急联动中心接警后立即派各路救援人员赶赴现场，疏散人员，决定用大吊车将液化气罐吊走。可现场联系不到吊车，南宁市应急联动中心立即从数据库中查到市某工程公司有这种吊车，发出指令紧急调用，不到 20 分钟吊车就开到现场，吊起液化气罐，排除了险情。

图 8–4　南宁市城市应急联动中心

2010 年底，南宁市政府对南宁城市应急联动系统进行了升级改造，主要内容是扩大数字集群网络覆盖范围。

3. 新一代信息技术初步应用于应急管理

近年来，物联网、云计算、大数据、人工智能、5G、区块链、虚拟现实等新一代信息技术在应急管理领域得到初步应用，促进了应急管理现代化，提升了应急管理水平。例如，运用物联网对危化品进行自动监测，建立应急管理云平台，对城市安全风险进行大数据分析，研制应急救援机器人，用 5G 网络进行现场应急指挥，用区块链管理救灾物资，用虚拟现实技术开展应急演练等。

4. 应急管理信息化市场不断发展

随着全国各地应急管理局的组建完成，许多城市积极开展应急管理信息化建设，对应急管理信息化产品、服务和解决方案的需求大量增加，吸引大量 IT 厂商进入应急管理信息化市场，使应急管理信息化产品越来越丰富，服务模式不断创新，整体解决方案越来越健全。应急管理信息化市场规模不断增加，市场竞争日趋激烈，为应急管理信息化建设提供了产业支撑。

5. 应急管理信息化政策不断健全

2018 年 1 月，中办、国办印发了《关于推进城市安全发展的意见》，提出加强城市安全监管信息化建设，建立完善安全生产监管与市场监管、应急保障、环境保护、治安防控、消防安全、道路交通、信用管理等部门公共数据资源开放共享机制，加快实现城市安全管理的系统化、智能化。2018 年 4 月，应急管理部成立后，在应急管理信息化方面，相继印发了《关于加快编制地方应急管理信息化发展规划的通知》《关于实现应急平台互联互通的通知》《关于加强应急基础信息管理的通知》等文件。

以信息化推进应急管理现代化存在的主要问题

目前，应急管理信息化建设还存在如下一些问题。

（1）应急管理信息资源缺乏整合共享。2018 年国务院机构改革组建应急管理部，之后几乎所有城市都整合了原安监局、应急办职责以及公安局的消防、民政局的救灾、国土资源局的地质灾害防治、水务局的水旱灾害防治、农业局的草原防火、林业局的森林防火、地震局的震灾应急救援职责，成立了应急管理局。这些单位之前都建立了各种各样的数据库和信息系统，由于数据格式、系统接口五花八门，许多相关信息系统难以互联互通，造成应急管理信息无法共享。此外，与公安、交通运输、卫生健康等外单位的信息共享和业务协同有待加强。

（2）应急管理领域亟待加强数据治理。虽然许多应急管理主管部门建立了应急管理专题数据库，应急管理信息系统积累了大量数据，但数据质量并不高。具体来说，表现在应急管理相关数据的全面性、及时性、准确性、一致性有待提高。例如，有的数据不全，有的数据没有及时更新，有的数据不准确，有的数据项、字段不一致。不同的应急管理信息系统由不同 IT 厂商开发，数据格式、数据接口都不一样。许多应急管理主管部门尚未建立涉及数据采集、归集、存储、管理、加工、分析、应用等一整套应急管理数据治理体系。

（3）应急管理信息平台重建设轻运营。许多应急管理信息平台建成后，后续运行维护、宣传推广等工作没有跟上，版本没有及时升级，缺乏平台运行的配套规章制度。应急管理信息平台虽然积累了海量数据资源，但缺乏大数据分析功能。一些应急管理信息平台建成后，由于可用性差、缺数据、缺运维经费、运行机制不健全等原因，过段时间就闲置或废弃不用了。在面对自然灾害或突发性公共事件时，应急管理信息平台无法有效发挥作用。

（4）新一代信息技术的应用有待深化。物联网、云计算、大数据、人工智能、5G、区块链、虚拟现实等新一代信息技术在应急管理部门的应用刚起步，目前以单项应用为主，综合集成和融合创新应用很少。有不少城市（特别是中西部城市和东部经济欠发达城市）在新型智慧城市建设方面滞后，市应急管理局尚未建立智慧政府。

（5）应急管理和信息化“两张皮”。目前许多应急管理部门缺少信息化专业人才，应急管理信息化建设思路不清、目标不明。有的把应急管理信息化当作一个技术问题，应急管理信息化建设工程项目管理水平低，被 IT 厂商“牵着鼻子走”或“技术绑架”，工作被动。而许多 IT 厂商不太了解应急管理业务，开发的应急管理信息系统华而不实。有些 IT 厂商不深入调研用户需求就盲目进行软件开发和系统建设，无法满足应急管理部门的实际需求。

（6）应急管理信息化环境有待优化。我国应急管理信息化方面的政策法规和标准规范不健全，应急管理信息化专业人才匮乏。我国虽然出台了《突发事件应对法》《安全生产法》《防震减灾法》《防洪法》《消防法》等法律法规，但这些法律法规很少涉及信息化方面的内容。应急管理信息化建设缺乏统一的标准规范，相关国家标准、行业标准和地方标准不完善。不少应急管理部门领导干部知识结构老化，思想观念保守，对信息化缺乏认识。目前，开设应急管理专业的高校并不多，培养的应急管理信息化专业人才少。在已开设应急管理专业的高校中，许多高校缺少应急管理信息化方面的师资力量和课程。市面上应急管理信息化方面的教材很少，编写水平不高。

以信息化推进应急管理现代化对策

（1）夯实应急管理信息基础设施。结合“新基建”，完善应急管理信息基础设施。加快城市 5G 网络建设，运用“5G+ 无人机”实时获取突发事件现场的高清影像，运用“5G+ 物联网”实时感知城市安全风险。建立基于 5G 的应急通信网络，保障应急通信。完善城市人口、法人单位、自然资源和地理空间、电子证照、社会信用等基础信息库和应急管理专题数据库，建设应急管理数据中心和应急管理大数据平台。加快建设“城市大脑”，把城市应急指挥调度智能化作为“城市大脑”的重要功能。

（2）加强应急管理信息资源共享开放。坚持“整体政府”理念，制定应急管理数据共享需求清单，实现跨部门、跨地区、跨层级的应急管理数据共享。通过建立应急管理信息平台，使现有应急管理信息系统接入平台，推进应急管理部门内部处（科）室的信息资源整合。通过全市政务数据交换平台，加强应急管理局与公安局、交通运输局、卫健委等有关单位之间的信息共享和业务协同。整合应急管理相关社会数据资源。加强应急管理数据治理，通过数据清洗等提高应急管理数据库的数据质量，建立覆盖数据采集、归集、存储、管理、加工、分析、应用等环节的应急管理数据治理体系。加快应急管理领域公共数据资源开放。把应急管理相关数据资源脱敏后定向开放给有资质的专业机构，通过政府购买服务等方式为应急管理部门提供大数据分析服务。

（3）强化应急管理信息系统的运行管理。加强应急管理信息系统建成后的运行维护、宣传推广等工作，保障应急管理信息系统运维经费。对现有应急管理信息系统进行升级改造，增加大数据分析等功能，提高可靠性、用户响应速度等系统性能，改善用户界面友好性，保障网络安全和数据安全。应急管理信息系统正式上线运行后，要及时制定配套的规章制度，建立应急管理信息系统运行的长效机制。

（4）推进新一代信息技术集成融合应用。运用物联网技术对房屋、桥梁等建筑结构安全进行实时监控，自动报警异常情况（见图 8–5）。采用云计算技术提高应急管理信息系统的数据处理能力，为应急救援工作争取时间。通过 5G 网络开展掌上办公、掌上办事和掌上执法，提高应急管理部门工作效率。把“智慧应急”作为新型智慧城市建设的重要内容。鼓励应急管理部门开展新一代信息技术综合集成和融合创新应用，构建智慧政府。推进应急管理领域的“放管服”改革，通过“互联网 + 政务服务”、政务服务大数据为市场主体和人民群众提供便捷、主动、个性化的公共服务。通过互联网、云计算等技术手段整合社会组织、企业、新闻媒体、慈善机构、专家学者、志愿者等社会力量，形成社会力量共同参与应急救援、城市安全风险社会共治的局面。

（5）通过信息化手段防范城市安全问题。目前，许多城市都是在发生突发事件后才仓促应战。运用大数据技术开展城市安全风险评估，编制城市安全风险地图，有利于分级分类做好应急管理工作。例如，对高风险地区有针对性地采取整改和安全防范措施，减少人员伤亡和财产损失。针对当地城市安全问题，针对影响城市安全的自然灾害、安全事故、疫情和群体性事件，完善应急预案和应急管理信息系统，形成线上线下相结合的城市应急联动机制，并进行必要的应急演练。

（6）优化应急管理信息化发展环境。完善应急管理信息化方面的政策法规和标准规范，加快培育应急管理信息化专业人才。修订现有应急管理相关法律法规，增加信息化方面的条款。尽快制定应急管理

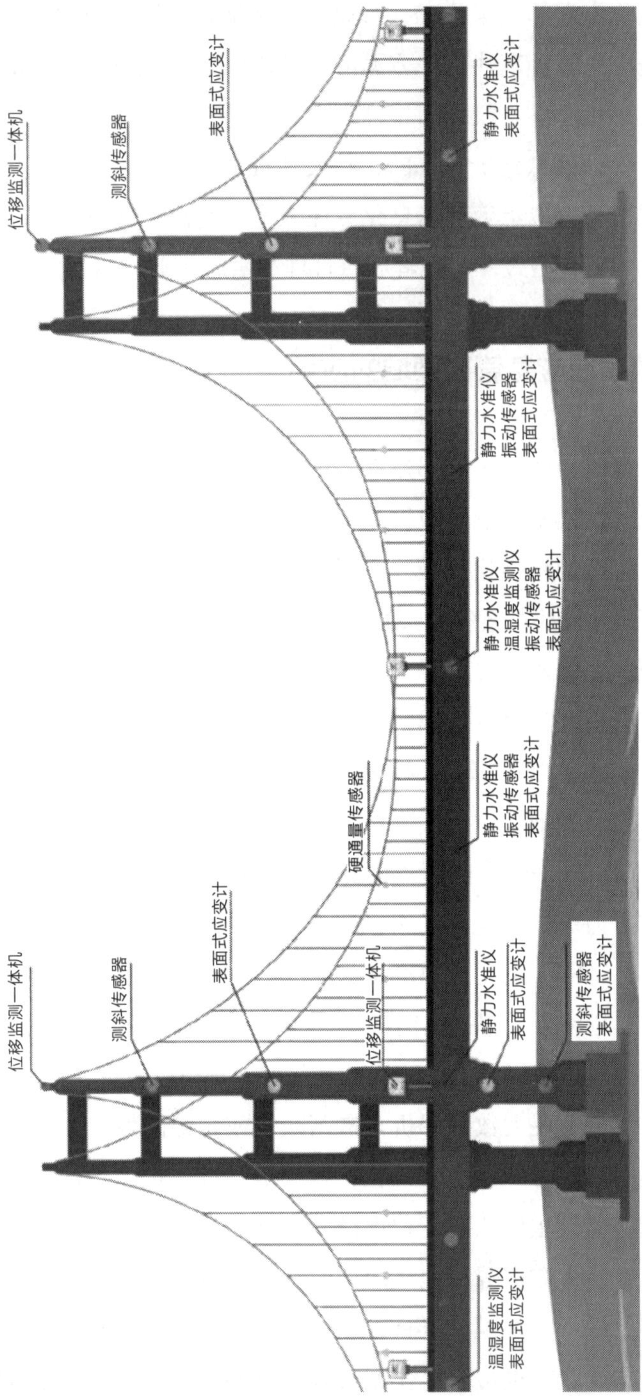

图 8-5　运用物联网技术对桥梁安全进行监测

信息化方面的国家标准、行业标准和地方标准。组织开展“以信息化推进应急管理现代化”方面的干部培训，强化应急管理部门领导干部的信息化思维。鼓励高校开设应急管理专业，在研究生培养方面设置应急管理信息化研究方向，壮大师资力量，开设相关课程，编写相关教材，培养应急管理信息化专业人才。重点培养既懂应急管理又懂信息化的复合型人才，破解应急管理和信息化的“两张皮”问题。

大数据在应急管理领域的应用

目前，许多城市都建立了城市应急联动系统等城市应急管理信息系统，积累了大量的数据。在应急管理中运用大数据技术，可以提高应急管理的精细化水平，实现智慧应急、精准应急。例如，可以发现安全事故发生的规律，以便有针对性地采取措施；可以发现安全隐患，避免发生重大事故。

南京大学政府管理学院张海波教授认为我国应急管理的全过程管理主要涵盖以下功能：减缓——防灾减灾，主要针对自然灾害等不可预防的突发事件，尽量降低脆弱性，以减轻自然灾害发生后造成的损失；预防——安全监管，主要针对安全生产事故等可预防的突发事件，通过努力可以避免其发生；准备——无论是自然灾害，还是安全生产事故，都需要进行应急准备；响应——一旦发生自然灾害或安全生产事故，就需要尽快控制事态；恢复——回归常态，并从灾难中学习，以利于改进或提升。大数据在这些方面都可以发挥作用。

（1）发展大数据分析，提高减缓或预防的效果。自然灾害的减缓关键是要降低脆弱性，既包括物理脆弱性，也包括社会脆弱性。降低物理脆弱性主要依赖工程性措施，降低社会脆弱性则主要依赖非工程性措施。大数据分析在这两方面都可以发挥作用。例如，通过对极端灾害条件下大规模人群行为规律的大数据分析，既可以优化应急避难场所的设置，也可以优化城市公共基础设施的运营，还可以改进公众自救互救的效率。安全生产事故的预防关键是要加强对危险源的管理。在这方面，大数据分析也可以发挥作用。例如，可以通过互联网、物联网对重大危险源进行精确标识和动态监控；通过对重大危险源监测大数据与自然灾害监测大数据的关联分析，识别两者之间的耦合规律，以优化重大危险源的储存与运输。

（2）发展大数据分析以改进应急准备的针对性。根据《突发事件应对法》的要求，应急准备主要包括应急预案体系建设、应急物资储备、应急队伍建设、应急演练和培训等。大数据分析可以优化应急物资储备，提升应急演练和培训。例如，对自然灾害或安全生产事故条件下应急物资需求的关联分析，优化应急物资储备的数量配置和存储位置；也可以通过对自然灾害或安全生产事故条件下大规模人群行为规律的大数据分析，有针对性地改进应急演练和培训。

（3）运用大数据分析提升应急响应效率。在实践中，应急响应通常包括十余项子功能。其中，指挥与协调、信息发布、损失评估、救灾物资发放监督与审计等对信息高度敏感，都可以通过大数据分析来加以改进。例如，通过对物资储备大数据和资源需求大数据的关联分析，提升指挥与协调的精度；通过对预警信息扩散机制的大数据分析，提升信息发布的效率；通过对网络舆情的大数据分析，改进指挥与协调、信息发布，对救灾物资发放进行监督等。

（4）运用大数据分析促进恢复。无论是自然灾害，还是安全生产事故，恢复的核心都是从中学习。在这方面，网络舆情大数据的作用至关重要。例如，通过网络舆情大数据的情感分析、“词云”分析，可以有效挖掘公众对应急管理的态度倾向和议题焦点，为改进应急管理提供精准支持[①]。

对于各级地方应急管理部门，要建立基于大数据的应急管理指挥中心，利用大数据技术提高应急管理水平，最大限度地减少人员伤亡

---

① 张海波．大数据在应急管理中的应用 [N]. 中国社会科学报，2019-02-20.

和经济损失，保障城市安全。建立应急管理数据库，整合应急管理数据资源，推进相关部门信息共享，以信息流来调配应急管理工作中的资金流、物资流、人员流等。通过大数据分析，掌握突发公共事件发生和发展的规律，以便采取有效的防范措施。

以大数据实现疫情的精准防控

实践表明，运用大数据可以提升新冠肺炎疫情防控水平。一是运用大数据对疫情进行精准防控。电信运营商通过对手机信号进行大数据分析，可以分析某个区域来自高风险地区的手机号码有多少，目前在什么位置，从而帮助当地疫情防控部门快速找到相关人员。二是运用大数据分析疫情发展态势。把每个确诊病例、死亡病例标注到电子地图上，可以运用大数据分析各个城市的疫情严重程度。再加上时间维度，就可以分析出各个城市的疫情发展情况。根据不同城市当前疫情严重程度和疫情发展态势，采取分级分类防控措施，把有限的医疗资源进行优化配置。三是运用大数据优化疫情防控资源配置。新冠肺炎疫情发生后，要想确定每个地方各类防疫物资缺多少，需要外界支援多少，就要对当地人口数量、人口结构、感染人数、防疫物资产能等进行大数据分析。

新冠肺炎疫情发生后，习近平总书记多次强调运用大数据进行疫情防控。例如，2020 年 2 月 23 日，习近平总书记在统筹推进新冠肺炎疫情防控和经济社会发展工作部署会议上强调，要充分运用大数据分析等方法支撑疫情防控工作。

浙江等地方政府积极运用大数据技术开展新冠肺炎疫情防控。例如，浙江在全国率先运用“网格化 + 大数据”手段对新冠肺炎疫情实现了精密智控。浙江建立了“一图一码一指数”疫情防控体系，其中“一图”是指全省疫情风险图，“一码”是指“健康码”，“一指数”是指“管控指数和通畅指数”。浙江以县域为单元，运用大数据对全省各县（市、区）疫情情况进行风险评估，用五种颜色反映疫情风险等级，每日一报让全社会了解各区县疫情风险。

在新冠肺炎疫情防控中，一些地方政府建立了疫情防控大数据平台。例如，2020 年 2 月 8 日，杭州市拱墅区疫情防控大数据平台正式投入使用，减轻了基层一线排查节后返杭人员的工作强度。该平台包含重点人群身份、行踪、身体状况等 40 项要素信息，划分为区、街道、部门、社区等端口，方便疫情一线工作人员实时上传数据和事件流传处置，节省了各部门、各街道之间疫情信息沟通时间。通过大数据分析，可以掌握重点疫区人员占比、全区面上管控动态等，便于街道和社区统一安排防控力量，研判防控压力与排摸重点。

推进疫情防控常态化下的数据共享

新冠肺炎疫情发生以来，习近平总书记多次强调要运用大数据等手段加强疫情溯源和监测，要充分运用大数据分析等方法支撑疫情防控工作。目前，我国新冠肺炎疫情进入常态化，破除信息孤岛，加强数据共享，对统筹推进新冠肺炎疫情防控和经济社会发展，做好“六稳”和“六保”工作具有重要意义。

存在的问题

目前疫情防控过程中的数据共享主要存在如下三个问题。

（1）地区数据共享问题。自杭州市余杭区率先推出“健康码”之后，全国许多省市都推出了本地“健康码”，如福建的“八闽健康码”、江苏的“苏康码”。“健康码”在各地疫情防控中发挥了积极作用，但由于标准不统一、数据不共享、缺乏互认机制，也给人员跨地区流动带来了不便，成为制约复工复产、复市复业的重要因素。尽管国办积极通过全国一体化政务服务平台推动“健康码”互认，但由于缺乏配套管理制度，依然有不少省市相互不认“健康码”，甚至有的地市不认省级“健康码”，需要人们重新填写信息。

（2）部门数据共享问题。由于政府部门之间信息没有共享，在疫情防控过程中，不同的部门往往要求人民群众填写不同的表格。在新冠肺炎疫情初期，“填表抗疫”现象非常普遍。这不仅增加了疫情防控人员的工作量，给人民群众带来了不便，而且增加了交叉感染风险。例如，公安部门掌握人口信息、自然资源部门掌握房产信息、卫生健康部门掌握居民健康信息，但都没有与基层社区共享，导致人们出入小区还要填表、办证。

（3）行业数据共享问题。地方政府与交通、电信、旅游等行业没有实现数据共享，也给人们带来了不便。例如，人们出行往往要使用不同的交通工具，如飞机、火车、汽车、轮船等。由于地方政府与各大航空公司、中国铁路总公司、汽车运输公司、航运公司等没有数据共享，人们出行经常被要求重复填表。例如，坐飞机过程中，许多航空公司都要求乘客填写表格。下飞机后，还要被地方政府要求填写航班信息、座位号等。又如，电信运营商掌握人们的出行历史轨迹信息，但没有与宾馆、酒店等旅游行业进行数据共享，人们入住时要自行查询并出示出行历史信息。

许多老人使用的是老人机，没有微信、App、文字输入等功能。文盲不认识字，文化程度低的人不会拼音，有些残疾人不会书写，他们都无法使用手机填写信息，需要其他人帮忙填写，这会影响这些特殊人群的出行。

对策措施

（1）理顺大数据管理体制。建议在国务院办公厅电子政务办公室的基础上成立国家大数据管理局，作为国务院办公厅管理的国家局，纳入中央应对新冠肺炎疫情工作领导小组成员单位，局长兼任国务院副秘书长。2016 年 4 月 19 日，习近平总书记在网络安全和信息化工作座谈会上强调要依法加强对大数据的管理。目前，许多省市都成立了大数据局、大数据办或大数据委，但国家层面没有大数据管理机构，无法形成大数据工作“全国一盘棋”局面，影响了国家大数据战略的实施。

（2）加快大数据立法工作。建议制定国家层面的大数据法律法规。目前，贵州、海南、天津等省市制定了大数据地方法规，如《贵州省大数据发展应用促进条例》《天津市促进大数据发展应用条例》《海南省大数据开发应用条例》，但缺少上位法的支持。建议加快制定《中华人民共和国大数据管理法》，制定《中华人民共和国政府信息共享条例》及其实施细则，明确政府部门之间数据共享的内容、方式和程序以及权利、责任和义务，让数据共享有法可依。建议适时修订《中华人民共和国传染病防治法》《突发公共卫生事件应急条例》，补充大数据方面的条款。

（3）建立全国数据交换体系。坚持整体政府理念，构建“纵向贯通、横向联动”全国政务数据交换体系。建立国家大数据中心、省级大数据中心、地市大数据中心、区县大数据中心，分别作为国家部委之间、省厅之间、地市局委办之间、区县局委办之间的数据交换枢纽，实现跨部门、跨地区、跨层级的政务数据共享。各级政府应制定本级政府的《政务数据共享需求清单》，建立政务数据共享工作考核和奖惩机制。构建国家政务数据交换监测系统，对政府部门之间数据共享情况进行实时监测。建立全国“健康码”互认制度，实现全国“一码通行”。结合“新基建”，加快部署人脸识别和智能测温系统，逐步取代“健康码”，实现疫情防控“一脸通”。这样，可以省去老人、小孩、残疾人、文盲、文化程度低的特殊人群填写信息的麻烦。

（4）建立跨行业数据归集机制。根据常态化疫情防控需求，由国家大数据中心归集各大航空公司、中国铁路总公司的乘客数据以及各大电信运营商的手机用户数据、各大网络预订平台的预订数据等，由地方大数据中心归集当地汽车运输公司、航运公司的乘客数据以及宾馆酒店的住宿数据等，通过全国数据交换体系实现跨行业数据共享，为人们出行提供便利。加强数据治理，保障数据安全，维护商业机密和个人隐私。

第9章

政务数据资源整合、共享与开放

推进政务数据资源整合、共享和开放，是深化政务大数据应用，发展大数据产业的重要途径。政务数据资源分散在各个部门，需要由大数据主管部门对政务数据资源进行归集、整合。推进政务信息共享和业务协同，是构建整体政府的根本要求。开放公共数据资源，可以让专业机构对公共数据资源进行开发利用，促进大数据产业和数字经济发展。

政务数据资源整合

建设六大基础信息库

《国家信息化领导小组关于我国电子政务建设指导意见》提出启动人口基础信息库、法人单位基础信息库、自然资源和空间地理基础信息库、宏观经济数据库（简称“四大基础信息库”）的建设。此外，电子证照库、社会信用数据库也是基础信息库。

1. 人口基础信息库

人口基础信息库由公安部牵头，人力资源和社会保障部、民政部、国家税务总局等部委参加建设，包括 19 项基本信息。目前，覆盖 13 亿人口的国家人口数据库初步建成，为各级公安机关提供查询服务 1.3 亿次，协助破案 227 万起，挽回经济损失 40 多亿元。

2014 年 7 月，国务院印发了《关于进一步推进户籍制度改革的意见》，提出健全人口信息管理制度。建立健全实际居住人口登记制度，加强和完善人口统计调查，全面、准确掌握人口规模、人员结构、地区分布等情况。建设和完善覆盖全国人口、以公民身份证号为唯一标识、以人口基础信息为基准的国家人口基础信息库，分类完善劳动就业、教育、收入、社保、房产、信用、卫生计生、税务、婚姻、民族等信息系统，逐步实现跨部门、跨地区信息整合和共享，为制定人口发展战略和政策提供信息支持，为人口服务和管理提供支撑。

2.法人单位基础信息库建设

法人单位基础信息库由国家质检总局牵头，国家市场监督管理总局、国家税务总局、民政部、中编办、国家统计局等部委参加建设。

法人单位基础信息库建设目标是围绕各政府部门对法人监管业务的实际需求，制定法人库标准规范体系，依托国家电子政务内外网，整合编办、民政、税务、工商、质检、统计的法人信息资源，建设一个逻辑集中、全国统一、信息全面、准确一致、动态更新、真实反映法人现状的法人单位基础信息数据库，为各部门加强对法人的监管及社会公众对法人的社会监督，构建社会主义和谐社会提供支撑。

法人单位基础信息库建设内容包括法人单位基础信息标准规范体系建设、网络系统建设、数据处理与存储系统建设、法人单位基础信息数据库建设、应用支撑平台建设、数据交换平台建设、法人库应用系统建设及信息安全体系建设。

法人单位基础信息分为基本元素信息和扩展元素信息两大类。基本元素信息是指法人库基础信息（目录索引信息），包括组织机构代码、法人名称、法人状态、法人类型、法人住所、法定代表人姓名、成立日期、批准机关、注册或登记号 9 项。扩展元素信息是指除法人基本信息外部门间共享需求较为普遍的法人信息，包括组织机构代码信息、注册或登记信息、税务登记信息、统计信息 34 项 4 大类。

2015 年 6 月，国务院办公厅出台了《关于加快推进“三证合一”登记制度改革的意见》，提出通过“一窗受理、互联互通、信息共享”，将由工商行政管理、质量技术监督、税务三个部门分别核发不同证照（工商行政管理部门核发的工商营业执照、质量技术监督部门核发的组织机构代码证、税务部门核发的税务登记证），改为由工商行政管理部门核发一个加载法人和其他组织统一社会信用代码的营业执照，即“三证合一、一照一码”登记模式。充分利用统一的信用信息共享交换平台，推动企业基础信息和相关信用信息在政府部门间广泛共享和有效应用。积极推进“三证合一”申请、受理、审查、核准、公示、发照等全程电子化登记管理，最终实现“三证合一”网上办理。

3. 自然资源和地理空间基础信息库建设

国家自然资源和地理空间基础信息库由国家发展改革委牵头，国土资源部、水利部、国家林业局、国家气象局、国家海洋局、国家地理信息和测绘局、中科院、中国航天科技集团等 11 个有关部门和单位参加建设，主要建设内容包括基础性自然资源信息库、基础性地理空间信息库、自然资源和地理空间综合信息库、自然资源和地理空间信息交换系统。

自然资源和地理空间基础信息库采用分布式与集中式相结合的建设及运行服务模式，包括 1 个数据主中心和 11 个数据分中心。数据主中心建设内容包括综合信息库、数据主中心网络系统及运行环境、交换系统、安全系统和基础性工作等。分中心建设任务包括专题信息库、数据分中心网络系统及运行环境、交换系统、安全系统和基础性工作等。

2014 年 8 月，国家自然资源和地理空间基础信息库项目通过竣工验收。该项目遵循跨部门应用共享模式，采取集中式与分布式相结合推进工程建设，数据主中心和数据分中心互促发展；项目采取“边建设边运行边出成果”的原则，通过对跨部门信息资源整合，为政府决策部门和社会公众提供应用产品服务。

运用国家自然资源和地理空间基础信息库，有关部门发布了《京津冀协同发展高分影像图集》《中国重大自然灾害图集》《全国自然资源开发利用综合分析图集》《中国区域规划与可持续发展图集》《海洋资源与海洋经济发展图集》等17本跨部门、长时间系列的综合图集与研究报告，为国民经济和社会发展提供了重要的决策信息支撑。

4. 宏观经济基础信息库建设

国家发展改革委在实施金宏工程过程中，建立了一批宏观经济数据库。工业和信息化部、商务部、中国人民银行等部委也都建立了一些与宏观经济有关的数据库。国务院发展研究中心、人民日报、国家信息中心等单位建立了宏观经济信息库。

5. 电子证照库建设

电子证照是指由各单位依法出具的、具有法律效力的各类证照、证明、批文、鉴定报告、办事结果等文件，如身份证、结婚证、营业执照等。

2018年11月，国家市场监督管理总局、国家标准化管理委员会、国家电子文件管理部际联席会议办公室（国家密码管理局）正式发布《电子证照总体技术架构》《电子证照目录信息规范》《电子证照元数据规范》《电子证照标识规范》《电子证照文件技术要求》《电子证照共享服务接口规范》6项国家标准，自2019年1月1日起实施。

2013年底，福建省直部门涉企电子证照库上线运行，推动了跨部门证件、证照、证明的互认共享。截至2015年9月，福建省电子证照转换工作已基本覆盖所有省直部门的涉企电子证照，累计生成电子证照150多万本。福建省工商局、质监局、地税局、住建厅等部门通过实施系统对接，保证了电子证照实时不断生成，并且有组织地对全省存量证照进行集中批量转换，在较短的时间内完成了几类基础证照的存量电子化，为电子证照的应用奠定了基础。福州市、泉州市行政服务中心已经在许多行政审批事项受理环节利用电子证照库对申报材料进行核验；泉州市在公共资源交易中开始使用电子证照；中国人民银行福州中心支行利用电子证照开展企业账户网上年检，企业通过政务通平台提交营业执照、组织机构代码证以及税务登记证等电子材料，实现全流程网上年检，切实方便了企业办事，节省了纸张耗费。[①]

6. 社会信用数据库建设

信用是指遵守诺言、实践成约，从而取得别人的信任。不同学科对信用的解读不一样。从经济学角度来看，信用是在得到或提供货物或服务后并不立即而是允诺在将来付给报酬的做法。从社会学角度来看，信用是一种价值观念以及建立在这一价值观念基础上的社会关系。从伦理学角度来看，信用是参与社会和经济活动的当事人之间所建立起来的、以诚实守信为道德基础的践约行为。

社会信用体系以法律、法规、标准和契约为依据，以健全覆盖社会成员的信用记录和信用基础设施网络为基础，以信用信息合规应用和信用服务体系为支撑，以树立诚信文化理念、弘扬诚信传统美德为内在要求，以守信激励和失信约束为奖惩机制，目的是提高全社会的诚信意识和信用水平。

健全社会成员信用记录是社会信用体系建设的基本要求。2014 年 6 月，国务院印发了《社会信用体系建设规划纲要（2014—2020 年）》，提出各部门要以数据标准化和应用标准化为原则，依托国家各项重大信息化工程，整合行业内的信用信息资源，实现信用记录的电子化存储，加快建设信用信息系统，加快推进行业间信用信息互联互通。

2018 年，江苏省社会法人信用基础数据库新增归集 33 家省级部门和 13 个设区市约 6365.9 万条信息，入库率 96.3%，较 2017 年提高 1.2 个百分点，在库数据约 6 亿条；省自然人库新增归集 14 家省级部门和 13 个设区市 5.16 亿条信用信息，在库信息约 31 亿条。

---

① 谢曦 . 福建已生成电子证照 150 万多本 破解审批效率低下“弊政”. 人民网，2015-09-29.

推进政务信息系统整合

2017年5月，国务院办公厅印发了《政务信息系统整合共享实施方案》，提出加快推进政务信息系统整合共享的“十件大事”。

（1）“审”“清”结合，加快消除“僵尸”信息系统。结合2016年国务院第三次大督查、2015年审计署专项审计的工作成果，组织开展政务信息系统整合共享专项督查，全面摸清各部门政务信息系统情况。2017年6月底前，通过信息系统审计，掌握各部门信息系统数量、名称、功能、使用范围、使用频度、审批部门、审批时间、经费来源等（审计署牵头，国务院各有关部门配合）。2017年10月底前，基本完成对系统使用与实际业务流程长期脱节、功能可被其他系统替代、所占用资源长期处于空闲状态、运行维护停止更新服务，以及使用范围小、频度低的“僵尸”信息系统的清理工作。

（2）推进整合，加快部门内部信息系统整合共享。推动分散隔离的政务信息系统加快进行整合。整合后按要求分别接入国家电子政务内网或国家电子政务外网的数据共享交换平台。2017年6月底前，国务院各部门根据自身信息化建设实际情况，制定本部门政务信息系统整合共享清单。2017年12月底前，各部门原则上将分散的、独立的信息系统整合为一个互联互通、业务协同、信息共享的“大系统”，对以司局和处室名义存在的独立政务信息系统原则上必须整合。

（3）设施共建，提升国家统一电子政务网络支撑能力。加快推进国家电子政务内网政府系统建设任务落实。完善国家电子政务外网，健全管理体制机制，继续推进国家电子政务外网二期建设，拓展网络覆盖范围，逐步满足业务量大、实时性高的网络应用需求。2018年6月底前，基本具备跨层级、跨地域、跨系统、跨部门、跨业务的支撑服务能力。除极少数特殊情况外，目前政府各类业务专网都要向国家电子政务内网或外网整合。

（4）促进共享，推进接入统一数据共享交换平台。加快建设国家电子政务内网数据共享交换平台，完善国家电子政务外网数据共享交换平台，开展政务信息共享试点示范，研究构建多级互联的数据共享交换平台体系，促进重点领域信息向各级政府部门共享。2017 年 9 月底前，依托国家电子政务外网数据共享交换平台，初步提供公民、社会组织、企业、事业单位的相关基本信息，同时逐步扩大信息共享内容，完善基础信息资源库的覆盖范围和相关数据标准，优化便捷共享查询方式。2018 年 6 月底前，各部门推进本部门政务信息系统向国家电子政务内网或外网迁移，对整合后的政务信息系统和数据资源按必要程序审核或评测审批后，统一接入国家数据共享交换平台。

（5）推动开放，加快公共数据开放网站建设。依托国家电子政务外网和中央政府门户网站，建设统一规范、互联互通、安全可控的数据开放网站（www.data.gov.cn）。基于政务信息资源目录体系，构建公共信息资源开放目录，按照公共数据开放有关要求，推动政府部门和公共企事业单位的原始性、可机器读取、可供社会化再利用的数据集向社会开放，开展中国数据创新系列活动，鼓励和引导社会化开发利用。

（6）强化协同，推进全国政务信息共享网站建设。依托国家电子政务外网，建设完善全国政务信息共享网站（data.cegn.cn），将其作为国家电子政务外网数据共享交换平台的门户，支撑政府部门间跨地区、跨层级的信息共享与业务协同应用。2017 年 7 月底前，全国政务信息共享网站正式开通上线，按照“以试点促建设、以普查促普及、以应用促发展”的工作思路，加强共享网站推广。2017 年 12 月底前，实现信用体系、公共资源交易、投资、价格、自然人（基础数据以及社保、民政、教育等业务数据）、法人（基础数据及业务数据）、能源（电力等）、空间地理、交通、旅游等重点领域数据基于全国政务信息共享网站的共享服务。2018 年 6 月底前，实现各部门政务数据基于全国政务信息共享网站的共享服务。

（7）构建目录，开展政务信息资源目录编制和全国大普查。落实

《政务信息资源共享管理暂行办法》有关要求，加快建立政务信息资源目录体系。2017 年 6 月底前，出台《政务信息资源目录编制指南》。组织完成面向各地区、各部门的政务信息资源目录体系建设试点和信息共享专题培训工作。2017 年 12 月底前，开展对政务信息系统数据资源的全国大普查。逐步构建全国统一、动态更新、共享校核、权威发布的政务信息资源目录体系。

（8）完善标准，加快构建政务信息共享标准体系。建立健全政务信息资源数据采集、数据质量、目录分类与管理、共享交换接口、共享交换服务、多级共享平台对接、平台运行管理、网络安全保障等方面的标准，推动标准试点应用工作。2017 年 10 月底前，完成人口、法人、电子证照等急需的国家标准的组织申报和立项。

（9）一体化服务，规范网上政务服务平台体系建设。加快推动形成全国统一政务服务平台，统筹推进统一、规范、多级联动的“互联网 + 政务服务”技术和服务体系建设。加快推动国家政务服务平台建设，着力解决跨地区、跨部门、跨层级政务服务信息难以共享、业务难以协同、基础支撑不足等突出问题。各地区、各部门要整合分散的政务服务系统和资源，2017 年 12 月底前普遍建成一体化网上政务服务平台。按照统一部署，各地区、各部门政务服务平台要主动做好与中央政府门户网站的对接，实现与国家政务服务平台的数据共享和资源接入。

（10）上下联动，开展“互联网 + 政务服务”试点。围绕“互联网 + 政务服务”的主要内容和关键环节，组织开展培训交流和试点示范。加快实施信息惠民工程，在 80 个城市大力推进“一号一窗一网”试点。2017 年 7 月底前，完成试点城市 2016 年工作评价。2017 年 12 月底前，试点城市初步实现跨地区、跨部门、跨层级的政务服务。

2017 年 10 月，中编办、国家发展改革委、教育部、公安部、民政部、人力资源和社会保障部、国土资源部、住房和城乡建设部、交通运输部、水利部、国家卫生计生委、国资委、海关总署、国家税务总局、国家工商总局等 15 个国家部委以及北京市、江苏省、浙江省、福建省、山东省、河南省、广东省、四川省、贵州省等 9 个省市开展了政务信息系统整合共享应用试点。

政务数据资源共享

《国民经济和社会发展第十四个五年规划和 2035 年远景目标纲要》提出健全数据资源目录和责任清单制度，提升国家数据共享交换平台功能，深化国家人口、法人、空间地理等基础信息资源共享利用。

建立政务信息资源目录与交换体系

政务信息资源目录体系是指用于组织、存储、管理政务信息资源目录元数据，通过对元数据信息的发布、查询、定位和管理机制，实现政务信息资源目录元数据的共享。事实上，政务信息资源目录体系源于图书馆目录体系。虽与图书馆目录体系类似，但由于资源主体和性质的多样性，政务信息资源目录体系比图书馆目录体系要复杂得多。一般来说，政务信息资源目录是指对政务信息资源内容和形式特征进行描述的工具，通过明确信息资源的本质、范围、管理要求和共享要求，实现对信息资源的组织、存储、查找和定位；政务信息资源目录体系是由多个政务信息资源目录构成的体系，是实现信息资源物理分散、逻辑集中的框架，以政务信息资源交换、共享和查找利用为基本目标。

政务信息资源交换体系是指由服务模式、交换平台、信息资源、技术标准与管理机制组成的整体，实现政务信息资源交换与共享。如果说目录体系明确了信息资源的范围和关系，那么交换体系则主要解决的是信息资源传递的问题。没有传递，就无法体现信息资源之间的关系，也无法实现共享和利用。

政务信息资源目录体系与交换体系两者密不可分。事实上，体系的构建过程是对信息资源进行编目和分类的一体化过程，同时也是依托技术构建信息资源管理体系的过程。建成目录体系和交换体系的同时，在政府机构范围内，将形成内部信息资源的管理架构，在特定的区域范围内，将形成跨部门信息资源共享和交换的体系。总体来讲，政务信息资源目录体系和交换体系既是一套体现各种政务资源内在关联的有机整体，也是一套实现信息资源共享和服务的工具，同时还是一套为信息资源检索、定位和共享的应用服务体系。

1. 目录体系

政务信息资源目录体系是为整合利用各类政务信息资源而建设的信息服务体系。根据业务需求，按照统一的信息资源目录体系标准，对相关政务服务信息资源进行编目，生成政务服务公共信息资源目录，记录政务服务信息资源结构和政务服务信息资源属性。政务服务信息资源结构通过树状的目录结构，展示政务服务信息资源之间的相互关系，政务服务信息资源属性则描述信息资源的管理属性。

政务服务公共信息资源目录信息包含 6 类信息：自然人基本信息、法人信息、证照信息、投资项目信息、政务服务事项信息、办件信息。

2. 交换体系

交换体系是为消除部门间、地域间、层级间政务服务信息共享困难、信息不一致、信息实时性不强而建设的信息服务体系。按照政务服务信息资源交换标准，根据各地区、各部门应用系统的需求，科学规划共享信息，为部门内的业务应用系统和跨部门的综合应用系统提供信息定向交换服务和信息授权共享服务。

3. 相互关系

目录体系和交换体系既相对独立，可独立建设，又相互依赖，可互相提供服务：一方面，通过目录体系建立的政务信息资源目录及接口，可对政务信息资源进行查询和检索，从而为政务信息交换奠定基础；另一方面，通过交换体系，可对政务信息资源编目进行传送和对信息资源进行访问、获取。应用系统根据需要可以选择目录体系提供的目录服务，或交换体系提供的交换和共享服务，也可选择两个体系提供的所有服务。

4. 层次结构

可采用集中与分布相结合的方式进行信息资源目录服务和数据交换服务，其体系主要分为国家、省、地市三级节点，实现国家、省、市、县级数据交换。在国家级节点存储和提供政务信息资源总目录和国家级政务数据交换服务；在省级节点存储和提供相关省级政务信息资源分目录和省级交换服务；在地市级节点存储和提供地市级及以下政务信息资源分目录和地市级及以下交换服务。下级节点应当利用上级节点进行本级政务信息资源的注册和跨区域的数据交换，如图 9–1 所示。

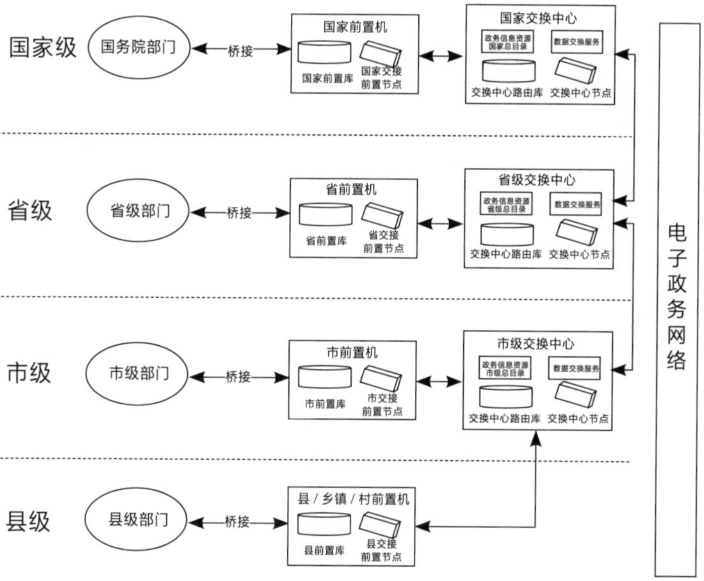

图 9–1　数据交换体系层级结构图

采用统建模式、分建模式的地区可根据实际情况组织各层级数据交换平台建设。

5. 交换方式

国家级、省级、地市级节点内部采用集中交换和分布交换相组合的形式。

集中交换模式将信息资源集中存储于共享信息库，信息资源提供者或使用者通过访问共享信息库实现信息资源交换。对于信息共享程度较高的信息资源，可采用集中交换模式。在集中交换的基础上进行数据清洗、加工、整合，并为其他部门提供服务，便于各类主题信息的统计分析和提高信息查询效率。分布交换模式将信息资源分别存储于各业务信息库，以目录的方式进行数据共享，信息资源提供者和使用者通过交换节点提供的交换服务实现信息资源的跨部门共享，实现一数一源、一源多用、跨部门共享。集中与分布相结合，从而支持多种服务模式。国家级、省级、地市级节点之间通过国家级政务服务平台和省级政务服务平台实现数据跨域交换。

统一数据交换平台可根据不同的场景提供数据库表、Web Service、文件等数据交换方式。

（1）数据库表方式。在统一数据交换平台能直接访问前置机数据库的情况下，数据交换双方均将数据推送至前置机数据库表中，并从前置机数据库表读取交换给本方的数据。

（2）Web Service 方式。数据交换双方通过 Web Service 发布数据读写接口，并通过调用该接口完成数据的双向交换。

（3）文件方式。对于非结构化的信息资源，统一数据交换平台可以读取非结构化信息资源，通过消息中间件实现非结构信息资源的数据交换。

制定政务数据共享需求清单

2016 年 9 月，国务院印发了《政务信息资源共享管理暂行办法》，提出以共享为原则，不共享为例外。

地方政府在推进政务数据共享时，可以让每个政府部门提出政务数据共享需求，即需要哪些部门的哪些数据，由政务数据主管部门汇总后形成《政务数据共享需求清单》，以政府内部文件的形式印发执行。

《政务数据共享需求清单》一般包括如下三类内容。

（1）共享服务方式：查询、批量交换、核验。

（2）数据提供方式：数据库、服务接口。

（3）数据更新周期：实时、准实时、每日、周度、月度、季度、年度、不定期。

构建政务数据交换平台

统一数据交换平台是交换体系建设的基础，通过统一数据交换平台建设能够为政府各部门提供跨层级、跨部门的数据共享交换支撑。

1. 平台架构

统一数据交换平台由平台前置层、共享交换层、平台支撑层、基础资源层组成，如图 9–2 所示。

（1）基础资源层。汇聚政务服务事项库、办件信息库，共享利用人口、法人、电子证照、信用信息等基础资源库。

（2）平台支撑层。主要提供消息中间件、ESB、ETL、调换调度等工具，实现接口封装、数据抽取、数据清洗、数据转换、数据关联、数据比对等功能。

（3）共享交换层。由资源目录平台和交换平台构成。目录管理平台提供元数据管理、目录编目、目录注册、目录发布、目录维护、目录订阅等功能；交换平台提供交换桥接、前置交换、交换传输、交换管理等功能，为信息定向交换传输和形成基础信息资源库提供支撑。

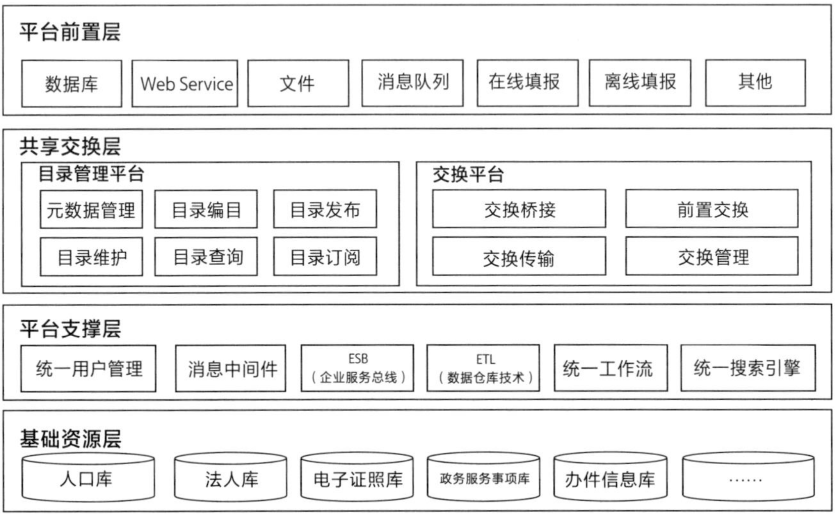

图 9–2　统一数据交换平台架构

（4）平台前置层。平台前置层是指跨地区、跨部门、跨层级交换共享的政务信息数据前置区域，承担着整个平台对外服务，包括数据库、文件、消息队列、在线填报、离线填报、Web Service、Web 浏览等交换方式。

2. 主要功能

（1）目录管理平台功能。目录管理平台包括元数据管理、目录编目、目录发布、目录维护、目录查询、目录订阅等功能。

1）元数据管理：对政务信息资源的标识、内容、分发、数据质量、数据表现、数据模式、图示表达、限制和维护等信息进行统一管理，提供元数据的定义、存储、查询及维护等功能，以利于发现与定位信息资源、管理与整合信息资源，改进系统有效存储、检索和移动数据的能力。

2）目录编目：对目录数据进行管理，提供目录的生成、注册、查询及维护等功能，以利于跨部门、跨层级以及部门内部进行信息共享的索引。

3）目录发布：对已生成目录信息进行审核发布，包括对目录类别、目录项、目录文字等审核发布，形成可查询显示的目录内容和访问地址。

4）目录维护：对已发布的目录信息进行维护管理，包括对目录删除、停用、更新、重组、备份、恢复等功能。

5）目录查询：对已发布的目录提供多维度的目录查询、列表查询等功能。

6）目录订阅：分权限对已发布的目录信息进行订阅查询。

（2）交换平台功能。统一数据交换平台包括交换适配、前置交换、交换传输、交换管理等功能。

1）交换适配：主要完成部门业务办理系统与数据交换系统之间的信息桥接，与部门业务办理系统为松耦合结构，可以在保证部门审批业务信息系统可靠、安全的前提下，实现部门业务办理信息数据库与前置交换信息库之间在线实时交换。

2）前置交换：为确保各部门现有系统的运行不被资源整合影响，保障现有系统的数据安全，以前置交换作为各部门与数据交换平台进行数据交换的窗口。一方面，从各业务系统提取数据，向数据中心提交；另一方面，从数据中心接收数据，并向业务系统传递数据。

3）交换传输：在前置交换之间构成信息交换通道，根据部署的交换流程，实现交换信息的打包、转换、传递、路由、解包等功能。通过消息总线模式，实现部门前置交换信息库之间的信息处理和稳定可靠、不间断的信息传递。

4）交换管理：作为交换平台的中心管理模块，应提供图形化的配置工具，实现对整个信息交换过程的流程配置、部署、执行和整个交换平台运行进行监控、管理，具体包括数据交换适配管理、交换节点管理、交换流程管理等。

延伸阅读　泸州打造四川首个“0 证明城市”

2019 年 9 月，泸州市召开全市“0 证明城市”创建工作动员会，拉开了四川首个“0 证明城市”创建工作的帷幕。会议要求，要强化改革思维，坚持依法行政、便民初心与改革创新相统一，严格证明取消标准，加强数据系统建设，加快流程再造和数据共享革新，切实解决各种烦琐证明、奇葩证明、循环证明问题。要坚持以群众和企业满意为导向，变“被动收集”为“主动调取”，变“事前审查”为“事后监管”，变“群众跑腿”为“数据共享”。

2019 年 12 月，泸州市政府常务会议审议通过了《泸州市“0 证明城市”实施办法（试行）》，提出加快“0 证明城市支撑平台”建设，将出生信息、死亡信息、户籍信息、房产信息、车辆信息、社保信息等高频数据尽快归集并实现运用，加快实现各部门间的信息互联互通。

公共数据资源开放

《国民经济和社会发展第十四个五年规划和 2035 年远景目标纲要》提出扩大基础公共信息数据安全有序开放，探索将公共数据服务纳入公共服务体系，构建统一的国家公共数据开放平台和开发利用端口，优先推动企业登记监管、卫生、交通、气象等高价值数据集向社会开放。

国外公共数据资源开放情况

目前，全球已经有 50 多个国家或地区开通了政府数据网站，既有美国、英国、澳大利亚等发达国家，也包括肯尼亚、智利等发展中国家，如表 9–1 所示。

此外，欧盟以及联合国、世界银行、经济合作与发展组织（OECD）等国际组织也加入了数据开放运动，建立了数据门户网站。

表 9–1　已开通政府数据网站的国家或地区[①]

洲名	国家或地区
欧洲	英国、德国、法国、意大利、奥地利、比利时、丹麦、芬兰、荷兰、挪威、西班牙、希腊、爱尔兰、爱沙尼亚、摩尔多瓦
北美洲	美国、加拿大
南美洲	秘鲁、乌拉圭、智利
亚洲	韩国、新加坡、沙特、阿联酋、巴林、东帝汶
大洋洲	澳大利亚、新西兰
非洲	肯尼亚、摩洛哥

1. 美国

2009 年 5 月，美国联邦政府宣布实施“开放政府计划”，提出利用整体、开放的网络平台，公开政府信息、工作程序和决策过程，以鼓励公众交流和评估，增进政府信息的可及性，强化政府责任，提高政府效率，增进与企业及各级政府间的合作，推动政府管理向开放、协同、合作迈进。与此同时，美国联邦政府开通了美国政府数据网站（www.data.gov，见图 9–3）。只要不涉及隐私和国家安全的相关数据，均要在该网站公开发布。截至 2019 年 11 月，该网站已有 25 万个数据集。

建立 Data.gov 的目的是使美国民众更容易获取联邦政府各行政部门所产生的高价值的、机器可读的数据集。作为美国奥巴马政府提出的“开放政府动议”的优先项目之一，Data.gov 可以提升美国民众发现、下载和使用数据集的能力。这些数据集是联邦政府产生和拥有的。美国政府数据网站提供联邦政府数据集的描述（元数据）、关于如何访问数据集的信息、使用政府数据集的工具。随着数据集的增加，数据目录将不断增加。

① 涂子沛，《大数据：正在到来的数据革命》，广西师范大学出版社 2012 版第 280 页。

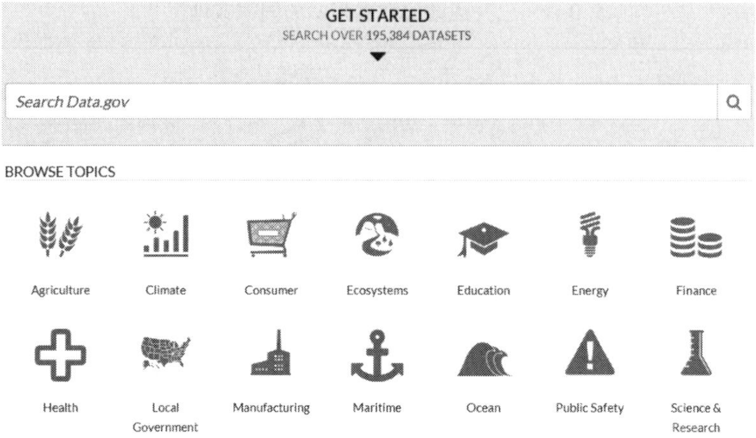

图 9–3　美国政府数据网站

公众的参与和协作是美国政府数据网站成功的关键。Data.gov 通过提供可下载的联邦政府数据集，美国民众可以以此建立应用，开展分析和研究，进而更好地参与政府工作。美国政府将依据民众的反馈、评论和建议对 Data.gov 进行持续改进。

Data.gov 的一个主要目标是改善美国民众访问联邦政府数据的条件，打破政府和公众之间的数据壁垒，通过鼓励创新的想法（如 Web 应用）拓展对这些数据的创造性应用。Data.gov 努力使美国政府更加透明，并致力于使美国政府的开放程度达到前所未有的水平。来自 Data.gov 的开放性将增强美国的民主，提高美国政府的效率和效能。

Data.gov 是可交互的、可探索的、社会化的政府数据网站。该网站提供了一个社区论坛，大家可以在这个论坛交流数据检索和使用心得。美国老师可以在教学过程中使用 Data.gov 提供的数据，丰富学生的知识。Data.gov 具有语义网功能，方便美国民众获取所需的数据。该网站提供应用程序接口（API），美国民众可以开发自己的 App。

2014 年 5 月，美国政府发布了《美国开放数据行动计划》，阐述了美国政府作为开放数据的主导者应承担的义务，介绍了美国政府在推动开放数据的工作中所做的大量工作。提出应主动承诺开放，并逐步开放数据资源的原则。发布的数据应做到方便社会公众使用和查找，根据社会公众反馈不断完善开放的数据，使其更容易被使用和理解。对还没有发布的数据应开放数据列表，供社会公众申请开放，由专业机构及相关领域代表确定发布的优先级别。

2019 年 1 月，美国总统特朗普签署了《开放政府数据法案》，规定所有政府部门都要向公众开放"非敏感"政府数据。该法案要求联邦机构必须以"机器可读"格式，发布任何不涉及公众隐私或国家安全的"非敏感"信息，同时确保数据可以通过智能手机和其他电子设备轻松访问。该法案还要求各联邦机构任命一名首席数据官来监督所有开放数据的工作。

2. 英国

英国政府也开通了政府数据网站（www.data.gov.uk），该网站开放的数据集涉及商业和经济、环境、地图、犯罪和公正、政府、社会、国防、财政、城镇、教育、健康、交通等领域，如图 9–4 所示。

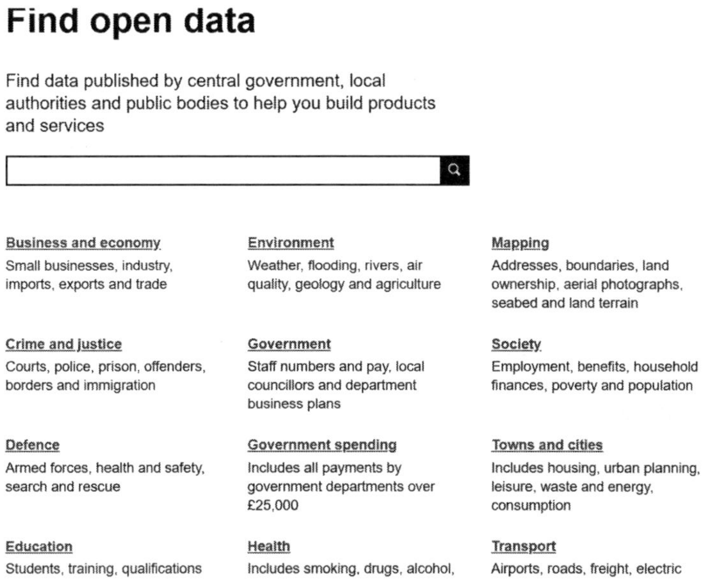

图 9–4　英国政府数据网站

英国政府数据网站罗列了各个数据发布者的数据集，提供了数据发布者索引。用户也可以在线搜索数据发布者。该网站具有搜索功能，使数据容易获取。该网站对每个数据集的浏览次数进行了排名。排名在前 20 名的被列为“受欢迎的数据”。用户可以在网站上申请新数据，开发 API。

英国政府数据网站上的数据不只是涉及公共信息，还有大量原始数据。这些原始数据可以被用来建立有用的应用程序以帮助社会，或者审视随着时间的推移政府的有效政策是如何变化的。截至 2012 年 11 月底，英国政府数据网站拥有 8776 个数据集。

2013 年 11 月，英国政府发布了《八国集团开放数据宪章 2013 年英国行动计划》，做出了六项承诺：发布《八国集团开放数据宪章》中明确的高值数据集；确保所有的数据集都通过 www.data.gov.uk 发布；通过与社会、机构、公众沟通来明确应该优先公布哪些数据集；通过分享经验和工具来支持国内外开放数据创新者；为英国的开放数据工作设定一个清晰的前进方向，所有政府部门将在 2014 年 6 月前更新其部门的开放数据战略；为政府数据建立一个国家级的信息基础设施[①]。

3. 澳大利亚

为了鼓励社会公众获取和利用政府数据，依据澳大利亚政府的《开放政府申明》，在政府 2.0 工作组的要求下，澳大利亚金融和放松管制部开通了政府数据网站（www.data.gov.au），如图 9–5 所示。

截至 2017 年 8 月，澳大利亚政府数据网站有来自不同部门 30 多个领域的 28.2 万个数据集，涉及商业、通信、社区、文化、教育、应急、就业、环境、金融、通用、地理、政府、健康、历史、土著、工业、信息通信技术、法律、测量、新闻、规划、政治、物业、休闲娱乐、安全、科学、社会、技术、旅游、交通运输等领域。

---

① 李苑 . 全球政府开放数据的四大特点 . 中国经济网，2014-02-20.

图 9–5　澳大利亚政府数据网站

澳大利亚政府数据网站既提供可直接下载的数据集，在某些情况下，也链接到其他数据目录或来源。用户可以通过在数据页上留下评论或评级的方式留下对数据的反馈意见，也可以建议还有哪些数据网站需要提供。该网站显示各个数据集的格式，根据数据集下载情况显示哪个是最受欢迎的数据集。

4. 韩国

2013 年 6 月，韩国政府发布了“政府 3.0 时代”计划。该计划的核心是韩国政府将自己拥有的信息在国民提出要求之前进行公开，每年公开的信息数量从 2012 年的 31 万件增加到 1 亿件。除了安保和私生活保护等法律规定禁止公开的领域以外，剩下的信息都以整体原文的形式进行公开。2014 年 7 月，韩国“政府 3.0 推进委员会”正式成立。

国内公共数据资源开放情况

《国务院关于促进信息消费扩大内需的若干意见》提出“制定公共

信息资源开放共享管理办法，推动市政公用企事业单位、公共服务事业单位等机构开放信息资源”。

国家发展改革委等八部委《促进智慧城市健康发展的指导意见》提出“大力推动政府部门将企业信用、产品质量、食品药品安全、综合交通、公用设施、环境质量等信息资源向社会开放，鼓励市政公用企事业单位、公共服务事业单位等机构将教育、医疗、就业、旅游、生活等信息资源向社会开放”。

《国务院关于积极推进“互联网 +”行动的指导意见》提出“推动数据资源开放。研究出台国家大数据战略，显著提升国家大数据掌控能力。建立国家政府信息开放统一平台和基础数据资源库，开展公共数据开放利用改革试点，出台政府机构数据开放管理规定。按照重要性和敏感程度分级分类，推进政府和公共信息资源开放共享，支持公众和小微企业充分挖掘信息资源的商业价值，促进互联网应用创新”。

目前，北京、上海、广东、香港、浙江、贵州、青岛、武汉、无锡、湛江等省市都已经开通了政府数据网站。

1. 北京

北京市政务数据资源网（www.bjdata.gov.cn）于 2012 年 10 月开始试运行（见图 9–6），提供北京市政务部门可开放的各类数据的下载与服务，为企业和个人开展政务信息资源的社会化开发利用提供数据支撑，推动信息增值服务业的发展以及相关数据分析与研究工作的开展。截至 2021 年 4 月，北京市政务数据资源网开放了 101 个单位的 10174 个数据集，开放的数据量达到 60.5 亿条。

2. 上海

上海市公共数据开放平台是上海市政府办公厅、上海市经济和信息化委员会牵头，相关政府部门共同参与建设的政府数据服务门户。其目标是促进政府数据资源的开发利用，发挥政府数据资源在上海加

图 9–6　北京市政务数据资源网

快建设“四个中心”和具有全球影响力科技创新中心、产业结构调整和经济结构转型中的重要作用，满足公众和企业对政府数据的“知情权”和“使用权”，向社会提供政府数据资源的浏览、查询、下载等基本服务，同时汇聚发布基于政府数据资源开发的应用程序等增值服务（见图 9–7 和图 9–8）。

图 9–7　上海市公共数据开放平台首页

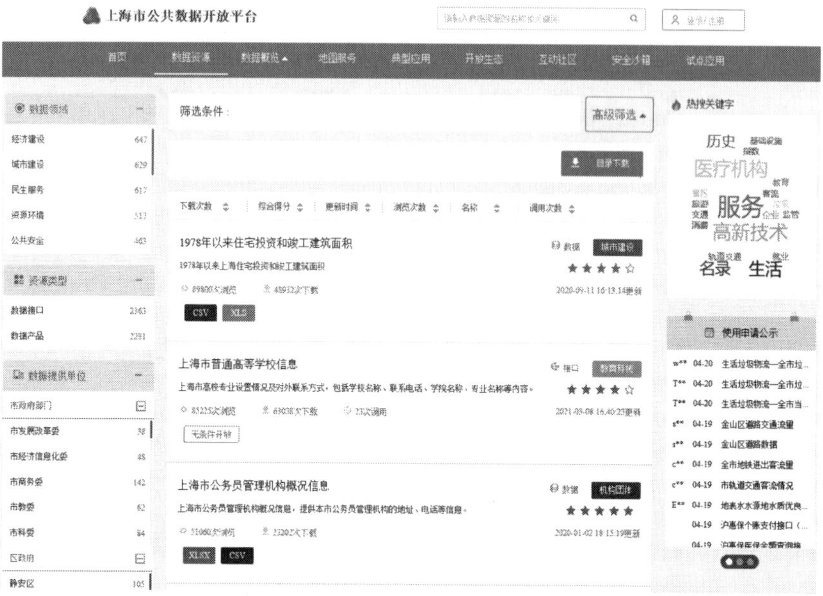

图 9–8　上海市公共数据开放平台数据资源模块

截至 2020 年 10 月，上海市公共数据开放平台已开放 48 个数据部门、98 个数据开放机构的 4029 个数据集、3.9 万个数据项、1 亿多条数据，提供了 10 个数据应用、1897 个数据接口。

3. 浙江

2015 年 9 月，浙江政务服务网“数据开放”专题子网站（http://data.zjzwfw.gov.cn）开通，开放的公共数据资源包括 68 个省级单位提供的 350 项数据类目，涉及经济建设、环境资源、城市建设、道路交通、教育科技、文化休闲、民生服务、机构团体等多个领域（见图 9–9）。截至 2021 年 4 月，全省共开放 9900 个数据集（含 5135 个 API 接口），44035 个数据项，近 20.8 亿条数据。

依托法人、空间地理基础数据库和信用浙江、电子证照库等成果，推出了电子证照、档案数据、财政专项资金、空间地理、法人信息、统计数据、信用信息、政府公报 8 个专题的数据应用板块。例如，在

图 9–9　浙江数据开放网站

“电子证照”专题，用户可查询到浙江全省政府机关面向个人、法人单位核发的 102 种证照信息，包括教师证、导游证、营业执照等信息。在“档案数据”专题，可查询浏览浙江省档案馆所有已公开的电子档案，包括十余万卷民国时期、清代档案。在“信用信息”专题，用户可查询全省企业、政府机关、事业单位、社会组织和个人等不同信用主体的信用信息。在“政府公报”专题，可查询、下载 2008 年以来出版的所有浙江省政府公报。

延伸阅读　中国林业数据开放共享平台

自 2013 年开始，国家林业局率先尝试建设行业数据库，根据社会需求建立了中国林业数据库。2015 年，国家林业局建成了中国林业数据开放共享平台，对各司局、各直属单位以及全国各级林业主管部门多年形成的各类数据成果资料、国内外各类公开的林业信息资源进行整合，并上传到该平台。2016 年 2 月，中国林业数据开放共享平台（data.forestry.gov.cn）正式上线，成为中国林业大数据中心建设的又一个亮点。该平台包括数据统计图、数据统计表、专题分布图、数据预测分析、按行政区划、按业务类别、重点数据库、数据定制采集、我的数据库等栏目，内容涉及政策法规、林业标准、林业文献、林业成果、林业专家、林业科研机构等多个领域。

公共数据资源开放对策

1. 加快公共数据资源开放的立法工作

制定国家层面的《公共数据资源开放条例》及其实施细则。开放公共数据资源，有利于深化政府信息公开，促进政府部门依法行政；有利于促进公共数据资源开发利用，发展信息服务业。国务院明确要求开放公共数据资源。2013 年 8 月出台的《国务院关于促进信息消费扩大内需的若干意见》提出“制定公共信息资源开放共享管理办法，推动市政公用企事业单位、公共服务事业单位等机构开放信息资源”。《国务院关于积极推进“互联网 +”行动的指导意见》提出“推动数据资源开放”。《促进大数据发展行动纲要》提出“稳步推动公共数据资源开放”。

关于公共数据资源开放，现在的问题不是要不要开放，而是怎么开放。这就需要立法，制定国家层面的《公共数据资源开放条例》，科学界定什么是公共数据资源，明确公共数据资源开放的范围、方式和程序，并建立监督和保障机制。在实施细则中，要明确哪些部门的哪些公共数据资源要对外开放，是全部开放还是部分开放，是面向所有人开放还是面向特定人群，是免费开放还是收取一定的费用，是直接开放还是依申请开放。

目前，北京、上海、浙江等省市已经通过政府网站开放部分公共数据资源，广东、沈阳、成都等省市成立了大数据局。《公共数据资源开放条例》及其实施细则，将是全国各级政府通过网站开放公共数据资源的法律依据。

2. 建设政府数据网站

党中央、国务院非常重视信息资源开发利用和政府信息公开工作。早在 2004 年 12 月 12 日，中共中央办公厅、国务院办公厅就印发了《关于加强信息资源开发利用工作的若干意见》，明确提出“加强政务信息资源的开发利用”。2007 年 1 月 17 日，国务院第 165 次常务会议通过了《中华人民共和国政府信息公开条例》，该条例自 2008 年 5 月 1 日起施行。由于种种原因，《关于加强信息资源开发利用工作的若干意见》并没有得到有效的贯彻落实。虽然目前全国各级政府部门都制定了《政府信息公开指南》和《政府信息公开目录》，但政府信息公开的内容还多局限于组织机构、政策文件、工作动态等行政信息。为此，需要借鉴美国、英国、澳大利亚的先进经验，建设“中国政府数据网站”，进一步推进政府信息公开，促进政府信息资源的开发利用。

政府数据网站建设应以用户为中心。美国、英国、澳大利亚等国家的政府数据网站都强调如何方便用户获取所需的数据集，用户可以对数据集进行评论，提出自己对数据集的需求。为此，应坚持以人民为中心，改变过去政府网站建设“以部门为中心”的做法，“中国政府数据网站”应“以用户为中心”。一是建立系统的数据集分类体系，如按数据集所涉及的领域分、按数据发布单位分、按数据格式分，以方便用户查询和检索；二是网站应允许用户对数据集进行评论，提出数据集申请，以提高数据集质量，贴近用户需求；三是根据数据集的浏览量、下载量，对数据集进行排名，让用户知道哪些是深受用户喜爱的数据集。

政府数据网站建设应采用新一代信息技术。近年来，物联网、云计算、移动互联网、大数据等新一代信息技术飞速发展，不断成熟。中国政府数据网站建设应积极尝试采用新一代信息技术，以提高政府的技术水平。物联网是数据自动采集的一种新手段。对于气象、水文等政府监测类数据，可以用物联网进行采集，使数据可以快速更新。中国政府数据网站的访问量必然很大，采用云计算技术则可以很好地满足网站的性能要求。目前我国手机已经超过电脑成为第一大上网终端，开发 App 供手机用户下载、使用，可以满足人们随时随地获取政府数据的需求。大数据的发展为政府数据开发利用带来了契机，通过对政府数据的挖掘、分析，可以使政府数据创造新的价值。

建设政府数据网站是政府信息公开和信息资源开发利用工作的重要抓手。根据初步估算，政府部门掌握着 80% 以上的数据资源。在保护国家安全、商业机密、个人隐私等基础上，借鉴发达国家的先进经验，以“政府数据网站”为渠道，向社会开放可公开的数据资源，促进这些数据资源的开发利用，使之转变为社会财富，是新时期电子政务建设的重点内容之一。

3. 加强个人数据保护

制定《数据安全法》和《个人信息保护法》。对个人来说，数据泄露不仅会扰乱正常生活，而且可能诱发电信诈骗、入室盗窃等。对企事业单位来说，有些数据涉及商业秘密，数据也是一种重要资产。对政府来说，敏感数据泄露可能引发经济社会危机，一些机密数据泄露还会威胁国家安全。

在我国，个人信息被非法买卖的情况时有发生，导致垃圾短信、电信诈骗等问题。在互联网行业，我国已经发生几起用户信息大规模泄露事件。因此，在大数据时代，除了强调“网络安全”，还要强调“数据安全”。许多欧美发达国家早在 20 世纪七八十年代就制定了隐私法、数据保护法，我国也需要制定相关法律，把情节严重的数据泄露、侵权等行为纳入刑法修正案，以加强对政府机密、企业商业秘密和个人隐私的保护，避免大数据被滥用。

第10章
保障大数据安全

随着大数据应用的深入和大数据产业发展，数据安全问题越来越突出。为促进数据开发利用，保护公民、组织的合法权益，维护国家主权、安全和发展利益，需要保障数据安全，避免大数据被滥用。

网络安全和数据安全

网络安全

网络安全是指通过采取必要措施，防范对网络的攻击、侵入、干扰、破坏和非法使用以及意外事故，使网络处于稳定可靠运行的状态，以及保障网络数据的完整性、保密性、可用性的能力。

国家安全是指国家政权、主权、统一和领土完整、人民福祉、经济社会可持续发展和国家其他重大利益相对处于没有危险和不受内外威胁的状态，以及保障持续安全状态的能力，包括政治安全、国土安全、军事安全、经济安全、文化安全、社会安全、科技安全、信息安全、生态安全、资源安全、核安全等。

2014 年 2 月，习近平总书记在中央网络安全和信息化领导小组第一次会议上指出，“没有网络安全就没有国家安全”。网络安全有一定的特殊性，它既是国家安全的重要组成部分，又是国家安全的基石。网络安全关系到政治安全、经济安全、军事安全、文化安全等其他方面的国家安全。

2016 年 11 月，第十二届全国人大常委会第 24 次会议通过了《中华人民共和国网络安全法》，自 2017 年 6 月 1 日起施行。《中华人民共和国网络安全法》第 33 条规定，建设关键信息基础设施应当确保其具有支持业务稳定、持续运行的性能，并保证安全技术措施同步规划、同步建设、同步使用。党政机关的信息基础设施属于关键信息基础设施，要确保网络安全。

《国民经济和社会发展第十四个五年规划和 2035 年远景目标纲要》提出加强网络安全保护。健全国家网络安全法律法规和制度标准，加强重要领域数据资源、重要网络和信息系统安全保障。建立健全关键信息基础设施保护体系，提升安全防护和维护政治安全能力。加强网络安全风险评估和审查。加强网络安全基础设施建设，强化跨领域网络安全信息共享和工作协同，提升网络安全威胁发现、监测预警、应急指挥、攻击溯源能力。加强网络安全关键技术研发，加快人工智能安全技术创新，提升网络安全产业综合竞争力。加强网络安全宣传教育和人才培养。

延伸阅读　零信任网络

传统的基于边界的网络安全方法是先连接，后信任，在网络边界验证用户身份，确定用户是否值得信任。如果用户被认定为是可信任的，就能进入网络，而一旦通过边界进入网络内部，访问基本就通行无阻了。传统网络安全架构默认内网是安全的，认为网络安全就是边界安全，因此通过在边界部署大量的安全产品如通过防火墙、WAF（Web 应用防护系统）、IPS（入侵防御系统）、网闸等设备对网络边界进行层层防护。但调查表明，高达 80% 的网络安全事件源于内网，或者内外勾结所致。边界防护并不能使用户的网络变得更安全，尤其是虚拟化、云计算、5G 的出现，更是打破了传统网络边界，使某些边界网络安全产品失去保护作用。零信任网络概念最早由弗雷斯特市场咨询公司（Forrester Research）在 2010 年提出，不信任网络内部和外部的任何人、设备、系统；不信任传统网络边界保护，而代之以微边界保护，零信任不再区分传统定义的内网、外网、公网、私网，信任区域、非信任区域、隔离区，而是一视同仁，先认证，再授权。

数据安全

数据安全是指通过采取必要措施，保障数据得到有效保护和合法利用，并持续处于安全状态的能力。数据安全主要保证数据的完整性、真实性、保密性等，使数据不会通过互联网泄露、被窃取、被篡改等。

随着国家部委推进数据大集中，政府部门建设数据中心，如果数据安全得不到保障，政府部门存储的数据容易被“一锅端”。随着 5G 的发展，数据传输越来越快，移动电子政务和移动电子商务等移动应用逐渐兴起，如果数据安全得不到保障，数据窃取速度也会越来越快。

《国民经济和社会发展第十四个五年规划和 2035 年远景目标纲要》提出加强涉及国家利益、商业秘密、个人隐私的数据保护，加快推进数据安全、个人信息保护等领域基础性立法，强化数据资源全生命周期安全保护。完善适用于大数据环境下的数据分类分级保护制度。加强数据安全评估，推动数据跨境安全有序流动。

我国数据安全问题和对策

我国数据安全面临的主要问题

1. 核心技术受制于人

目前，我国核心技术受制于人的局面没有改变。中国信息化建设的最大问题就是核心技术受制于人。在信息化领域，中国虽然有一大批高技术企业，但这些企业往往缺乏核心技术，核心元器件往往依赖进口。例如，中兴通信公司，一旦美国不向其提供核心元器件，企业就会停摆。阿里巴巴、腾讯、百度等大型互联网企业的服务器（或服务器中的芯片等元器件）等数字基础设施也依赖进口。许多工业机器人企业的伺服电机等核心元器件也依赖进口。一旦被列入“实体清单”，这些企业的生产经营就会遇到困难。

核心技术受制于人严重影响国家安全。我国已经进入信息社会，不掌握信息化领域的核心技术，就没有网络安全可言，就会严重威胁国家安全。我国党政机关、企事业单位采用的服务器、网络设备、操作系统和数据库管理系统等核心软硬件基本上都是国外 IT 厂商提供的产品，存在巨大的网络安全隐患。随着物联网、云计算、大数据、人工智能、区块链等新一代信息技术的发展，我国信息化建设进入一个新时期，网络安全形势更加严峻。例如，敌对势力可以通过物联网操控设备设施，通过云计算平台瘫痪政府工作，通过大数据中心窃取政务数据。

2. 个人隐私信息泄露

云计算、移动互联网、社交网络等互联网新技术、新业务正在改变个人信息的收集和使用方式，个人信息的可控性逐步削弱，姓名、住址、电话、身份证号、消费记录等个人隐私信息泄露的网络泄密事件时有发生。例如，2013 年 10 月，“查开房”网站公开曝光了 2000 万条酒店入住信息，包含姓名、性别、国籍、民族、身份证号、生日、地址、邮编、手机、固话、传真、邮箱、公司、住宿时间等个人隐私信息，严重影响社会公众生活。

网民网络安全感满意度调查活动由公安部网络安全保卫局指导、全国 135 家网络社会组织共同发起，是国内目前调查范围最大、参与人数最多的由社会组织发起的全国性大型公益性网络安全社会调查。2019 年 6 月，《2019 网民网络安全感满意度调查总报告》发布。该报告显示，我国网民网络安全感满意度明显提升，但个人信息保护和企业安全责任两个指标得分比较低。37.4% 的网民认为网络个人信息泄露非常多和比较多，19.69% 的网民认为互联网企业履行安全责任情况不太好或非常不好。在大数据时代，点击钓鱼网页、扫二维码、注册网络账号等都会造成个人信息泄露。个人信息泄露已成为大数据时代亟待解决的问题。

3. 个人信息非法买卖

目前，个人信息买卖已经形成黑色产业链。近年来，国内出现大量侵犯公民个人信息的案件，公民个人信息被不法分子通过不同渠道进行销售，一万条公民个人信息的售价一般为 800~1000 元。个人信息非法买卖导致电信诈骗等涉网违法犯罪猖獗。虽然公安机关屡次进行严厉打击，但在暴利的驱使下，依然有许多不法分子铤而走险。

4. 企业主体责任缺位

面对大数据快速发展带来的新形势、新挑战，部分企业为掌握海量数据资源，在数据保护方面存在“重采集，轻保护”的现象，亟须指导督促企业落实数据安全保护责任。

保障数据安全的对策措施

1. 完善数据管理制度

落实网络安全等级保护、投诉举报、风险管理、监测预警和信息通报等制度，制定网络安全事件应急预案，对关键信息基础设施进行重点保护。建立健全大数据安全保障体系，明确数据采集、传输、存储、处理、分析、使用、开放、共享等各环节保障网络安全的范围边界、责任主体和具体要求。建立数据提供方和使用方的责任追究体系，严厉打击网络攻击、电信诈骗、窃取和售卖个人信息等违法犯罪行为，切实保护国家安全、商业秘密和个人隐私。建立政务数据资源共享开放审查机制，针对随意采集、过度采集、擅自提供、保管不善四类问题，制定严格的法律法规。

2. 采取有效技术手段

严格执行国家大数据安全软硬件技术标准，开展大数据安全测评评估，提高大数据安全监测、预警和应急能力。在数据前端做好安全防护措施，对重要数据、敏感数据采取加密等技术手段。推进党政机关软硬件国产化进程，对国外信息化产品进行安全审查，采用安全可信、自主可控的大数据产品和服务。建立电子政务安全认证中心，完善电子认证体系。加强网络安全防护、安全事件识别、态势感知等方面的能力建设。建立政务数据异地灾备中心。培育和发展数据加密、漏洞检测等技术。

国外数据安全立法情况

美国

在美国立法中，数据保护融合了数据隐私领域（如何控制个人数据的收集、使用）以及数据安全领域（如何保护个人数据免受未经授权的访问与使用，以及如何解决未经授权访问的问题）。过去，美国国会一直对数据隐私和数据安全领域进行分别立法。但从最近的立法来看，美国国会似有对这两个领域进行统一立法的趋势。

鉴于普通法和《宪法》对数据保护的局限性，美国国会颁布了一系列数据保护联邦立法。与欧盟统一立法模式不同，美国联邦层面并没有统一的数据保护基本法，而是采取了分行业式分散立法模式，在电信、金融、健康、教育以及儿童在线隐私等领域都有专门的数据保护立法。

（1）《格雷姆－里奇－比利雷法》（GLBA），即《金融现代化法》，旨在对金融机构处理非公开个人信息（NPI）进行规定。GLBA 及其实施细则要求：除非告知用户能够“选择退出”，否则金融机构不得将 NPI 共享给第三方，金融机构禁止将用户账号或信用卡号分享给第三方用于直接营销；金融机构应当向用户提供清晰明确的隐私政策；金融机构必须通过“管理、技术、物理防护”等手段来确保 NPI 的安全。

（2）《健康保险流通和责任法》（HIPAA），旨在保护受保护的健康信息（PHI）。HIPA 要求：未经患者同意，医疗机构不得让第三方使用或者向第三共享患者的 PHI，个人有权要求机构提供其 PHI 的副本；

医疗机构应当加强对于 PHI 的安全保护；在发生数据泄露时，应当在 60 日内告知受影响的患者。

（3）《公平信用报告法》（FCRA），旨在确保信用报告机构（CRA）的报告中消费者信用信息的准确性，保护消费者免受错误信用信息侵害。与 HIPAA 或 GLBA 相比，FCRA 未规定 CRA 在收集或向第三方共享消费者信息时应当获得消费者“选择加入”或者“选择退出”同意的要求，也没有规定未经授权不得访问消费者信息的安全保护要求。FCRA 还规定了允许披露消费者信用信息的情形，包括审查借款人的信用状况以及消费者要求披露信用报告等。

（4）《视频隐私保护法》（VPPA），旨在保护租赁、买卖或交付录像带和视听资料过程中的个人隐私，规定未经消费者明确同意不得披露消费者的个人可识别信息（PII）。

（5）《家庭教育权和隐私权法》（FERPA），旨在保护教育机构收集的教育信息。FERPA 的适用对象覆盖面很广，几乎涵盖所有高校。除非例外规定，任何教育机构未经家长或者年满 18 岁的学生本人许可而公开学生教育信息的，将不能获得联邦机构的资助。

（6）《联邦证券法》，没有直接对数据保护进行规定，但要求公司应采取防止数据泄露的控制措施，在发生数据泄漏时及时向证券交易委员会（SEC）披露相关情况。

（7）《儿童在线隐私保护法》（COPPA），旨在对商业网站或网络服务商收集、使用或披露 13 岁以下儿童的个人信息行为进行规定。COPPA 要求：商业网站或网络服务商制定清晰的隐私政策；通知并取得父母可验证的同意；建立和维持合理的程序，以确保儿童的个人信息的安全性、保密性与完整性。

（8）《电子通信隐私法》（ECPA），不针对特定领域进行规定，是美国目前有关电子信息最全面的立法。但是也有批评者指出，ECPA 规定的是窃听和电子监听行为而非商业数据收集行为。实践表明，试图根据 ECPA 对违法的在线数据收集行为提起的诉求均未获支持。

（9）《计算机欺诈和滥用法》（CFAA），旨在规制计算机黑客，禁止未经授权侵入计算机，不解决数据收集和使用等数据保护问题。但CFAA对于未经授权而侵入计算机并获得他人信息的行为规定了法律责任。

（10）《联邦贸易委员会法》（FTC Act），旨在“禁止不公平或欺骗性贸易行为”（UDAP），UDAP在数据保护方面发挥着重要作用。联邦贸易委员会（FTC）因为企业的数据实践活动违反UDAP，已进行数百起的执法行动。在FTC的实践中，有一项重要原则，即企业受其对数据隐私和数据安全承诺的约束。FTC认为，当企业以与其发布的隐私政策或其他声明相抵触的方式处理个人数据时，或者当企业未能充分保护个人数据免受未经授权的访问时，企业即是采取欺骗性行为，违背自我承诺。除了违背承诺之外，FTC还认为企业的某些数据保护举措是不公平的，例如，企业设置了难以更改的默认隐私选项。虽然FTC对UDAP的执行填补了联邦数据保护法中的一些立法空白，但FTC Act效力有限，与许多针对具体部门的数据保护法相反，FTC Act并未要求企业遵守特定的数据保护实践，并且无法规制没有做出数据保护承诺的企业。

（11）《金融消费者保护法》（CFPA），与FTC Act类似，旨在禁止机构从事不公平、欺骗或滥用行为。CFPA新设了消费者金融保护局（CFPB），专门负责消费者金融保护，CFPB的职责包括制定规则、进行法律监督和执行。

欧盟

2016年4月，欧洲议会通过了《一般数据保护法案》（GDPR），于2018年5月25日正式生效。该法案由11章共99条组成，取代原来的《数据保护指示》，统一欧盟成员国关于数据保护的法律法规。

（1）针对特别类型个人数据的处理规定。GDPR规定，禁止收集处理反映个人种族或民族起源、政治观点、宗教和哲学信仰、是否为工会组织成员的数据、个人基因识别数据、生物数据或涉及健康、性生活或性取向的数据。但在例外的情况下也可以收集加工以上数据，如已获得个人的明确同意，或数据控制者因处理劳动关系、社会保险之需要并在法律允许的范围内且已采取适当的保护手段等。

（2）关于数据主体被遗忘权的规定。GDPR 规定，当个人数据已和收集处理的目的无关、数据主体不希望其数据被处理或数据控制者已没有正当理由保存该数据时，数据主体可以随时要求收集其数据的企业或个人删除其个人数据。如果该数据被传递给任何第三方（或第三方网站），数据控制者应通知该第三方删除该数据。

（3）关于数据主体可携带权的规定。GDPR 规定，数据主体可向数据控制者索要其数据，也可将其个人数据转移给另一个数据控制者。

（4）关于个人数据泄露通知的规定。GDPR 规定，数据控制者应在 72 小时之内向监管机构报告个人数据的泄露情况。当数据泄露可能给数据主体的权利或自由带来巨大风险时，数据控制者必须毫不延误地通知数据主体，以便数据主体及时采取措施。

（5）关于设立数据保护官（DPO）的规定。GDPR 规定，为确保数据保护合规并处理数据保护相关事务，数据控制者和数据处理者需设置 DPO。控制者和处理者不得对数据保护官下达任何指令，DPO 不能因为执行任务的原因被解雇或者受到刑事处罚。DPO 直接向最高管理者报告工作。根据联盟法律或者成员国法律规定，DPO 应当对其执行任务的内容进行保密。DPO 也可以执行其他任务，履行其他职责。

（6）关于执法和处罚的规定。GDPR 规定，不遵守数据隐私法规的后果就是会受到严厉的制裁和巨额的罚款。对于一般性违法，罚款上限是 1000 万欧元，或者在承诺的情况下，最高为上一个财政年度全球全年营业收入的 2%（两者中取数额大者）；对于严重的违法，罚款上限是 2000 万欧元，或者在承诺的情况下，最高为上一个财政年度全球全年营业收入的 4%（两者中取数额大者）。

牛津大学的一项研究发现，GDPR 实施满一年后，未经用户同意而设置的新闻网站上的 Cookie（储存在用户本地终端上的数据）数量下降了 22%。欧洲数据保护委员会的报告显示，GDPR 实施一年以来，欧盟当局收到了约 14.5 万份数据安全相关的投诉和问题举报，共判处 5500 万欧元行政罚款。苹果、微软、推特、WhatsApp、Instagram 等企业也都遭到调查或处罚。GDPR 实施之后，带来了全球隐私保护立法的热潮，引起了世界各国对数据保护的重视。

英国

1998 年，英国颁布了《数据保护法案》，明确规定公民拥有获得与自身相关的全部信息、数据的合法权利，并允许公民修正个人资料中的错误内容。除了部分涉及国家安全、商业机密或个人隐私的信息受到法律规范而不得公开外，同时严格规制税务机关未经授权向第三方泄露纳税人的有关信息。政府采集与公民自身或企业有关的信息，必须遵守资料保护的法律与相关程序，尽量减少重复收集，维护资料的安全，确保信息收集行为的合法性、收集目的的正当性、收集过程的科学性、信息内容的正确性、数据的完整性和准确性。除了部分涉及国家安全、商业机密或个人隐私的信息受到法律规范而不得公开外，其他政府信息应经过系统的处理后，尽量以电子化形式予以公开。

2017 年 8 月，英国数字、文化媒体和体育部发布了一份名为《新的数据保护法案：计划的改革》的声明，将通过一部新的数据保护法案以更新和强化数字经济时代的个人数据保护。根据该法案，“同意规则”将更为严格，数据的获取权、迁移权和删除权也将更为严格。执法力度将进一步加强，信息专员将有权确保消费者得到适当保护。

从内容来看，新的法案计划在保留原有《数据保护法》框架的基础上进一步提升个人数据保护水平，主要包括以下四大方面的变化。

（1）保护个人。新法案进一步强化了对个人的保护，将给予公民更多的个人信息控制权。在“知情—同意”制度方面，个人“同意”更严格，并增加了若干新的条件，例如，要求同意必须是“明确且易于撤销的”。特别是当处理个人敏感数据时，“同意”必须非常明确。在个人数据获取方面，新法案将使个人更加容易向数据控制者要求披露与其相关的数据，并且不得收费。新法案规定了数据可携权，将允许消费者在不同服务提供者之间转移自己的数据，例如，用户有权将自己在邮件或其他存储服务提供者中的数据进行转移。新法案还规定了被遗忘权，个人将有权要求删除其个人数据，该规则也允许个人要求社交媒体平台删除其同年时期所发布的个人信息，在某些特定条件下，个人还可要求社交平台删除其曾发布的所有信息。对用户画像的规定，对基于自动处理其数据而做出决定行为，个人将有更大的发言权。

（2）保护机构。简化规定，提高问责性，减少官僚主义，帮助企业降低违反数据保护规定的风险，避免相关罚款和声誉损失。

（3）加强监管。信息专员办公室（ICO）获得以下行动权力：调查权、民事处分、刑事处罚、保护新闻记者及举报人。

（4）建立机制。任命 DPO，对获取或验证个人信息提出更高的要求，对数据自动处理系统的运行记录要求进行规范，促进国际数据转移和关键数据共享。

此外，还有许多国家都制定了数据安全方面的法律法规。例如，德国颁布了《数据保护法案》，瑞典颁布了《瑞典数据法案》。

我国数据安全相关法律法规

数据安全法

2020 年 7 月，第十三届全国人大常委会第 20 次会议对《数据安全法》（草案）进行了审议，并将草案内容对外发布。《数据安全法》（草案）全文共计 7 章 51 条，主要包括数据安全与发展、数据安全制度、数据安全保护义务、政务数据安全与开放、法律责任等方面的内容。

在政务数据安全与开放方面，《数据安全法》（草案）规定国家大力推进电子政务建设，提高政务数据的科学性、准确性、时效性，提升运用数据服务经济社会发展的能力。国家机关为履行法定职责的需要收集、使用数据，应当在其履行法定职责的范围内依照法律、行政法规规定的条件和程序进行。国家机关应当依照法律、行政法规的规定，建立健全数据安全管理制度，落实数据安全保护责任，保障政务数据安全。国家机关委托他人存储、加工政务数据，或者向他人提供政务数据，应当经过严格的批准程序，并应当监督接收方履行相应的数据安全保护义务。国家机关应当遵循公正、公平、便民的原则，按照规定及时、准确地公开政务数据。依法不予公开的除外。国家制定政务数据开放目录，构建统一规范、互联互通、安全可控的政务数据开放平台，推动政务数据开放利用。具有公共事务管理职能的组织为履行公共事务管理职能开展数据活动，也适用《数据安全法》（草案）的规定。

个人信息保护法

个人信息是以电子或者其他方式记录的与已识别或者可识别的自然人有关的各种信息。个人信息的处理包括个人信息的收集、存储、使用、加工、传输、提供、公开等活动。

2020 年 10 月，第十三届全国人大常委会对《个人信息保护法》（草案）进行了初次审议。《个人信息保护法》（草案）共 8 章 70 条，健全了个人信息处理规则，完善了个人信息跨境提供规则，明确了个人信息处理活动中个人的权利和处理者的义务，明确了履行个人信息保护职责的部门。

《个人信息保护法》（草案）要求处理个人信息应当在事先充分告知的前提下取得个人同意，并且个人有权撤回同意；重要事项发生变更的应当重新取得个人同意；不得以个人不同意为由拒绝提供产品或者服务。

敏感个人信息是指一旦泄露或者被非法使用，可能导致个人受到歧视或者人身、财产安全受到严重危害的个人信息，包括种族、民族、宗教信仰、个人生物特征、医疗健康、金融账户、个人行踪等信息。《个人信息保护法》（草案）规定，个人信息处理者具有特定的目的和充分的必要性，方可处理敏感个人信息。

其他法律法规

目前，与数据安全有关的法律法规主要包括《网络安全法》《全国人民代表大会常务委员会关于加强网络信息保护的决定》《互联网信息服务管理办法》《信息安全等级保护管理办法（试行）》《中华人民共和国计算机信息系统安全保护条例》《关键信息基础设施安全保护条例》《网络安全等级保护条例》《网络安全审查办法》《数据安全管理办法》《儿童个人信息网络保护规定》《个人信息出境安全评估办法》《互联网信息服务严重失信主体信用信息管理办法》《个人信息和重要数据出境安全评估办法》等。

《全国人民代表大会常务委员会关于加强网络信息保护的决定》规定，有关主管部门应当在各自的职权范围内依法履行职责，采取技术措施和其他必要措施，防范、制止和查处窃取或者以其他非法方式获取、出售或者非法向他人提供公民个人电子信息的违法犯罪行为以及其他网络信息违法犯罪行为。有关主管部门在依法履行职责时，网络服务提供者应当予以配合，提供技术支持。国家机关及其工作人员对在履行职责中知悉的公民个人电子信息应当予以保密，不得泄露、篡改、毁损，不得出售或者非法向他人提供。

第 11 章

黑龙江政务大数据应用情况和典型案例

近年来，黑龙江省委、省政府高度重视大数据，成立了黑龙江省政务大数据中心。黑龙江省一些厅局和地市积极探索，在政务大数据应用方面取得了显著成效，涌现出一批政务大数据应用创新实践优秀案例。

黑龙江政务大数据相关决策部署和政策

黑龙江省委、省政府决策部署

黑龙江党政主要负责人高度重视大数据发展，对大数据做了一系列决策部署，为黑龙江政务大数据发展指明了方向。

2017 年 8 月，黑龙江省委书记张庆伟在黑龙江省委网络安全和信息化领导小组第一次会议上提出大力发展大数据产业，建立信息数据产品研发中心和信息化评估中心，形成全省大数据和云计算平台。

2018 年 5 月，黑龙江省委书记张庆伟在全省网络安全和信息化工作会议上强调，要加快建设“数字龙江”，全力加快信息产业发展，全力推进实体经济信息化，全面提升信息化治理能力，促进网信军民深度融合发展，更好地发挥信息化对经济社会发展的引领作用。

2019 年 5 月，黑龙江省委书记张庆伟在黑龙江省委网络安全和信息化委员会第一次会议上提出大力发展数字经济，加快补齐基础设施短板，切实提高大数据运用水平，以数字化助力黑龙江全面振兴、全方位振兴。

2020 年 11 月，黑龙江省委书记张庆伟在省委财经委员会第三次会议上强调要积极打造哈尔滨全国大数据中心重要基地。充分发挥综合优势，抢抓新基建机遇，打造数字产业集群，形成立足东北、服务全国的国家大数据中心重要基地，叫响哈尔滨“中国北方数据中心”品牌。

2020 年黑龙江省政府工作报告中提出“推进数字政府建设，加快建设省级电子政务云，大力推进各部门数据集中和交换共享，消除信息孤岛，政府信息以公开为常态、不公开为例外，建好全省电子政务服务一张网”。省委办公厅、省政府办公厅印发的《中共黑龙江省委贯彻落实〈关于坚持和完善中国特色社会主义制度、推进国家治理体系和治理能力现代化若干重大问题的决定〉的实施意见》提到，“加快推进‘数字政府’‘透明政府’建设，促进政务大数据管理、共享、应用制度化、法治化，打造全省一体化政务服务平台，提高政府执行力和公信力”。

相关政策法规

2015 年 7 月，黑龙江省政府办公厅印发了《关于促进电子政务协调发展的实施意见》，提出推进信息资源共享共用和数据开放利用。促进各地、各部门基础信息资源库和业务信息资源库分别在全省电子政务内网、外网平台上部署，逐步实现黑龙江省重要政务信息资源基础信息在政务部门间普遍共享；研究建设全省公共信息资源开放平台，有序推进政府数据对外开放和社会化开发利用。

2019 年 1 月，黑龙江省第十三届人民代表大会第三次会议通过了《黑龙江省优化营商环境条例》。该条例第三条规定，优化营商环境工作应当坚持以人民为中心、依法办事、公开公正、诚实守信、优化服务、廉洁高效和权责一致的原则，构建良好的人文环境，发挥市场在资源配置中的决定性作用，运用互联网、云计算、大数据、区块链等现代化技术手段，营造稳定公平透明、可预期的营商环境。第四十一条规定，各级人民政府和有关部门应当运用互联网、云计算、大数据、区块链等现代化技术手段，依法实施行政检查，提高监管效能。

2019 年 2 月，黑龙江省委、省政府印发了《关于重塑营商新环境的意见》，提出加快推进全省一体化在线政务服务平台、数据共享交换平台、电子政务云和省政务大数据中心建设。建立并实施全省统一的政务服务数据管理标准规范体系，实现全省统一的跨部门、跨地区、跨层级的政务信息共享使用。坚决打破部门信息壁垒，让各级机关、政务服务机构和社会公众按权限免费共享使用政务服务数据，对设置障碍影响政务服务数据采集、归集的单位主要负责人、直接责任人严肃问责。实行“一网通办”，加快智能化、数字化、移动化政务服务建设，让数据多跑路、群众少跑腿。创新大数据监管模式，建立全省统一的执法监管平台。

2019 年 3 月，黑龙江省政府办公厅印发了《黑龙江省复制推广浙江“最多跑一次”改革经验实施方案》，提出加快平台建设，实现数据共享。推进电子政务外网升级改造，建设省级电子政务云，推动全省政务服务平台规范化、标准化、集约化建设，形成全省政务服务“一张网”。建设人口、法人单位、自然资源和空间地理、社会信用信息库等公共基础信息库，推进省市两级政务数据共享平台上线和对接工作，建立全省一体化平台数据共享机制，通过政务服务数据资源有效汇聚、充分共享，实现政务服务事项跨地区、跨部门、跨层级协同办理。全面接入国家一体化在线政务服务平台，通过国家数据共享平台支撑，解决黑龙江省“数据饥渴”问题，为全面实现“最多跑一次”提供数据支撑。

2019 年 6 月 4 日，黑龙江省政府印发了《“数字龙江”发展规划（2019—2025 年）》，提出打造绿色大数据中心。从省级层面加强数据中心规划布局，结合各市（地）市场需求、能源优势、土地资源、生态气候、地质条件、水资源等多种因素，引导 IDC（互联网数据中心）企业和电信运营企业合理布局若干大型、超大型数据中心，推动数据中心向规模化、集约化、智能化、绿色化方向布局发展。推动小散旧数据中心利用云计算、绿色节能等技术进行整合、改造和升级，推动资源集约化建设。充分发挥黑龙江省能源、环境等优势，进一步加大政策资源要素配套支持力度，吸引更多互联网、运营商、设备厂商等企业在黑龙江省设立云计算数据中心节点。

《“数字龙江”发展规划（2019—2025 年）》提出深化大数据共享利用。

（1）强化一体化数据资源整合与共享。加快推进省级政务基础数据资源体系建设，统筹搭建人口、法人、地理空间、社会信用、电子证照等基础数据库，协调推进自然资源、交通运输、医疗卫生等重点领域主题数据库建设，强化政务大数据应用数据资源储备。推进省市两级一体化政务共享交换平台建设和互联互通，打通与国家政务共享交换平台和各部门业务系统接口，打造跨层级、部门数据互联互通“大通道”，推动政务数据资源按需申请、顺畅流通、高效共享。建立健全军地信息跨网连接和数据交换机制，推动测绘地理、气象、地震、水文、交通运输、战略物资储备等信息安全共享。

（2）建立健全政务数据共享配套保障机制。研究制定省级政务信息资源共享管理制度，明确省级政务信息资源管理牵头部门和数据共享流通各相关部门的职责要求，厘清政务信息资源定义、范围、采集、存储、清洗、共享等环节规范要求。明确省直各部门政务上云、数据管理和共享责任人，协调推进政务上云。强化数据共享开放考核评估机制，围绕共享信息提供、跨部门共享、主动服务等维度制定资源共享考核指标体系，加强对各部门数据共享执行情况的综合考评。

（3）推动政务数据平台化开放利用。加快建立政务数据开放目录和数据开放清单，界定各部门政务数据开放范围。建立数据开放评估机制，推动安全风险小、成熟度高、惠民效果明显的数据优先开放。建设省级政务数据资源开放服务平台，通过多种方式向公众提供数据产品服务。引导企业开展政务数据资源的二次加工和在线交易，加快政务数据价值释放与利用。启动政府大数据应用试点，积极探索在财税、金融、消费、劳动就业、产业运行、市场监管等领域的创新应用，强化宏观经济风险预警防范，提升政府数据驱动决策水平。

2019 年 6 月 5 日，黑龙江省政府印发了《黑龙江省加快推进一体化在线政务服务平台建设实施方案》，提出实现政务信息资源共享。加快推进省、市两级政务信息共享交换平台上线和对接，实现政务信息资源跨层级、跨部门共享交换。不断拓展政务信息资源共享交换范围，简化申请流程，明确供需权责，保障数据供给，提高数据质量，为全省一体化在线政务服务平台提供安全可靠的政务信息共享交换服务。强化各级各部门信息共享汇聚，建设全省人口、法人、空间地理、信用信息、电子证照等基础信息库。建设全省政务信息资源统一共享门户，提供涵盖资源共享申请、业务协同、数据分析等“一站式”服务。将全省一体化政务数据资源中心与国家政务服务平台数据资源中心对接，汇聚政务服务数据并与国家政务服务平台实时交换，为全面实现“一网通办”提供数据支撑。

2019 年 6 月 19 日，黑龙江省政府印发了《关于推进“办事不求人”工作的指导意见》，提出加快推进全省一体化在线政务服务平台和省市两级政务信息共享交换平台建设，坚决打破数据壁垒，各类政务服务数据必须依法共享开放。

2020 年 5 月，中共黑龙江省委办公厅、黑龙江省人民政府办公厅印发《黑龙江省 2020 年持续优化营商环境重点任务实施方案》，提出“深入推进应用现代信息技术，为企业提供统一便捷的智能化政务服务。建设智慧化政务服务体系，推动政务服务线上线下融合”。

黑龙江省政务大数据发展情况

“十三五”以来，黑龙江省政务数据资源整合初见成效。依托数字龙江地理空间框架工程，基本建成省基础地理信息数据库和原始影像数据库，上线黑龙江省地理信息公共服务平台（天地图·黑龙江），向各部门提供矢量电子地图、影像电子地图。初步建成全省人口基础库和法人库，覆盖3682万人，纳入法人250万户，实现公安、民政、监察等单位数据在线协查。建成“信用龙江”平台，搭建信用数据库和企业信用信息公示系统，共享市场主体数据。依托省政务服务网，开放涵盖职业资格证书、专业技术资格证书等80余项电子证照信息，实现各部门电子证照比对查询。

1.开展省政务信息资源中心建设，具备对政务信息的统一管理能力

目前黑龙江省政府各部门内信息化业务系统已经广泛应用，系统内政务数据资源整合基本完成，数据资源管理体系建设已经开展。但仍存在部门之间数据应用水平较低、数据综合管理手段缺乏等问题，导致数据对政务服务和管理决策的支撑能力不足。

为解决以上问题，黑龙江省营商环境建设监督局开展了省政务信息资源中心建设。以释放数据价值为目标，以守住数据安全为底线，全面汇聚政务信息资源，建立贯通数据全生命周期的数据管理服务系统。通过对多源政务数据进行清洗和比对，剥离冗余数据，形成有效的政务信息，通过数据治理，统一数据标准，强化数据检测，综合提升数据质量，促进数据资源充分融合，以各类数据分析模型为手段，全面分析、挖掘、利用政务信息资源，通过数据资源利用，进一步释放数据价值，构建相对稳固的全省政务信息管理框架和应用蓝图，赋能数字政府建设，打造“整体联动、部门协同、数据共享、一网办理”的政务信息管理中枢，为省政府和各部门科学决策和精准施策提供信息支撑，推进政府治理体系和治理能力现代化。

目前，黑龙江已完成基础支撑平台、数据湖平台等八个应用软件平台的开发、部署，搭建了人口、法人两大基础数据库框架，开发了基础库管理平台和门户网站，丰富了对数据的归集、治理、共享及应

用处理手段，具备了对政务信息的统一管理能力。

2. 编制政务数据相关标准，完善数据管理体系

对大数据的统一管理首先需要统一的数据标准，为此黑龙江省营商环境建设监督局开展了“政务信息资源目录编码规则”“政务信息资源目录核心元数据”“政务信息资源数据交换规范”等五个数据地方标准的编制工作。

政务信息资源体系总体框架从整体上对政务数据管理需要的步骤和环境进行了设计。政务信息资源数据交换规范对数据传输过程中的途径和传输方法等方面做了详细要求。政务信息资源目录地方标准对数据目录的定义、包含元素、编码规则及目录编制格式、编制方法等做了详细规范。后续将在人口、法人等基础数据库建设、基础库数据入库标准等方面推出一系列地方标准，对政务数据的产生、采集、存储、治理等各环节进行规范，形成覆盖数据全生命周期的标准管理体系。

3. 探索数据应用场景，发挥大数据支撑作用

自 2020 年初新冠肺炎疫情暴发以来，大数据应用在全国各地的疫情防控工作中都发挥了重要作用。黑龙江省营商环境建设监督局也通过学习和探索，开发了不同的应用场景，在黑龙江省不同的防控阶段发挥数据支撑作用。

在国内疫情趋于平稳、国外疫情呈加速蔓延的阶段建设了早于国家要求的黑龙江省入境人员信息库。开发了数据查询和共享接口，在黑龙江省一体化在线政务服务平台上部署，及时准确将汇总数据上报国办，实现全国入境人员信息互联互通。在复工复产稳就业阶段，建设了稳就业需求信息库。对接 28 家单位，汇聚稳就业相关数据，向相关部门开放数据服务接口。在黑龙江省高考、公务员考试时期，开展健康状况排查。综合多类数据，对考生的出行、健康等信息进行排查，有效保障两项考试如期顺利进行。

4. 构建体系形成合力，大力推动数据共享应用

（1）积极推进政务数据共享体系建设，完成省市两级政务信息共享交换平台建设，黑龙江省数据共享应用体系初具规模。

（2）完成了两批中省直部门数据共享责任清单梳理发布工作。目前，已实现 48 个中省直部门 653 项政务数据目录、1.1 万个数据项的共享，数据资源涵盖人口、企业、社保、医保、卫生、房屋和车辆信息等多个高频需求领域。

（3）持续推动数据应用。通过省政务信息共享交换平台发布国家和中省直部门数据接口 244 个，数据共享总量超过 7300 万次。完成了各市地平台与省平台接口最大化对接，市地共享平台累计数据共享交换量达 1895 万次。

哈尔滨市政务大数据发展情况

发展现状

近年来，哈尔滨市持续加大政务数据共享应用力度，哈尔滨市数据共享交换平台现已归集企业基本信息、身份信息等政务数据 118 类，全市各部门共使用 700 余万次。总的来看，政务数据归集形成规模，赋能应用初见成效。

1. 高标准建平台，突出需求导向“应享尽享”

2019 年以来，哈尔滨市认真贯彻落实国家和省关于优化营商环境的工作部署，以提升网上政务服务能力为目标，启动建设贯通市、区县（市）两级的政务数据共享交换平台，为跨地区、跨部门、跨层级的业务协同，提供公共入口和数据支撑，向市场主体和群众提供基于数据共享的政务服务。该平台建成后，在黑龙江省营商环境建设监督局的大力支持下，迅速完成国家、省、市三级的互联互通，通过不断

加大政务数据归集共享力度，先后对接省市场监管、省民政（婚姻）、市医保等 20 余个省市专网业务系统。从企业群众办事高频事项入手，研究分析可用电子证照替代的纸质要件，主动征集各部门政务服务数据需求，认真归集各级部门可提供的政务数据，汇集成数据交换共享平台需求动态清单“一张表”，逐步实现营业执照、身份证、大学学历、婚姻、户籍、车辆、低保、公积金、不动产，以及中小学学历、执业资格证、公证等万余项数据资源接口的实时调用，百类数据按需检索。同步在市政务服务数据共享平台发布目录清单，围绕清单举办专题共享应用讲解、培训 20 余次，使各单位全面掌握情况，通过以表明需求、以表挖潜能、以表定任务，确保数据共享应用工作目标清晰、有的放矢、实效性强。

2. 力求应用实效，推动数据资源“应用尽用”

哈尔滨市发布政务数据目录清单 118 类，组织各部门结合业务梳理需求后，依据“按需应用”原则提出申请，市营商环境建设监督局立即启动数据共享快速对接机制。一方面，发挥共享平台桥梁纽带作用，先后组织数据申请方、提供方和各系统的技术公司共同召开对接会近百余次，大幅提高行政层面沟通对接效率，缩短程序性文件运转时间；另一方面，充分发挥数据交换共享平台技术优势，对接会后 8 小时内完成接口程序开发、双向测试工作，在数据申请方和提供方共享协议生效后，即刻开通共享应用。目前，118 类数据累计在 4600 余个政务服务事项上应用，实现身份证、营业执照、结婚证、学历等 16000 余个办事要件的网上核查核验。全市 200 多个部门已利用数据共享进行核查核验达 700 余万次，在提高审批效率、减证减时、利企便民、创新政务服务等方面取得实效。

3. 强化制度保障，确保数据多跑路、群众少跑腿

哈尔滨市政府先后下发《哈尔滨市加快推进“一网通办”提升网

上政务服务能力工作实施方案》《关于发布100类政务数据目录清单和加强数据共享应用工作的通知》等文件，就各部门的数据共享、跨部门数据应用明确了时间表、路线图。建立《哈尔滨数据共享平台资源目录清单》动态更新机制，以及各部门政务数据开放共享、申请应用和业务培训等工作机制，确保市直部门政务数据“应享尽享”，政务数据在全市政务服务事项中“应用尽用”。建立安全可控保障机制，依据《政务信息资源共享管理暂行办法》，制定哈尔滨市政务数据申请程序，发布申请函、申请表、保密协议标准模板，确保数据应用安全，保护隐私。

典型案例

1.政务大数据实时核查助力“精准保障”

哈尔滨市住建局依托市政务数据共享交换平台，通过百余类政务数据中户籍、婚姻、低保、社保、公积金、房产、车辆、企业和人口死亡等信息的深度组合实时调用，进行公租房保障资格审核，仅用3天时间完成全市6.8万户保障家庭资格的数据预比对工作，涉及人员10.8万人，审核既快又准。公租房保障资格审核是一项涉及省、市八个部门的系统性、综合性业务。在既往的工作中，由于存在部门间沟通效率不高、信息更新不及时等情况，造成无法实时和准确地进行数据核查。各社区在外网受理保障对象提交材料后无法在线核查，需审核部门当晚在系统后台分批导出申报数据，到政务内网使用存量数据进行比对，进行多部门之间的数据协查，社区次日收到结果后才能继续审核工作，导致保障对象需要多次到社区、多次提供证明材料才能办完资格申请。整个业务既有群众跑多次、耗时长的痛点，也有部门间纵向、横向信息更新不及时的堵点，还有审核部门工作量大、准确率不高的难点。

通过政务大数据核查，方便了人民群众办事。一是少跑路。申报过的保障对象，年度复核时使用首次登记的姓名和身份证号即可实现“无接触核查”。首次申报的只需到一次社区提交申请表即可办理，真正实现“数据多跑路，群众少跑腿”。二是减材料。通过平台进行全数据比对，保障对象不再需要到街道办事处提交各项材料，实现申请材料“零提交”。三是更精准。政务大数据申请部门使用实时数据接口调取数据，进一步提高了核查精准度。四是更高效。大幅提高初核预判工作效率，审核涉及保障家庭的户籍、收入、人均住房面积等多项信息，涉及省、市八个部门的业务，通过数据批量核查比对，原本需要一个月左右才能完成的初核工作，现在仅用 3 天时间就能完成，工作效率显著提升。

2. 政务大数据共享实现不动产登记“四减”

哈尔滨市不动产登记中心通过市政务数据共享平台，使用民政、公安、卫健、税务、市场监管和公积金等部门的数据，围绕“一窗受理、并联审核、一窗收费、一窗发证”等重点环节，推进一体化、集成化的一站式服务模式，用数据跑路实现“减环节”“减材料”“减时间”“减成本”，把企业群众的“闹心事”办成“顺心事”。国务院办公厅将不动产登记“冰城速度”先进做法在全国推广。

（1）“减环节、减材料”。应用政务大数据后，原需要申请人逐项填写的多个表单，由系统自动合并生成一套表，申请人签字确认即可；原结婚证和户口等要件无须再提供，现申请人凭一张身份证即可完成办理，切实方便企业和群众。

（2）“减时间”。应用政务大数据后，登记类办理时限由 20 个工作日减至 1 个工作日；新建商品房转移、存量房（二手房）转移登记和抵押登记实现即时办结，申请人 30 分钟内领证；中小企业部分业务办理时限由 20 个工作日减至 20 分钟；不动产抵押（注销）、异议、查封、换证、遗失补证等业务实现“零跑腿”“不见面”。

（3）“减成本”。疫情期间认真落实“六稳”“六保”要求，应用政务大数据确定企业为中小微企业资格后，免收中小微企业的登记费、邮寄费、不动产权籍调查费和出图费，切实减轻企业经营成本。推出二手房过户与供水、供电、燃气、有线电视等企业数据共享联动服务机制，在办理不动产权登记交易的同时，实现水、电、气、有线电视等同步过户，变多头办理为一条龙集成服务，降低交易成本。

齐齐哈尔市政务大数据发展情况

齐齐哈尔市始终将数字政务改革作为深化机关作风整顿、优化营商环境的核心驱动力，从 2017 年数字政务改革的启动，历经了实施年、攻坚年到 2020 年的深化年，数字政务改革成效持续显现。在全省率先开展电子证照全面应用，率先建成数据共享交换平台，率先推广城市综合服务手机端、视联远程代办自助端，率先实现政务服务平台市县乡三级一体化、统一支付体系平台化；在全国率先探索不动产登记制度下自然资源统一确权登记路径关联方法，率先推出不动产登记集成服务“全城通办”和“税费通缴”模式，综合数据调用总量处于全国城市前列，涌现了全国首家多部门数据共享的公证机构。这一系列成绩无一不彰显着齐齐哈尔市通过数据应用技术创新，将政府数字治理关联协同、层级联结的运行机制，赋能提供优质政府服务、增强公众服务满意度的全过程。

主要做法

1. 统一推进机制

改“政出多门”为“一门”，解决改革推进话语权和规划权问题。一是统筹组织架构。市委将“互联网 + 政务服务”改革纳入由党政主要领导主推的八项改革之一。市政府由主要领导挂帅，一名市级领导负专责，集成了从事项、流程到改革研究、技术支持在内的工作专班，

2019 年初又一体纳入市营商环境建设监督局统管，建立了从决策层到指挥层、执行层三级扁平化运行机制。二是统筹顶层设计。市委、市政府三年相继出台数字政务体系建设实施方案、攻坚方案和深化要点，统一工作部署，统一步调推动。三是统筹建设思路。建立全市电子政务建设和运维全口径备案制度，实行项目一口管理，强力整合信息资源，彻底根除以往政务信息化重复建设、盲目投资的弊端。

2. 统一技术支撑

构建“云 + 数 + 应用 + 安全”的技术体系，形成全市“一片云”“一张网”。一是抓集中。自政务云平台建成的三个多月内就完成了 106 个系统（网站）的迁移部署，市属专网系统全部打通。二是抓整合。以“最多跑一次”的场景应用倒逼数据共享交换。按照“系统上云、数据上浮、共享汇聚、全网通享”的路径，共完成 1068 个数据资源目录的编制，累计入库数据 3.18 亿条。三是抓共享交换。作为全省政务大数据平台建设试点，全量承载了省数据共享交换平台代理的 248 个国家和省级接口，对外提供接口服务 316 个，部门应用从提出需求到审核通过不超过两个工作日。

3. 统一体系构建

编制数字政务体系路线图，明确方向和责任。一是严格实施标准。市政府主要领导对市县两个层面的“四办”、办事指南、零跑动、压缩承诺时限比等进行“流程大考”，统一事项优化口径，压实目标责任。二是服务包式推进。确定 20 余项试点课题分工，将成熟的改革模式打造成可复制的服务包，实现市县两级快速复制贯通。三是线上线下融合。线下推行标准化建设、精细化管理、主题化服务，线上聚焦服务资源整合和网上服务能力提升。将线下成熟模式通过流程信息化重塑推广到线上。四是拓展服务渠道。“平台到乡（街道）、端口进村（社区）”的技术路径，使政务服务受理端无限接近基层群众。

4. 统一制度保障

一是运行层面，出台《关于推行齐齐哈尔市应用共享数据实现办事减材料提升政务服务便利度工作规程（暂行）》，明确了通过共享数据减要件的权威性和实现方式。二是技术层面，全市统一出台《电子政务管理办法（暂行）》，并配套制定了政务云平台、政务数据资源共享、电子政务项目等一系列管理实施细则。三是考核评价层面，将深化机关作风整顿和优化营商环境纳入年度目标考核，考核结果与干部任用相结合，与奖励处罚相挂钩；制定《"好差评"实施细则》，结果纳入《齐齐哈尔市政务服务考核办法》；建立定期通报机制，对一体化平台覆盖度、全程网办率、实办率等进行定期通报，建立政务服务指标内评机制，以评促改，以评促建。

主要成效

1. 数据共享应用"跑"简化，消除办事堵点

围绕多头要件、烦琐证明和无限取证等办事堵点，齐齐哈尔市开展大数据疏解行动，集中在与企业、群众生产生活最密切相关的办事场景上攻坚，通过数据共享大幅取代原本的要件提供、人工核实和群众跑腿。自 2018 年启用政务大数据平台以来，数据接口调用总量已达到 1600 余万次，其中调用国家、省级接口 934 万余次，位居全省排头。2020 年出台的《关于推行齐齐哈尔市应用共享数据实现办事减材料提升政务服务便利度工作规程（暂行）》更是将共享数据的权威性、准确性、真实性以及数据形式、应用方法做了明确规定。数据共享应用已为政务服务要件提交累计减少 20 万件次以上，推动政务服务事项网上可办率达到 96%，零跑动率达到 84%，承诺时限压缩比达到 78%，即办件比例达到 49%。

2. 数据智能应用“跑”速度，实现智能秒办、无感智办

齐齐哈尔市聚焦智能化政治思维推动自身革新，以数字化的递进式发展，实现政府服务内外流程优化的高级“化学反应”。一方面，围绕机关内部流程的“零跑动”，对需工作人员定期核实、反复核验、随时掌握情况的事项，通过调用各类数据实现无人干预的“批量核验”。医保参保人员、低保人员、困难残疾人和重度残疾人补贴领取人员等事项，通过“批量核验”的数据跑动量已超过 400 万次，既大幅提升了核验核查的准确率和效率，又有效遏制了权力自由裁量空间。另一方面，围绕“申请零字段、审批零人工、领证零上门、存档零纸件”，全面梳理仅需身份证即可通过共享数据、电子证照、电子公文关联所有其他要件的事项，推出“一证办事”事项清单，在企业设立登记、各类证明出具和补贴发放、食品经营许可证等高频率事项上积极探索智能审批模式。目前，试点县区和部门实现秒批秒办的高频事项已达 10%。

3. 数据关联应用“跑”协同，打造“一件事一次办”改革升级版

从企业群众需要办理涉及多部门的“一件事”迈步向多领域、多层级的“一揽子事”是齐齐哈尔市推动“一件事一次办”改革升级版的主要内容。通过内部数据互通实现业务流转，以数据跑动驱动流程再造，线上实现“一次登录、一网通办”，线下“只到一个窗、最多跑一次”。商事、不动产、工程项目审批等重点领域，累计实现“一件事”368 个，其中市级 110 个。在全国率先实现不动产登记“税费通缴”，真正实现公积金、银行抵押、水电气业务等全链条事项“一个窗口一次办结”；“新生儿一件事”20 分钟办结，“退休一件事”由原来 6 个月缩短到现在 1 个小时办理完结；“开办企业”实现“一次申请，一窗受理，一个环节，半日办结”，网上申报率达 97%，居全省第一。

4. 数据联结应用“跑”体系，打通服务“最后一厘米”

平台一体化，触角全延伸，数据跨层级联结进一步推动了信息化

流程的全闭环。电脑端、自助端、手机端，按照“智能导服、电子收办、线上线下同步”的原则，实现政务服务24小时“不打烊”。254台自助终端在村（社区）部署，覆盖率达80%，累计办理量达5万余件次。“鹤城在线”App注册用户213万人，日启动次数最高17万余次，日活最高3万人次；共上线应用45个，开展“政府消费券发放”等线上活动5项，掌上可办率达75%；立足城市居民的综合类服务，“鹤城在线”与支付宝全面合作，实现双向导流、功能复用，共建“市民中心”和“企业之家”，围绕政务服务“指尖办”以及市场主体生命周期，建立行业专题数据库和服务清单，送政策、送咨询、送信息、送问题解决方案的“四送”主动服务机制已经形成。

齐齐哈尔不动产登记信息集成服务改革

为了解决业务流程复杂、群众起早排队、群众反复跑腿等被诟病的问题，齐齐哈尔市不动产登记中心积极响应“互联网+政务服务”改革，自2017年末起大刀阔斧地开展了不动产登记信息集成服务改革，通过“系统集成、数据共享、业务协同”的工作路径不断简化优化服务流程，先后推出了“一窗式”集成服务、跨部门跨领域协同办理、同城通办等举措，大大提高了办事效率，缩短了办证时限。

1. 主要做法

（1）推行一窗式集成服务改革，实现不动产登记业务“一窗办”。以“一窗受理”为分界线，凡涉及群众必在现场填写的登记内容设计成“一张表”，在一个窗口、一次递件，取消复印资料，其他环节全部转换为数字信息推向后台，实行限时反馈、协同流转。

（2）推行跨部门、跨领域协同，实现不动产登记业务“直接办”。齐齐哈尔市不动产登记中心跨部门授权金融部门，开展不动产登记抵押资料的收集及面签工作，将不动产登记抵押业务前移到市公积金经办中心和 12 家银行，从以前的“多头申请、多次办理”转变为“一窗受理、一次办结”；依托市一体化在线政务服务平台，通过与自来水公司和燃气公司的数据共享实现自来水、燃气与不动产登记一并办理更名过户业务。

（3）推行“同城通办”“税费通缴”，实现不动产登记业务“随处办”。为解决不动产登记中心业务办理集中排队、拥堵现象，通过数据与系统双管齐下，将市本级与龙沙区、建华区、铁锋区不动产数据库进行融合，优化业务流程，压缩环节和办理时限，实现市区内各政务中心与不动产登记中心同步办理不同类型、不同区域的个人不动产登记业务，实现方便群众“就近办”和“快速办”。2019 年 9 月 23 日，齐齐哈尔市不动产登记中心在全省率先推出“税费通缴”业务，办事人在受理窗口即可选择银行卡、微信、支付宝等多种方式一次性缴纳税款（契税、印花税、个人所得税等）和行政事业性收费（不动产登记费、土地出让金、房屋维修资金等），真正实现了“同城通办”“税费通缴”服务，这种服务模式不仅在全国处于领先水平，也真正兑现了坚决不让群众跑第二个窗口的改革承诺。

（4）推行网上服务，实现不动产登记业务“网上办”。目前已有 8 项业务在“一体化政务服务平台”和“鹤城在线”App 上开通，实现“网上办理”。此外，还开通了排队叫号预约、排队信息导航、办理进程查询、信息自助查询和服务评价等多项服务功能，老百姓可用手机预约，错峰办事，再也不用排长队。

2. 创新实践

（1）秉承共享协同理念。通过“系统上云、数据共享、业务协同”的工作路径，将 6 个部门的 16 个业务系统统一归集到一体化在线政务服务平台，通过政务大数据平台的共享数据大幅减少百姓的要件提交。

（2）推出税费通缴模式。办事人在受理窗口即可选择银行卡（储蓄卡）、微信等多种方式一次性缴纳税款和行政事业性收费，真正实现“一窗式”服务。

（3）推行实名叫号机制。网上预约、叫号排队、业务受理所有环节实行全流程实名制登记，非当事人即使成功预约、叫号排队也无法进行业务办理，此举杜绝了“卖号”的情况，大幅削减了黑中介的利益空间。

3. 主要成效

（1）减少了百姓办事时间和成本。以群众办理二手房交易业务为例，原来需要跑 13 个窗口，跑上 16 次，至少复印 20 张纸质材料，总体耗时一天半甚至更多时间才能完成申报受理。如今只需要叫一次号，到一个窗口，填一张表，交一套原件材料，即可完成业务受理，整个过程不超过 45 分钟，要件的提交由原来的六份，通过数据共享减少到现在只提交一份，减少提供要件达 83%。据不完全统计，通过实现“一窗式”受理，每年可为办事群众节约复印、交通等项支出 150 余万元。

（2）缓解了不动产登记中心的工作压力。以前单独在不动产登记中心办理业务的群众在高峰期时多达 1500 人左右，业务量高达 670 件，非高峰期也有 360 件左右。通过不动产业务向银行、公积金和各区政务大厅分流，使中心大厅办证压力得到充分缓解，日缓解大厅办证压力 60 件。现在市中心大厅已经没有集中排队、拥堵现象。

（3）防范了不动产登记人员的廉政风险。“照单抓药”的受理方式和全流程电子监察减少了窗口办事人员的自由裁量和权力寻租的空间，实名制办理的方式彻底切断了业务人员与黑中介的利益纠葛，最大程度地降低了腐败风险。

鹤城公证处以数据代替群众跑腿

公证机构是由国家专门设立的、依法行使国家公证职权、代表国家办理公证事务、进行公证证明活动的司法证明机构，一直以来，由于证明要件多、程序烦琐、调查核实周期长等问题被诟病。作为齐齐哈尔市推进政务服务改革的政务大数据平台应用试点单位，以群众办证体验及公证业务数据需求为导向，经过近两年的推进，在数字政务这张“大网”之下，鹤城公证处将业务中的流程、要件“一减再减”，让企业办事成本“一省再省”，让百姓的幸福感“一增再增”。着力解决群众办事的难点和堵点，通过“互联网 + 政务服务”改革努力向受理审批“不见面”、要件材料“零跑腿”的目标提挡增速。

依托数据共享交换平台数据支撑，鹤城公证处主导建设全市“公证核查服务中心”应用平台，共享交换国家部委层级 12 个，省级部门 20 个，市直属部门 20 个，共计 52 种政务数据接口，涉及公安、民政、教育、工商、人社、卫健委、不动产、公积金等部门亿万级的数据融合，成为全国接入共享部门数据最多的公证核查应用平台。同时，以实时数据共享代替传统证明材料，解决了群众办事因一个证明，多部门往返跑的情况，降低群众办事成本和公证人工核实成本，提高部门服务效能，打破公证机构过去以“证”换证的服务模式。

通过政务大数据的不断对接与融合应用，利用远程在线活体识别技术及电子签名技术，最终实现要件材料“零跑腿”、受理审批“不见面”、申请受理“零成本”的目标。

公证政务大数据的融合应用打破了部门间的信息壁垒，真正实现了让数据代替群众跑腿，有效压缩了办理时间，通过数据实时共享，破除了黑中介利益链条，将公职部门权力装入数据铁笼，减少了寻租空间。同时又可降低公证执业风险，有效杜绝造假行为发生。以鹤城公证处为依托建立公证核查一张网，覆盖全市 15 家公证机构业务应用，年惠及办事群众达 8.9 万人。

作为齐齐哈尔市公共服务改革大数据应用的先行者，鹤城公证处倾力打造全市“公证一张网”，通过对共享数据挖掘应用解决了群众办事程序烦琐，证明材料反复要的痛点和难点，让“数据多跑路，群众少跑腿”得以充分体现。

从 2018 年 10 月到 2020 年 12 月，鹤城公证处共受理业务 4 万余件，按过去的工作方式，群众需提供各类证明要件 10 万余件，需人工核实 3 万余件；现利用数据共享交换平台调取 6 万余次，群众少跑 9 万余次，节省人工核实 2 万余件，两年来为群众减少办事成本 1200 万元，人工核实成本 80 余万元，同比减负均超过 72%；原需一周时间出证的房产委托、婚姻状况等公证，缩减为一两天，最快 30 分钟即可取证。

大数据助力国内海外远程公证办理模式。鹤城公证处针对疫情期间推出的“非接触云端远程视频公证”受理平台，就是充分运用政务大数据的有力支撑，实现了多项技术创新尝试，解决了疫情期间无法出行的当事人通过远程视频申请公证处理一般性事务的委托授权问题。利用政务大数据核查申请人的身份信息、上传的证明要件材料，并利用手机微信小程序进行人脸识别、活体检测、CA（证书颁发机构）认证、电子签名等技术手段真正实现“零接触”“面对面”远程办理。大数据的应用为公证当事人免去了提供和来回邮寄各类证明材料的烦琐程序，降低了办事成本，提高了群众满意度。

2019 年 1 月，习近平总书记在中央政法工作会议上强调深化公共法律服务体系建设，加快整合公证等法律服务资源，尽快建成覆盖全业务、全时空的法律服务网络。因此，必须坚持以社会需求为导向，顺应时代，拥抱新技术，为公证插上大数据的翅膀，努力提升公证服务水平，最大程度地实现“马上办、网上办、就近办、一次办”，为当事人带来更加便利、高效、个性化的公证服务，推进公证向数字化、智能化方向发展。

政务大数据应用到公证工作并参与司法辅助事务，让人民法院点赞。为切实落实《最高人民法院、司法部关于扩大公证参与人民法院司法辅助事务试点工作的通知》要求，鹤城公证处与龙沙区人民法院经过沟通、调研，于 2019 年 10 月 8 日向龙沙区法院派驻参与司法辅助事务工作团队，并共同确定以参与法律文书送达为切入点，以着力解决民事诉讼“取证难、送达难”为突破口，兼以鹤城公证处公证核查服务中心的政务数据共享交换平台优势参与取证。双方共同成立的民事案件送达组及参与取证工作取得了良好效果。截至 2020 年 5 月 20 日，已接受立案卷宗 886 件，成功送达率达 75%。

利用大数据参与法院取证。通过齐齐哈尔市政务大数据平台公证核查服务中心的大数据优势参与取证，为民事审判庭核查、调取户籍信息 231 件、婚姻信息 86 件、房产信息 25 件、工商登记信息 18 件、社保信息 15 件。助力节约审判资源，提升审判质效，在疫情防控期间免去法院干警往返多个部门调查取证，为法院减轻人员接触压力提供充分助益。尤其是在防疫关键时期，龙沙区法院于 2020 年 2 月 17 日视频庭审的离婚后财产分割诉讼案件中当事人申请调取的一项重要证据无法取得，送达组通过政务大数据平台调取了该案件相关的完整不动产登记信息，为防疫时期开展视频审理工作提供了充分保障，为庭审如期进行起到助力作用。由此可见，政务大数据的成功应用对公证参与人民法院事务调查取证工作起到了关键作用，受到市区两级法院的高度肯定。

大数据助力金融机构与借贷企业“赋强”公证，提高部门服务效能，让银行放贷放心，小微企业受益。为方便借款人、金融机构办理金融公证，创新公证服务模式，开启互联网在线远程视频办理模式。通过政务大数据在线核实申请人个人信息，进行身份远程核验，同时在线核实借款人婚姻信息、企业注册信息、失信信息、不动产登记信息，远程指导法律文书签署，仅在金融机构即可一次完成公证申请、受理、审查、办理，并可应当事人需要出具电子公证书。这解决了传统模式下借贷双方亲自到公证机构，反复提供材料、来回奔波的痛点，节省了公证、金融机构的人力成本，降低了借贷双方办事成本，为满足金融机构信贷业务快速安全放款需求，给出了公证解决方案，为助力营商环境优化、提升找到了新路径。

牡丹江市政务大数据发展情况

发展现状

2018 年 12 月，牡丹江市营商环境建设监督局揭牌成立，内设大数据建设管理科，负责拟定全市政务大数据建设规划并组织实施。2020 年 8 月，牡丹江市大数据中心成立，副处级建制，有 32 人，内设综合科、基础设施部、数据管理应用部、软件技术服务部、信息安全部 5 个科室。

牡丹江市成立了网上政务服务能力政务服务“好差评”领导小组，王文力市长任组长，赵荣国常务副市长任副组长。近年来，牡丹江市营商环境建设监督局切实转变观念，以数据革新为引领，剔除政务数据“私有化”的老旧观念，变部门数据“私有”为“公有”。立足大数据“一方共享，多方受益”的新思想理念，破而后立，推动各级各部门争当大数据时代弄潮儿。

1. 搭建数据共享交换平台，支撑“数据多跑路”

数据共享交换平台是实现“数据多跑路”的核心技术支撑，坚持全市“一盘棋”，采取统建模式，构建全市统一的数据共享交换平台，完善平台数据调度功能，加强数据供需对接匹配，及时响应各部门服务需求。依托数据共享交换平台建立数据共享授权机制。按照数据共享条件和共享接口管控要求，明确授权主体和授权流程。规范数据申请审批使用统一流程，明确申请条件，不断提升数据共享交换平台服务响应水平。

2. 完善政务数据资源体系，让“更多数据能跑路”

一是完善政务信息资源目录。政务信息资源目录是实现政务部门之间信息资源共享和面向社会进行数据开放的基础和依据。目录质量直接影响政务信息资源检索、定位与获取的效率和服务的可用性。建立动态更新机制，建立以应用效果为导向的考核制度，持续推动政务信息资源目录完善。二是加快建设完善基础信息资源库。基础信息资源具有基准性、稳定性、共享需求普遍的特点，遵循“一数一源、多元校核、动态更新”原则，持续推进人口基础信息库、法人单位基础信息库、电子证照库、社会信用信息库等基础信息资源库的建设完善。三是梳理数据共享需求。梳理市、区县、街道乡镇政务服务事项“一网一门一次”对国家的数据共享需求，推动相关部门新增数据共享服务，完善数据共享责任清单机制，确保数据共享能够支撑政务服务，推进更多政务服务事项可在网上办理。

3. 推进信息系统整合对接，打通“数据断头路”

群众办事的流程优化、材料精简最终要通过各部门业务办理系统落实。按照“网络通、业务通、数据通、系统通”四通原则，推进市本级自建业务系统不动产登记中心、公积金管理中心、医保局系统与一体化平台整合对接。打通市级平台间的最后一公里，避免出现“数据断头路”，减少窗口工作人员在不同系统中重复录入的次数，切实提高基层窗口工作效率。

目前，市级政务信息资源共享交换平台梳理政务信息资源目录 716 条，自省数据共享平台申请代理国省资源接口 217 个，开发市级数据接口 7 个。针对国家级、省级数据接口需求开展调研，上报国家级数据需求 172 条、省级数据需求 166 条。各级各部门持续开展接口资源调用，累计 150 余万次。梳理市平台资源目录清单，印发了《关于进一步加强政务数据共享工作的通知》，提出政务数据共享工作要求，部署工作任务。制定《牡丹江市政务信息资源共享管理暂行办法》，梳理线上线下申请流程，提供申请函、申请表、保密协议等模板，供全市各级各部门使用。

典型案例

1.大数据助力疫情防控见实效

牡丹江作为新冠肺炎疫情暴发重点城市，市委、市政府积极响应，迅速部署，充分发挥大数据信息化手段，以分秒必争的态度，结合全市疫情情况，投入人力物力，大力推动研发工作开展，助力疫情防控工作及时、高效、稳步推进。在抗击疫情的过程中，疫情动态信息的公布、发展趋势的研判与预测、涉疫人员的精准定位、防控工作的指挥调度等都离不开大数据支撑。其间，深耕大数据领域的企业纷纷与政府合作，“战疫”行动全面展开。

在“内忧尚未完全排除，外患不断输入”的情况下，牡丹江市背负重大社会责任与压力，2020 年 2 月 10 日，牡丹江市民生大厦在省内率先全面开放对外办理业务，充分运用大数据手段，助力疫情防控。一是利用国家和省对外发布的疫情接口，如用户防疫健康信息查询、确诊和疑似病例查询、疫情风险等级查询、可能密切接触者等接口，对到民生大厦办事人员进行全面排查。二是对前来民生大厦无智能手机、不会操作的老年群体，使用“易登记”系统。通过办事人员出示身份证件，手机、平板快速扫描完成登记，取消纸质登记。结合“龙江健康码”，实现方便快速无接触登记，让所有进入大厦办事群众有迹可寻。实时汇聚每日来民生大厦办事群众数量，分析各项业务数量，根据办事群众数量变化，及时沟通各单位适时增减窗口人数，全力做好疫情防控工作。大数据的应用为牡丹江市疫情防控开展发挥了至关重要的作用，通过精准的数据分析，有效地减少了人员接触，遏制了新冠肺炎传播途径，给予疫情防控工作充分的响应时间，对疫情防控以及后期调度工作提供了有力支撑。

2. 大数据助力政务服务做减法

在提供公积金职工基本信息查询、食品安全企业标准备案查询、高考成绩查询、机动车驾驶人基本信息查询、个人防疫健康信息查询、信用信息查询等查询类基础上，认真剖析交通运输局道路货物运输驾驶员从业资格许可事项，深入调研，精雕细琢，精简要件，助力政务服务做减法。减材料：原来办理此事项需要提供身份证复印件、驾驶证复印件及无重大事故记录证明 3 份材料；现在通过数据共享平台，输入身份证号，即可调用机动车事故信息、黑龙江人口照片信息、机动车驾驶人驾驶证信息、三年无事故信息等查询接口，获取以上信息。群众无须准备材料，仅带身份证即可办理，精简材料 100%。减时限：原来办理需要法定时限 42 个工作日，现在变为承诺时限 5 个工作日，压缩时限 88%。减跑动：原来群众需要去交警支队开具三年无重大事故证明，再去驾校报名考试，市交通局出证，跑不同地方三次，现在变为网上申请，市交通局网上审批，结果推送给驾校，全程网上办理，实现了信息多跑路、群众少跑腿的目标。

自政务大数据建设工作开展以来，牡丹江市委、市政府高度重视，多次召开工作推进会议，精心部署，高位推动，深入研究探讨解决实际工作推进中遇到的问题，具体问题具体分析，逐步突破瓶颈。同时借鉴其他省市大数据发展先进经验，通过不断学习钻研，不断弥补大数据建设短板，分别从疫情防控、交通运输两方面着手，加大科技输出，强化成果运用，坚持问题导向、结果导向，稳步做好做优做精，发挥大数据在实际工作中的巨大价值。下一步，牡丹江市营商环境建设监督局将继续深入挖掘其他各领域广大数据资源，以点带面，全面铺开大数据建设在实际工作中的运用，并汲取经验，坚持创新，走出属于牡丹江市特有的大数据“智治”之路。

佳木斯市政务大数据发展情况

发展现状

近年来，佳木斯市委、市政府高度重视大数据建设工作，市营商环境建设监督局牵头全市政务大数据建设工作，统筹推进全市电子政务、一体化政务服务平台和全市政务大数据建设，推动政务数据资源融合共享、开放应用。重点推进政务服务平台、数据共享交换平台、政务云、电子政务外网等支撑平台建设工作，构建“云、网、数”电子政务支撑体系。

2020年，佳木斯市按照全省统一部署推进政务服务平台、数据共享交换平台和信用信息平台对接和数据应用工作，充分依托政务服务和数据共享交换平台、政务云、政务外网等资源促进政务服务大数据和社会治理现代化工作开展。截至2020年12月，佳木斯政务服务和数据共享交换平台已经完成省市两级对接级联工作，政务服务平台已接入全省政务服务事项10377个，受理各类事项112147件，办结110253件。与全省政务服务一体化平台对接工作正在按照省营商环境建设监督局的工作部署有序开展；数据共享交换平台归集各类数据接口1021个，国家级数据接口114个，省级数据接口103个，市数据接口804个，有效促进了佳木斯市政务数据在不同部门之间的交流，提高了政务服务能力，通过政务数据共享交换平台在技术层面实现了“减材料、减跑动”，打破了数据烟囱，解决了“信息孤岛”问题。

典型案例

1. 以数决策，助力全市疫情防控工作

2020年初，在全国新冠肺炎疫情防控工作的关键时期，佳木斯市营商环境建设监督局整合资源，推出“疫情防控大数据平台”，在各县

（市）区、乡镇（街道）、社区（村）全域四级联动，五级指挥，做好市民出行和入佳人口登记工作。有效解决了手工登记时间长、准确率低和无法快速确定密接人员等问题，提升了科学防控疫情水平，为打赢疫情防控阻击战提供了有力的技术保障。

自 2020 年 2 月 15 日 0 时起至 6 月 10 日系统关闭，佳木斯市共部署“易登记”登记点 94911 个，上岗登记员 97741 人，登记人员出行 37342596 人次，登记出行人数 1932589 人，核查通报隔离期违规出行 784 人；部署城市出入电子登记卡口 77 个，登记入佳人员 508093 人，监控重点关注人员 22627 人次；部署公共交通登记点 2734 个（其中公交车 333 个，出租车 2401 个），登记乘车人次 418117 次。系统实现全市登记点人流量统计、发热人群轨迹跟踪图、疑似感染人群轨迹跟踪、发热人员出行预警、高风险地区人员入佳预警、重点关注人员隔离出行报警等多个功能。从系统运行情况看，切实有效地提高了信息采集效率，统计汇总简单便捷，减轻了基层同志的工作负担，提高了特殊疑点人员核查追踪及重点人员的管控水平，高效、精准地向各级疫情防控指挥部提供数据支撑、辅助决策支持和联动指挥依据，在抗击疫情的特殊时期，为我市疫情科学防控做出重要贡献。

2. 政务服务下基层、进网格，打通政务服务最后一公里

2020 年，佳木斯市委、市政府印发了《佳木斯市关于加强社区（村）网格化管理推进市域基层社会治理现代化的指导意见》，推进职能部门进网格工作，最大限度地给企业和群众提供高效率、高品质的政务服务。市营商环境建设监督局充分利用政务服务平台与网格化管理工作相结合，推进政务服务进网格。通过网格员上门受理、帮代办和邮寄办理，打通政务服务最后一公里。截至 2020 年 12 月，全市已经实现 289 个市级审批事项全市通办，362 个事项实现全程网格帮代办。政务服务进网格工作，一是促进政务服务网上办、掌上办、就近办、帮代办工作业务开展；二是解决部分困难群体、老弱病残孕办事

便捷和使用智能终端困难问题；三是网格员通过办事服务网，解决上门走访和数据采集难的问题。既打通了政务服务最后一公里，又拉近了企业、群众与政府的距离。

3. 发挥数据共享交换平台作用，促进各项数据应用融合对接

佳木斯市政务数据共享交换平台自2018年运行以来，按照国、省相关技术标准建设，建立了佳木斯市政务信息共享交换平台信息资源目录，涉及国家18个部门，共提供114个接口，省级15个部门，共提供103个接口，全市36个部门，共提供804个数据接口，国省市接口共计1021个，通过政务数据共享交换平台在技术层面实现了“减材料、减跑动”，打破了数据烟囱，解决了“信息孤岛”问题。截至2020年12月，佳木斯市政务信息资源共享交换平台共编制数据共享目录1021个（含国、省级接口），累计收集数据1.29亿条。实现国、省、市三级数据共享交换平台支撑佳木斯各行业应用向好发展。

（1）数据共享交换平台与信用平台对接，293个数据接口融合，其中，市级接口142个，调用数据为390万余条；国省接口共计151个，接口调用数量为96余万次。实现信用信息与数据共享交换平台数据融合，支撑“信易+”应用工作开展，助力政务服务容缺受理，构建信用信息数据交换体系。

（2）助力“佳速融”平台，提高融资效率。数据共享交换平台通过与“佳速融”平台对接，利用数据减少审批环节和审核数据，同时为金融机构提供更为精准的信用、风险评估数据。通过对政府和银行数据的综合分析，为金融机构提供更为精准的信用评估、风险评估、信贷规模测算报告，真正实现信息数据多跑路，贷款群体少跑腿，缩减融资程序，提高金融机构的对接服务效率，提升对重点发展产业及民营、小微企业的服务力度。截至2020年12月，“佳速融”平台共上线72款信贷产品，总计申请贷款451笔，通过线上对接，平台共为256家企业授信51.75亿元，为245家企业放款6.49亿元。

（3）助力政务服务移动端（“爱佳网”App）业务拓展。依托佳木斯市数据共享交换平台和开放平台，实现 269 个数据目录的政务服务移动端（“爱佳网”App）和数据开放平台，为企业、群众提供便民化服务查询服务和数据支撑服务。

黑龙江省健康大数据创新应用

案例背景

2020 年突如其来的新冠肺炎疫情，让原本蓬勃发展的黑龙江按下暂停键，打乱了很多部门的正常工作秩序，也给 2020 年 8 月下旬举行的黑龙江省公务员录用笔试和选调生考试工作带来了极大的挑战。

黑龙江省公务员局和人力资源和社会保障厅要求，参加笔试的考生必须在笔试前 14 天申领“龙江健康码”，抵达考点所在地前 14 天内有国内中、高风险地区旅居史的，或在国内中、高风险地区本次疫情传播链首例病例确诊前 14 天内到达本地的，应通过考生主动申报和技术手段筛查相结合的方式确保万无一失。为有效保障 2020 年度黑龙江省公务员录用笔试、选调生考试顺利进行，黑龙江省政务大数据中心积极谋划，对黑龙江省公务员考试考生信息、龙江健康码系统、黑龙江省政务数据共享交换平台、国办防疫查询接口四个系统三类数据进行管理和比对。具体系统及数据背景如下：

（1）黑龙江省公务员考试共包括三个批次合计 18 万考生，区域覆盖多个省（市、自治区）以及地级市，考生信息主要包括姓名、身份证号、手机号、准考证号、邮箱、居住地等。

（2）龙江健康码系统部署于腾讯公有云中，主要包括 3300 余万黑龙江省居民的健康码注册信息、出行信息以及码色信息。

（3）黑龙江省政务数据共享交换平台运行在黑龙江省政务云环境中，主要实现全省的政务数据共享，以及龙江健康码数据与国办的交换，代理国家下发的各类防疫接口。

（4）国务院办公厅防疫接口，打通全国的健康码数据通道，主要实现我国居民的健康码色互认，支撑防疫防控工作。

主要做法

通过监测18万考生的健康状况，与3300余万龙江健康码申领人按天进行大数据比对分析，筛选出未注册龙江健康码的考生，利用黑龙江省政务数据共享交换平台、国办防疫查询接口进行综合比对分析，筛选出码色异常考生，确认（疑似）病例考生，构建“一个考生数据资源库、三种防疫数据比对碰撞、多类排查分析结果”的公务员考试考生排查模式。

1. 一个考生数据资源库

以黑龙江省政务数据共享交换平台为基础，以政务网为网络媒介，汇聚2020年黑龙江公务员考试考生数据、防疫健康码数据、防疫健康码申报数据、防疫健康码核验数据，将收集到的数据进行筛选、清洗与口径转换，形成公务员考试考生码色异常专题库、确诊专题库、疑似专题库，并绘制出公务员考试考生的新冠肺炎健康画像，通过画像监测和预测考生是否符合参考条件，考生画像主要分为以下4个部分。

1）基本信息：姓名、身份证号、准考证号、手机号、所在城市等。

2）健康状况。①没有出现感冒症状：乏力、咳嗽、发烧、肌肉痛、头痛；②喘憋、呼吸急促；③恶心呕吐、腹泻；④心慌、胸闷；⑤结膜炎（红眼病样表现：眼睛涩、红、分泌物）；⑥其他症状。

3）轨迹与接触：所在地、途经地、目的地、卡口轨迹、病例接触等。

4）核验结果：核验结果、核验卡口、核验不通过原因、核酸检测结果、病毒抗体结果等。

通过 2020 公务员考试考生数据资源库的建立，为制定考试预案、预测参考人员健康状况提供了基础数据支撑。

2. 三种防疫数据比对碰撞

防疫数据基于政务数据共享交换平台完成汇聚，黑龙江省政务数据共享交换平台是面向电子政务信息化的公共统一基础平台，整合各级各部门信息资源，建立全省信息资源共享体系，保障信息资源共享的长效运行，实现数据的“可管、可控”。制定统一的数据标准和接口，支撑各业务单位和业务部门的信息交换、共享和协同工作，支撑政府数据的整合应用，协助政府实现更加主动的个性化、智慧化服务转变，实现数据的“可用”。

本次公务员考试数据汇聚，包括公务员考试考生报名信息数据、龙江健康码全量数据、国办健康码数据接口和病例库接口，分别使用文件、前置数据库和接口的方式。首先，建立公务员考试考生的政务数据资源目录，明确各来源数据的元数据标准；其次，将公务员考试考生数据文件以 FTP（文件传输协议）方式一次性共享至省政务数据共享交换平台，存储于内存数据库，以公务员考试考生信息作为比对基础；再次，将其他来源数据按照目录和元数据进行汇聚、整理、清洗，去除重复和无效数据，完成数据的唯一性合并工作；最后，按照考试要求构建比对模型，筛选未注册龙江健康码考生、码色异常考生、确诊（疑似）考生，每次比对后将结果更新至考生信息库，绘制出公务员考试考生的新冠肺炎健康画像。

（1）与龙江健康码数据比对。龙江健康码数据每天以库表形式共享至省政务共享平台，数量达 3300 余万，与 18 万公务员考试考生信息进行碰撞，目的是筛选考生是否注册龙江健康码，以及省内考生是否有码色异常情况，利用多服务器内存比对的方式，大大提升比对效率。

（2）与国办健康码数据比对。公务员考试省外考生有1万余人，通过省政务数据共享交换平台代理国办的防疫查询接口，采取多条并发的方式自动调取防疫接口，查询此部分考生的健康码色信息，查询结果存储于本地数据库。

（3）与国家病例库数据比对。将18万公务员考试考生通过省政务数据共享交换平台实现与国家病例库数据的比对，筛选出确诊、疑似考生。

（4）数据多维度碰撞，预测重点监控考生。基于积累形成的考生数据资源库信息进行多维度碰撞。利用健康申报数据与归集数据进行碰撞，挖掘健康异常考生与出行轨迹之间的关联性；利用健康数据与核查结果进行比对，参照核酸检测结果、新冠抗体检测结果，分析考生是否有确诊、疑似风险；利用接触数据与核查数据比对，按照时序维度预判病例接触用户是否有确诊、疑似风险；对于码色异常用户，重点进行二次挖掘分析，判断是否存在误判风险。利用三种数据的比对和多维度综合碰撞，及时预判考生是否具备参加考试的条件。

3. 多类排查分析结果

截至2020年8月28日，完成了三批次共18万名考生信息的比对查询，累计查询600多万次，向黑龙江省委组织部、黑龙江省人事考试中心推送数据22批次，查出未注册龙江健康码考生8000余人，码色异常考生100余人，确诊、疑似考生4人，有效保障了2020年度黑龙江省公务员录用笔试、选调生考试的顺利进行。

主要成效

基于大数据、云计算技术，构建面向异构数据整合、协同、共享、决策分析的公务员考试排查系统，丰富数据管理手段，提高数据的完整性、时效性与用户决策能力。建立多类数据比对与碰撞分析模型，内嵌大数据挖掘预测算法，绘制出考生的综合健康画像，为黑龙江省公务员局和黑龙江省人力资源和社会保障厅制定考试预案、组织考试提供技术支撑。

探索黑龙江省政务数据共享交换平台、龙江健康码的广泛应用场景，在疫情常态化的大背景下，利用信息化手段提升工作能力，推动复工、复产、复学的安全开展，建立新型的重点人群健康筛查模型，逐步扩展成学生健康画像、交通从业人员健康画像，为区域高质量发展提供技术保障。

通过信息化手段，创新服务方式，有效提升行政服务水平，为考试管理部门和公务员考试考生提供更大便利，取得了如下成效。

（1）提高了政府部门决策效率。基于黑龙江省政务数据共享交换平台、龙江健康码数据以及国办相关防疫接口，对公务员考试考生领域相关数据进行量化分析，并将分析出的数据推送给招考部门，进一步提升了决策的科学性和资源投入效率。通过信息资源的整合汇聚，利用大数据多元及互相作用的特点，建立与公务员考试组织与实施相适应的主题化数据服务，帮助决策者进行精准决策，为今后同类考试积累了宝贵的经验。

（2）提高了社会公众对政府的满意度。让数据多跑路，依托本平台进一步推动了政务数据的互联互通，本次公务员考试考生不再需要填写或提交基础的信息材料，比如基本的姓名、身份证号、手机号、行程轨迹、核酸检测结果等，通过数据的流转就可缩短考生健康核验时间，提升排查的准确度。结合程序和数据共享应用，很好地改善了政府的服务质量和管理，提升了民众对政府服务的满意度。

（3）构建了服务型政府。构建公共服务型政府，以政府部门在行使职责过程中积累的大量数据信息为基础，能够更好地服务于社会公众，为未来地方高质量发展提供重要参考。

第 12 章

其他省市政务大数据发展经验

浙江、上海、江苏、广东、贵州、海南等省市在政务大数据发展方面走在全国前列，值得其他省市学习、借鉴。政务大数据在支撑浙江“最多跑一次”改革、上海“一网通办”和“一网统管”、江苏“不见面审批”改革中发挥了关键作用，深化政务大数据应用成为广东数字政府改革建设的重要内容，贵州政务大数据发展形成了“聚、通、用”模式，海南开展了大数据地方立法。

浙江

组织架构

浙江省大数据发展管理局于 2018 年 12 月 25 日成立，由浙江省政府办公厅电子政务处、浙江省数据管理中心、浙江省信息中心三个单位合并组成，隶属于浙江省政府办公厅，为副厅级单位，编制 35 人，领导职数一正四副。下设浙江省数据管理中心（公益一类事业单位），编制 70 人，与省大数据发展管理局合署办公。目前分为 5 个专题工作组开展工作。

浙江省大数据发展管理局负责推进政府数字化转型和政务数据资源管理等工作。加强互联网与政务服务的深度融合，统筹管理公共数据资源和电子政务，推进政府信息资源整合利用，打破信息孤岛，实现数据共享，进一步助推“最多跑一次”改革和政府数字化转型，加快推进数字浙江建设。

浙江省数据管理中心负责推进浙江省信息资源整合开放和大数据

产业发展，强化大数据建设发展顶层设计。拟订并组织实施大数据发展规划和政策措施；研究制定数据资源采集、应用、共享等标准规范；统筹推进大数据基础设施建设、管理；组织协调大数据资源归集整合、共享开放，推进大数据应用；组织协调大数据信息安全保障体系建设。

主要做法

“最多跑一次”改革是浙江省全面深化改革的“牛鼻子”，是浙江改革最亮的金字招牌。浙江省“最多跑一次”改革的具体做法之一就是把政府履职的审批、执法、监管等事项上网，最大程度减少企业和群众的办事成本和办事时间，提高政府办事效率。浙江省电子政务建设以“最多跑一次”改革为抓手，到2020年初步建成纵向贯通、横向协同、上接国家、覆盖全省的数字政府体系，“互联网＋政务服务”“互联网＋监管”实现全面深度应用，80%以上的政务服务事项实现“掌上可办”，掌上办事、掌上办公实现市县全覆盖。

（1）推动政府数字化转型。浙江省成立了政府数字化转型工作领导小组，由时任省长袁家军担任政府数字化转型工作领导小组组长，领导小组办公室设在省政府办公厅，浙江省大数据发展管理局履行领导小组办公室职能。

（2）省级部门政务系统上云。按照浙江省委、省政府要求，省级各部门政务系统必须上云。原有政务系统逐步上云，新建政务系统必须上云，涉密和中央垂管的系统例外。政府建了一个集约化网站群平台，目前都运行在政务云上。政务系统上云比率已达60%~70%。

政务系统上云后，保留原有各部门信息中心，规模较小的信息中心逐步减编，最终带编整合至数据管理中心，保留较大的、涉密的、中央垂管的信息中心（如发改、公安、人社、市场监督等）。财政不再拨付硬件环境建设和维护经费，只支持维护人员经费。

阿里巴巴在运营商机房租用运营商场地，给浙江省建设了政务专有云，政务云运行环境及安全均由阿里巴巴的技术团队负责，浙江省大数据发展管理局只负责提需求。2014 年，浙江省开始政务系统上云，随着上云系统的增加，经费规模急剧增加，2015 年为 253 万元，2016 年为 1200 万元，2018 为年 2300 万元，2019 年为 1 亿元。费用由浙江省大数据发展管理局统一支付。

（3）新建信息化系统的审批。省级各部门新建信息化系统由省发改委统一审批，由省两办组织专家进行预审，省发改委立项，省财政厅分配预算。根据专家组意见，省发改委决定哪些项目缓建，哪些由省里统一建设，哪些由各部门自建，物理建设的经费一律砍掉。

"互联网 + 监管"平台建设由省市场监管局牵头，省大数据发展管理局配合，省市场监管局负责业务梳理及监管，省大数据发展管理局负责一体化平台建设。

（4）建立一套完善的标准。政务系统建设要规范标准先行。推进省政务信息化，需要在管理层面、操作层面和技术层面分别建立一套完善的标准体系，以保证政务系统的互联互通及数据的共享。浙江已建成一套完整的标准体系，大部分已被国家采用。

（5）政务数据的归集和治理。省大数据发展管理局主要负责政务大数据，省经信厅负责发展数字经济，民生社会大数据由各部门自己负责。数据归集采用"按需归集"方式，由数据使用部门提出需求清单，数据产生部门要无条件提供。大数据局建设数据共享平台，作为数据交换枢纽及存储中心，数据交换以数据目录为标准，各部门自建数据仓库，通过前置机转换为标准数据，进行归集和交换。近期没有使用单位的数据暂时不予归集。21 个重点项目提交了 2 万多条数据需求，经梳理后剩下 16133 项需要归集数据。省长每月召开一次数据归集会议，对不按要求提供数据的单位记入黑名单并通报批评。经过一段时间的磨合，已做到应归尽归。归集上来的数据需要专业数据治理团队处理，需要制定标准，用人工干预，这部分工作量也相当大。

今后，浙江将重点开展“4个2工程”：一是建设两个国家平台（“互联网+政务服务”平台、“互联网+监管”平台）；二是完成两大职能（建设数字政府、建好全省统一的大数据平台）；三是建设两个小平台（执政钉钉、基层平台）；四是建好两支队伍（省大数据局内部队伍、以阿里巴巴为总集成商组织社会上的专业队伍）。

主要成效

1.“互联网+政务服务”

截至2018年底，浙江省政务服务网已联通39家省级单位，共有413个数据集，418个API接口，3898个数据项，25890187条数据。累计注册用户数突破1690万，法人单位用户180万。其中80%为高级实名用户，可以尽享查社保公积金、交通违法处理等“互联网+政务服务”。PC（个人计算机）端累计访问量近10亿次。全省共有超8万个事项开通了网上申请功能。政务服务App累计提供“互联网+政务服务”事项超过220项。

2.公共支付

截至2017年底，浙江政务服务网统一公共支付平台接入执收单位3951家，执收项目200余个。代收机构接入商业银行、支付机构共20家。同时，平台的支付渠道也由网页支付、移动支付拓展到柜面支付、自助终端支付等，缴款人可在电脑端、手机端及多个商业银行网点通过浙江政务服务网统一公共支付平台办理各类缴款业务。2017年底，社会公众累计通过统一公共支付平台办理公共款项缴费业务3208万人次、缴纳资金155亿元。其中办理量排名第一的是各类罚款，共有2629万人次，占比82%；其余依次为学校收费211万人次、交管规费91万人次。

延伸阅读　杭州城市大脑

杭州城市大脑起步于 2016 年 4 月，以交通领域为突破口，开启了利用大数据改善城市交通的探索，如今已迈出从治堵向治城跨越的步伐，取得了许多阶段性成果。目前杭州城市大脑的应用场景不断丰富，已形成警务、交通、文旅、健康等 11 个大系统和 48 个应用场景。

2020 年 3 月底，习近平总书记在杭州城市大脑运营指挥中心考察时指出，运用大数据、云计算、区块链、人工智能等前沿技术推动城市管理手段、管理模式、管理理念创新，从数字化到智能化再到智慧化，让城市更聪明一些、更智慧一些，是推动城市治理体系和治理能力现代化的必由之路，前景广阔。

上海

组织机构

上海市大数据中心为上海市政府办公厅所属副局级事业单位，由市府办采取整体划转的方式将市政府办公信息处理中心、市政府公众信息网管理中心、市政府门户网站管理中心合并成立的，核定编制数 100 人，领导班子 6 人，一正五副。上海市大数据中心主任同时担任上海市政府办公厅副主任。

上海市大数据中心下设技术发展部（数据安全部）、数据资源部、应用开发部、基础设施部、运维服务部、门户网站管理部、政策法规部、办公室（党委办公室）八个部门。

上海市大数据中心承担制定政务数据、行业数据、社会数据等数据资源的归集和应用融合工作，开展大数据应用研究工作，为重要部门管理、服务、决策提供数据支持。同时，研究数据采集、传输、存储、挖掘、展现等技术，拟定数据资源归集、治理、共享、开放、应用、安全等技术标准及管理办法，指导本市各地区、各部门数据管理工作。承担本部门政务信息系统融合相关工作，建设全市统一政务数据共享交换平台，开展跨地区、跨层级、跨部门的数据共享交换和应用。承担上海政务“一网通办”总门户、政务云、政务外网、大数据平台、电子政务灾备中心等的建设和运维管理工作。

主要做法

上海市大数据中心以“一网通办”为切入点，带动整体建设。“一网通办”：“一”表示全市一张网；“网”就是实现全市审批事项上网率100%，完成事项的网上全覆盖；“通”就是（上海）全程通办，全网通办，个人事项全市通办；“办”就是“最多跑一次”事项占全市审批事项比例达到100%（除涉军涉敏外），通过全程电子化、网上预审、政务邮递、当场办结来实现。上海市大数据中心是实现“一网通办”的重要支撑，以构建上海全市数据资源共享体系为目标。

实现“一网通办”主要做法有以下6个。

（1）摸清家底。采用“三清单、一目录”方式。数据共享需求清单2700条、责任清单2600条、负面清单（按照法律法规不能提供的数据）2条。

（2）推动各部门信息化整体上云，实现数据物理归集。包括党政非涉密1000多个系统上云，符合四类条件的系统可以不上云：视频系统、音频系统、“等保三”系统（已经完成信息系统等级保护三级的业务系统）和涉密系统。分成五个小组推进，每个小组配备专业技术人员。计划用3年时间完成政务系统上云迁移工作，目前已完成50%。上云后的系统的安全保障工作原则上按照“谁建设谁负责、谁管理谁负责”进行管理。政务云放在两家运营商（中国移动、中国电信）两个双活机房，2019年政务云经费支出为1200多万元。

（3）明确数据责任部门。明确每项数据责任部门（如何采集、归集、治理）。构建一个“数据湖”，每个部门建设“数据池”。

（4）进一步加强数据共享平台建设。制定政务数据管理规范，实现全市公共资源数据统一管理，建立和完善跨部门、跨层级共享机制。

（5）政务数据的归集和治理。依托上海市大数据资源平台和区大数据资源分平台，实现公共数据整合、共享、开放等环节的统一管理。

（6）加强数据的整合、应用。2018 年 10 月以政府令的形式出台了《上海市公共数据和一网通办管理办法》，统一整合和管理政务数据资源，统一制定采集、清洗、应用方案，使政务数据得到有效开发和利用。《上海市公共数据和一网通办管理办法》第 5 条明确上海市大数据中心具体承担本市公共数据归集、整合、共享、开放、应用管理，组织实施“一网通办”工作。

主要成效

“一网通办”以“中国上海”门户网站为总门户，以“市民云”App 为移动端载体，为社会公众提供全面、规范、便捷的一体化政务服务。截至目前，38 个市级部门、16 个区、220 个街道事务受理服务中心的网上办事服务已入驻“一网通办”总门户，1008 项事项实现网上办理，97% 以上的审批及服务事项实现只跑一次、一次办成，167 项服务事项实现全市通办，注册个人用户已达 742 万、法人用户超过 189 万。

江苏

组织机构

江苏省大数据管理中心正在筹建中，为江苏省政府直属机构江苏省政务服务管理办公室（江苏省政务办）直属的副厅级事业单位。目前该中心三定方案已报中编办审批。江苏省政府办公厅电子政务工作职责划入江苏省政务办。

江苏省大数据管理中心以江苏省信息中心为主体，成立后编制

100人左右，承担全省大数据管理工作。

江苏省信息中心是省政府直属副厅级全民事业单位。现设办公室、综合业务处、经济预测处、信息资源规划协调处、政务网络运行管理处、电子政务应用处、政务信息处、信息化促进服务处。

江苏省大数据管理中心主要围绕“一网”“一云”“一中心”“一平台”开展工作：“一网”是建设全省电子政务外网；“一云”是建设全省电子政务云；“一中心”是建设全省电子政务大数据中心；“一平台”是建设全省一体化电子政务平台。全力打造五个中心：基础设施中心、政务信息资源中心、共享开放中心、公共支撑中心和融合应用中心。

主要做法

江苏省大数据管理中心以“不见面审批”为切入点，从顶层设计开始，提出了以建立5张清单、搭建1个平台、推进7项相关改革为主要内容的简政放权、转变政府职能的改革架构，确定了转变政府职能的路线图、时间表。同时将“不见面审批”的技术和制度层面进行了统一规范，完成了技术、门户、客户端、认证、支付、批文、流通等“一致性”，实现了省市县三级政府的覆盖，尤其是使得政府权力清单“三级四同”完成全覆盖，即实现同一事项的省市县三级名称、编码、类型、依据相同。

1. 全面推行“不见面审批”改革

为方便企业和群众办事，提高审批效率，减少设租寻租空间，自2017年以来，江苏省按照党中央、国务院的总体部署，大力推进“放管服”改革，由江苏省机构编制委员会审改办主要负责推进江苏省“不见面审批”，把“不见面审批”作为重要抓手，努力使“不见面审批”成为全省普遍的制度安排，做到“不见面”是原则，“见面”是例外，进一步优化营商环境，增强企业和群众对改革的获得感。“不见面审批”改革核心内容包括“网上办、集中批、联合审、区域评、代办制、不见面”。“网上办”主要指审批事项尽可能网上办理。“代办制”主要是政府部门建立代办队伍，帮助企业和群众免费代办相关审批服务事项，审批结果通过网端推送或者邮政寄递送达，从而实现“不见面”。“集中批”“联合审”“区域评”可以最大限度地减少需要见面的环节，是实现“不见面”审批的重要保障。

2. 通过数据共享，提升工作效率。

很多涉及多个政府部门、多个环节、多项审批的工作，虽然刚开始的时候较为烦琐，特别是有的审批都是串联的、互为前置的，但在多个部门的配合下一举得到了解决，不会再出现“审批互为前提”的问题。数据归集分两种情况，一种是物理集中，一种是逻辑集中，按实际情况灵活使用，目前已归集 441 类政务数据。

3. 政务云采用自建方式。

江苏省经过对技术成熟度、安全程度、建设成本、实施保障等方面的研究评估，决定自建政务云。目前规模：机房总面积 400 平方米，2500 个虚拟机、3000 物理核计算规模，3PB 存储空间等，尚无容灾备份。建设目标：机房面积 800 平方米，9000 个虚拟机，10000 物理核计算规模，13PB 存储空间，双千兆带宽。

主要成效

（1）2018 年下半年，在市县党政机构改革中，全省 13 个市、96 个县（市、区）全部成立了行政审批局，实现了全覆盖。将市场准入、投资建设、复杂民生办事等领域的行政许可权划转至行政审批局行使，实现相关领域“一枚印章管审批”。

（2）省政府办公厅印发了《关于全省推行企业投资项目多评合一

的指导意见》《关于全省推行施工图多图联审的指导意见》《关于全省推行不动产登记一窗受理集成服务工作的指导意见》，指导各地进一步优化审批流程，提高审批效率。

（3）在全省开发区、高新区、乡镇（街道）率先推行企业投资建设项目“全程代办”制度，由各地公布代办事项目录，组建专业化代办队伍，为企业提供无偿帮办服务。省市县三级行政机关共计118857项政务服务事项实现了网上办理，占比达98%，江苏省政务服务网归集收纳的各类数据达到60多个T。

延伸阅读　长三角地区政务大数据发展经验

1. 领导重视，架构合理

主要领导高度重视。“互联网＋政务服务”是一把手工程，浙江、上海、江苏都成立了专门的工作领导小组，省市主要领导挂帅，一把手督办。例如，时任浙江省省长袁家军担任浙江省政府数字化转型工作领导小组组长，每月召开一次数据归集会议，做到了应归尽归。上海市委书记李强自2019年以来已经四次召开“一网通办”改革相关协调会议。江苏省委书记娄勤俭提出要进一步打响“不见面审批”品牌，最大限度激发大众创业、万众创新的活力。

改善架构，健全体制。浙江、上海、江苏在体制机制上给予充分保障，都新设立了大数据局或大数据中心，并补充很多专业人才进入新机构。这表明当地政府已经充分认识到大数据的重要性，专职机构的设立也能够敦促各级政府更重视大数据建设，进而帮助当地政府更好地整理、汇集数据，为当地“互联网＋政务服务”改革提供保障。浙江省大数据局隶属于浙江省政府办公厅，上海市大数据中心隶属于上海市政府办公厅，江苏省大数据管理中心隶属于江苏省政务办。上海市大数据中心虽然是事业单位，但《上海市公共数据和一网通办管理办法》明确了上海市大数据中心的职责，便于协调各局委办。

2. 制度保障，标准引领

深化改革，制度保障。浙江、上海、江苏都十分重视政务信息化及大数据管理工作，相继制定了一系列政策法规，如浙江省出台了《浙江省促进大数据发展实施计划》《浙江省深化“最多跑一次”改革推进政府数字化转型工作总体方案》《浙江省公共数据和电子政务管理办法》《浙江政务服务网电子出证和归档规范》《浙江省数字化转型标准化建设方案（2018—2020年）》等；上海市出台了《上海市大数据发展实施意见》《上海市公共数据和一网通办管理办法》《上海市电子证照管理暂行办法》《上海市一网通办电子档案管理暂行办法》《上海市电子印章管理暂行办法》等；江苏省出台了《江苏省大数据发展行动计划》《江苏省政务信息资源共享管理暂行办法》《“不见面审批”标准化指引》等。为政务信息化和大数据产业的发展创造良好的政策法规环境，使政务服务进一步提高规范化、便利化水平，为企业和群众更好地提供有针对性的服务，也为优化政务服务流程提供重要的制度保障。

数据融合，标准先行。浙江、上海、江苏都制定了“互联网 + 政务服务”、政务大数据重要支撑领域相关标准规范，对平台功能、系统接口、数据格式、传输协议等形成多方认可的技术标准体系，在规范和促进政务信息化中发挥了重要作用。一是政务服务及数据标准化是实现电子政务互联互通、数据共享及业务协作的有效途径；二是政务服务及数据标准化是规范政府职能和保障信息系统安全可靠的重要手段；三是政务服务及数据标准化是促进信息产业发展的重要推动力。

3. 统筹规划，清单落实

统筹规划，分步实施。浙江、上海、江苏在推进“互联网 + 政务服务”、发展政务大数据工作中始终坚持协调发展、统筹规划，坚持总体设计、统分结合，有序推进，成熟一个上一个，有条件的地市试点先行。坚持纵横联动，推动平台集约建设、条块融合、互联互通。以技术创新为基础，以应用创新为突破口，积极破除与“互联网 + 政务服务”发展不相适应的条块分割、信息壁垒、政策约束等体制机制障碍。

确定清单，归集建设。浙江省按照“四张清单”统一规划和建设。“四张清单”去掉了模糊化和随意性，使行政权力受到制度的约束，让政府规规矩矩用权，又明明白白花钱。上海市“一网通办”建设过程中采用“三清单、一目录”管理，整理数据共享需求清单 2700 条、责任清单 2600 条、负面清单 2 条。2014 年，江苏省委省政府提出了以建立 5 张清单、搭建 1 个平台、推进 7 项相关改革为主要内容的改革架构。5 张清单包括行政审批事项目录清单、行政权力清单、投资审批“负面清单”、专项资金管理清单、行政事业性收费目录清单。

4. 以民为本，关注民生

浙江、上海、江苏都以为人民服务为目标，建设“以人民为中心”的服务型政府，聚焦企业和群众反映强烈的问题，逐步扩大“互联网 + 政务服务”覆盖面，提高集中度，增强准确度，在重点领域、关键环节、常用事项和办件量大的事项上突出体现改革优势。推进了政府职能转变，构建了政府有为、市场有效、企业有利、百姓受益体制机制，提升了行政质量、行政效率和政府公信力。比如浙江省制定的政务数据标准大多数被国家采用，从而全国推广，上海的“一网通办”工程也多次被国家主要领导点名表扬和被中央电视台报道宣传，江苏的“不见面审批”已经成为江苏省优化营商环境的一张亮丽名片。

三个地区给我们留下的深刻印象是：浙江省是“快”，在办事效率和审批环节上相对于国内其他地区体现的是一个“快”字，通过实施“最多跑一次”改革，倒逼各级各部门减权、放权、治权，在全省行政服务大厅创建综合服务窗口，实现快速受理、快速审批、快速办结；上海市是“全”，上海的全市一张网，审批事项上网率 100%，全程通办，全网通办，通过电子化、网上预审、政务邮递、当场办结实现了全程办、全网办、个人事项全市通办的便民目的；江苏省是“减”，通过对审批流程的优化，各职能部门的整合，信息的资源共享，实现审批机关从受理审批到做出决定、送达办理结果文书的全程“不见面审批”模式，减少了流程、减少了材料、减少了办事时间，方便了群众。例如，江苏企业开办全过程由原来 9 个环节、20 份材料、15 个工作日办结，压缩到 4 个环节、7 份材料、3 个工作日内办结。

5. 重视安全，维护权益

政务系统作为关系国计民生的重要部分，在安全方面尤为重要，而由于互联网的开放性和公共性带来的不安全因素，使信息安全问题成为保障电子政务顺利实施的核心问题。

浙江省政府全体公职人员，采用政务钉钉作为智能移动政务平台，政务钉钉可打造“24 小时”在线型政府，钉钉注重信息安全，采用国家密码管理局认证的第三方加密系统进行信息传输和存储，确保敏感信息不外泄，有效保障了数据安全和隐私。

上海市在 2018 年出台的《全面推进“一网通办”加快建设智慧政府工作方案》，提出要强化网络信息安全保障。加强政务信息资源采集、共享、使用的安全保障工作，加强数据共享交换平台安全防护，完善安全防护机制，提高核心设备自主可控水平。

江苏省强化政务信息资源共享网络安全管理，推进政务信息资源共享风险评估，推动制定完善个人隐私信息保护的法律法规，按照相关法律法规要求，保障政务信息资源使用过程中的个人隐私。

6. 强化监管，及时纠偏

浙江、上海、江苏三省市都非常重视建立有效监管机制，在保证企业、民众网上办事效率的同时，防止出现新的不作为情况。例如，江苏省按照“谁审批、谁负责”“谁主管、谁监管”“谁行权、谁担责”的原则，建立以权责清单为边界，以“双随机一公开”为抓手，以信用监管为核心，以网格化管理为基础，以大数据为支撑，以综合执法为手段，以线上线下相结合的制度链为保障的严格有效监管体系。凡是能实现网上办理的事项，不得要求必须到现场办理。对于来现场办理的群众，不得强行要求网上办理。同时开展网上监督评价、办理进度、结果实时查询。上海市以“12345”市民服务热线和“我要找碴儿”网上政务大厅栏目为基础，建立面向群众和企业统一的政务咨询、投诉、建议平台，健全统一接受、按责转办、统一督办、评价反馈工作机制，做到“一号响应”群众和企业诉求，定期分析研判突出问题，客观检验政府绩效。

广东

广东省委省政府高度重视政务大数据，广东省委书记李希提出全力推动“数字政府”改革建设，增创营商环境新优势。广东省省长马兴瑞提出主动运用大数据创新政府管理和社会治理模式，提高行政效率和协同办公水平。广东成立省“数字政府”改革建设工作领导小组，广东省省长马兴瑞担任组长，每月召开一次会议。

2018 年 10 月，广东省政务服务数据管理局挂牌。广东省政务服务数据管理局由原省经信委电子政务处、省信息中心组建，局长兼任省政府副秘书长。

2017 年 10 月，成立数字广东网络建设有限公司，由广东省政府、腾讯、广东移动、广东电信、广东联通共同出资，有 1000 多名员工。

2018 年 5 月，“粤省事”App 和微信公众号正式上线。截至 2019 年 5 月，实名用户达到 1100 多万，上线服务事项 620 项，83.5% 的事项实现“零跑动”。上线 56 种个人类电子证照，在全国率先推出出生医学证明电子证照、居民身份电子凭证。划分公安、人社、粤港澳大湾区、智慧出行、流动人口、少数民族地区旅游等服务专区。通过人脸识别、身份检测，可在线领取养老金。

2018 年 9 月，“广东政务服务网”上线，汇聚了省、市、县、镇、村五级政务服务事项。提供网上中介超市、“多证合一”备案、市场监管等 13 类主题服务。

（1）企业开办：提供统一申办入口，后台打通公安、工商、税务、银行等业务系统，实现设立登记、刻章备案、银行开户、申报纳税等环节联动，办理时间缩短到 5 个工作日。

（2）电子证照系统：实现营业执照、食品经营许可证、残疾人证、税收完税证明等 18 个电子证照跨部门互认共享。

（3）办事缴费：可以经该网站的统一支付平台通过银联、支付宝、微信等多种方式缴款。

广东省政务云采用“1+N+M”架构：1 个省级政务云平台、N 个特色行业云平台、M 个地市级政务云平台。广东积极推动政府上云，把全省 40 多个省直部门共 1000 多个系统以及 21 个地市政务信息系统迁移到省政务云，由腾讯、华为提供技术支撑。

广东省大数据中心建设采用“两地三中心”模式：在广州建设省

级主数据中心及同城副数据中心，在汕头建设远程灾备数据中心。在广州、汕头两地建设三个机房，部署超过3000台云服务器，共6万个多核CPU，4000TB存储。提供从底层基础设施到上层应用软件等各类服务达300多种。

2018年10月，广东省政府印发了《广东省"数字政府"建设总体规划（2018—2020年）》，提出处理好"八个关系"——上与下、左与右、前与后、内与外、统与分、基础与应用、制度与技术、全面与重点，坚持八大理念——整体、移动、协同、创新、阳光、集约、共享、可持续。广东省"数字政府"总体架构包括管运分离的管理架构、整体协同的业务架构和集约共享的技术架构，其中技术架构包括"四横三纵"，即应用层、应用支撑层、数据服务层、基础设施层+安全、标准和运维管理。深化九大创新政务应用，包括六大管理能力应用（协同办公、经济调节、市场监管、社会治理、公共服务、环境保护）和三大服务能力应用（政务服务、决策保障、跨域协作）；建设八大应用支撑平台，包括省统一身份认证中心、可信电子证照系统、非税支付平台、社会信用公共平台、移动政务应用平台、数据共享平台、地理信息公共平台、智能客服平台；完善三大信息基础设施，即大数据、政务云、政务网；做好五大实施保障，包括组织保障、机制保障、资金保障、人才保障、技术保障。

《广东省"数字政府"建设总体规划（2018—2020年）》提出在全省大数据中心的基础上实现数据的交换、共享，建立政务信息资源共享目录，支撑政务数据资源实现跨层级、跨区域、跨部门的共享交换和协同应用。

广东省政务大数据中心初步建成人口、法人单位、自然资源和地理空间三大基础信息库和电子证照库、社会信用数据库。截至2019年4月，广东省政务大数据中心可以支撑"粤省事"、广东省政务服务网、统一身份认证平台、救助申请家庭经济状况核对系统、医疗救助、开办企业一窗受理、不动产登记信息管理、粤信融等85个业务系统。

广东省围绕信息资源标识编码、电子政务数据资源开放技术及管理、行政审批事项等方面，2018 年制定出台了 3 项地方标准，广东省财政部门采用财政专项补助的方式对标准化经费给予支持。

广州在全市政务服务中心全面推行“前台综合受理、后台分类审批、统一窗口出件”。在建设工程、民生热点行业等领域探索集成服务模式下跨部门、跨层级审批事项“一口受理、一次交件、一表录入、一网预审、同步办理、统一出件”工作机制。建立统一的综合受理和业务审批系统，实现审批信息共享、材料共享、结果共享。广州市已有 9 个部门的 600 多类业务在全市或部分区域实行联网通办。广州市荔湾区“一窗式”政务服务模式，从原来 19 个部门 977 个事项分设 48 个窗口受理，缩减为 9 个统一收件窗口和 2 个统一出件窗口。

贵州

近年来，贵州省把大数据作为提升政府治理能力的新手段、服务社会民生的新途径、引领产业转型升级的新动力、推动大众创业万众创新的新引擎，在政府数据开放共享、大数据产业发展、大数据创新应用、大数据流通交易、大数据制度创新等方面先行先试，有力推进全省经济社会加快发展，得到了中央的充分肯定和社会各界的普遍认可。

重点工作

2014 年 2 月，贵州省政府印发了《关于加快大数据产业发展应用若干政策的意见》和《贵州省大数据产业发展应用规划纲要（2014—2020 年）》。

2016 年 2 月，国家发展改革委、工信部、中央网信办批复同意贵州建设首个国家大数据综合试验区，要求贵州围绕解决大数据发展面临的主要问题，开展以数据开放共享、数据中心整合利用、大数据创新应用、大数据产业聚集、大数据资源流通、大数据国际合作、大数据制度创新七项系统性试验，不断总结可借鉴、可复制、可推广的实践经验，形成试验区的辐射带动和示范引领效应。

贵州省以七项试验探索为抓手，以构建“五大支撑体系”为保障，以实施“十大重点工程”为载体，加快建设国家大数据（贵州）综合试验区。

1.七项试验探索

（1）数据开放共享试验。制定贵州省政务数据资源共享管理办法，建立政务数据资产登记制度和政务数据资源目录体系，加快推进人口、法人、自然资源和空间地理、宏观经济等基础数据库及各部门数据集聚“云上贵州”平台。建立完善公共数据开放共享清单，实施数据开放计划，依法开放公共数据，鼓励企业、社会组织和个人进行商业模式创新，孵化大数据增值服务企业。

（2）数据中心整合利用试验。统筹政务数据资源和社会数据资源，推动建设南方数据中心，对分散数据中心进行整合，集聚一批云计算数据中心，形成绿色环保、低成本、高效率的大型区域性数据中心，探索纳入国家数据中心体系，面向全国用户提供应用承载、数据存储、容灾备份等数据中心服务。

（3）大数据创新应用试验。在宏观调控、市场监管、社会治理、信用建设、商事管理、生态环境等领域开展政府治理大数据创新应用，实施“数据铁笼”、大数据治税等重点工程，提升政府治理能力。实施“精准扶贫云”示范工程，开展西部贫困地区大数据精准扶贫的示范应用。推进健康医疗、交通旅游、文化教育等重点民生领域大数据应用，实施大数据惠民工程，提升公共服务水平。

（4）大数据产业聚集试验。推动传统产业与大数据融合发展，推动大数据在工业、农业和现代服务业的示范应用，发展智能制造、农业大数据、电子商务等新兴产业和新兴业态，促进传统产业转型升级。

积极培育大数据产业生态体系，发展大数据核心业态、关联业态和衍生业态。推进大数据供给侧结构性改革，打造一批满足大数据重大应用需求的产品、系统和解决方案，培育一批大数据骨干企业，建设一批大数据众创空间和孵化器，建成有特色、可示范的大数据产业发展集聚区。

（5）大数据资源流通试验。以贵阳大数据交易所等为载体，构建大数据资源流通平台，建立健全数据资源流通机制，完善大数据资源流通的法规制度和标准规范，形成大数据流通、开发、使用的完整产业链和生态链，促进大数据跨行业、跨区域流通。

（6）大数据国际合作试验。积极参与大数据相关国际合作框架体系内的国际研发和项目交流，打造“数博会”等国际会展交流平台，探索推进数字“一带一路”。引导国内外企业加强大数据关键技术、产品的研发合作，推动我国大数据产品、技术和标准“走出去”。

（7）大数据制度创新试验。将服务模式创新、政策制度突破、体制机制探索作为大数据试验区建设的重点，建立大数据地方法规规章，推动数据资源权益、个人隐私保护等相关立法先试先行，探索建立大数据关键共性标准，创造有利于推动大数据创新发展的政策体系。

2. 五大支撑体系

（1）创业创新体系。推进省部共建公共大数据国家重点实验室，打造一批大数据技术创新平台，突破一批大数据、云计算关键技术，建设一批大数据众创空间和孵化器，发掘一批大数据优秀创意。

（2）资金投入体系。优化部门现有专项资金支出结构，加大财政专项资金、产业基金、金融创新产品支持力度，构建多层次投融资和专项资金支持体系。

（3）人才支撑体系。加大人才培养引进力度，实施“高层次创新型人才遴选培养计划”“百千万人才引进计划”，探索“人才 + 项目 +

团队”“人才＋基地”等人才培养新模式，打造管理人才、创业创新人才、专业技术人才等多层次人才集聚的新高地。

（4）安全保障体系。加强重要信息系统平台安全技术防护，建立健全数据安全管理制度，开展安全监测和综合防范，构建立体安全防护体系，筑牢网络安全、数据安全和个人隐私保护防线。

（5）税费优惠体系。落实国家各项税收优惠政策，国家关于高新技术企业、软件企业、中小企业等各项税收优惠政策，大数据企业应享尽享，取消或减免企业行政事业性收费，大型数据中心用电价格 0.35 元 / 千瓦时。

3. 十大重点工程

（1）实施数据资源汇聚工程，建设一批大型绿色数据中心，集聚一批国际国内数据资源，建设中国南方数据中心。

（2）实施政府数据资源共享工程，推动政府各部门数据互联互通、共享交换，2017 年实现政府数据共享交换平台省市县三级全覆盖。

（3）实施政府数据开放工程，制订政府数据开放计划，推动政府数据安全有序开放，鼓励公共数据加快开放，2017 年实现政府数据开放平台省市县三级全覆盖。

（4）实施政府治理大数据应用示范工程，用大数据推动业务协同、流程再造，促进简政放权，实现“用数据说话、用数据决策、用数据管理、用数据创新”。

（5）实施民生服务大数据应用示范工程，用大数据洞察民生需求，改善民生服务，推动民生服务普惠化、均等化。

（6）实施精准扶贫大数据应用示范工程，推动扶贫相关部门数据资源广泛交换共享，打造成为全国运用大数据支撑精准扶贫的样板。

（7）实施产业融合大数据应用示范工程，推动大数据与各领域、各行各业深度融合，加快三次产业信息化改造和数字化转型。

（8）实施金融服务大数据应用示范工程，加快推进大数据在金融发展、金融服务中小微企业、金融风险防范中的应用，积极运用大数据、云计算等方式探索建立大数据金融发展和生态体系。

（9）实施产业集聚示范工程，集聚大数据产业发展要素，发展大数据核心业态、关联业态、衍生业态，建成贵阳·贵安国家大数据产业集聚区。

（10）实施数据资源流通交易工程，培育一批数据资源流通服务机构，完善数据资源流通、交易结算和投融资机制，探索推进数据资产化、证券化，把贵阳大数据交易所打造成为国际一流的综合性大数据交易服务平台。

主要做法

2016 年 6 月，贵州省委省政府召开全省大数据战略行动推进大会，将大数据战略行动与国家大数据（贵州）综合试验区建设统筹部署，把大数据综合试验区建设作为大数据战略行动的主平台和主抓手，结合贵州大数据发展实际，出台了《关于实施大数据战略行动建设国家大数据综合试验区的意见》等“1+8”文件，统筹推进国家批复开展的数据资源共享开放、数据中心整合利用、大数据制度创新等七项系统性试验。此外，还制定了 100 项重点任务分解表，进一步细化年度目标任务作战图，实行挂图作战，挂牌督办。

1. 加快“云上贵州”平台建设

加快政府数据资源向“云上贵州”平台集聚。除了对保密和安全有特殊要求的单位外，明确省级政府部门、各市（州）政府不再自建云计算数据中心，统一使用“云上贵州”提供的云存储、云计算服务。推动“云上贵州”平台数据资源共享。以各级各有关方面的需求为导向，加快梳理公布“云上贵州”系统平台数据资源目录，推动政府部门之间、省市县之间横向纵向共享交换，打破部门信息孤岛。推进

“云上贵州”平台数据资源开放。加快推进政府数据公开，激发企业创新活力，使数据产生更大的价值。目前，“云上贵州”系统数据共享交换平台升级到2.0版，完成353个数据资源目录的梳理和170个数据集上云，发布开放共享数据集118个，108家网站与省政府门户网站实现数据交换。

2. 狠抓大数据应用

通过系统采集客观数据和实证分析，增强政府决策的预见性、公正性和精确性。在省级扶贫资金使用、公共资源转让等6个领域推进“数字铁笼”计划。通过分析多维度数据信息，实现信息相互印证，进行智能分析和预警，更好地管好公共事务。积极推动政府部门之间数据整合共享、相互交换，无障碍实现部门间数据调用，实现“让数据多跑路，百姓少跑腿”。推动大数据在精准扶贫、医疗健康、社会保障、教育培训、社区服务等社会民生领域的运用，推动跨地区、跨部门、跨层级的民生服务协同，提升百姓生活品质。积极开展“千企改造·大数据助力企业转型升级专项行动”，鼓励国内外知名的大数据企业为贵州重点企业提供转型升级解决方案。

3. 优化大数据发展环境

贵州省坚持把营造大数据创业创新环境作为推进大众创业万众创新的重要举措，营造先行先试、共同创新、容许试错、包容失败的“实验田”环境。创建了全国首个国家大数据工程实验室、大数据资产评估实验室、贵阳大数据战略重点实验室等科研机构28个，成立创业孵化和投资机构23家，建成科技企业孵化器（大学科技园）36家，在孵企业1899家。举办中国大数据产业峰会、贵阳国际大数据产业博览会、中国国际电子信息创客大赛暨“云上贵州”大数据商业模式大赛、中国痛客大赛，搭建中外人才、资本、创意交流合作平台。

目前，“数博会”已上升为国家层面举办，成为国内最有影响力的大数据产业会展平台；“峰会”举办了 60 余个主题论坛，来宾超过万人。2016 中国国际信息创客大赛暨“云上贵州”大数据商业模式大赛，参赛项目 10676 个，海内外参赛队伍超过 13000 支，不少参赛项目已获得战略投资者青睐，66 个优秀项目从参赛路演中募集到投资并落户贵州，一批参赛人员到贵州创业。首届中国痛客大赛注册会员 22185 名痛客，提交痛点 1966 个。加州大学伯克利分校与贵阳合作建设大数据创新研究中心，印孚瑟斯等企业到贵州开展人才培训合作。2016 年全省引进国内知名大数据专家 10 余名、领军人才 20 余名、创新创业人才 100 余名、专业技术人才 1000 余名。

主要成效

1. 数据资源加快整合开放共享

建成中国电信、中国移动、中国联通南方数据中心等一批云计算数据中心；贵州成功获批国家绿色数据中心试点地区，有 12 个数据中心获批国家绿色数据中心试点，获批数量位居全国第一。2016 年 5 月，工信部授予贵州“中国南方数据中心示范基地”；华为全球私有云数据中心等龙头企业数据中心落户贵州。全省数据中心服务器承载能力达到 30.02 万台，安装使用服务器 5.1 万台，同比增长 122%，签约使用服务器 7.9 万台；集聚一批国际国内数据资源，教育部、公安部、中科院、淘宝、腾讯等单位的数据资源落户贵州。贵州省政府数据开放平台上线运行，面向公众开放了 13 个省直部门可机读数据集。

2. 大数据创新应用加快推广

贵州省网上办事大厅已覆盖省市县乡村五级，基本实现全省政务、事务、商务服务“一张网”办理，被国务院列为全国“互联网 + 政务服务”一体化平台建设试点。贵州省智能交通云以“黔通途”“联网售票”“智能公交”等App的形式向公众提供路况导航、网上售票等服务。贵阳市建成“大数据民生”平台，成功打造“一张网、一个号、一个窗”的综合平台和融合多项民生领域服务，将提供包括教育、卫计、交通、民政、扶贫等多个领域超过100项民生融合服务。贵州省扶贫办建成扶贫基础数据交换平台，对全省扶贫对象进行动态监测，毕节、遵义精准扶贫大数据平台上线运行，提高了扶贫的精准度。“千企改造·大数据助力企业转型升级专项行动”加快推进，腾讯、西门子、三一重工等68家国内外知名企业为贵州企业提供了173个转型升级解决方案。贵州工业云注册企业达到58744家。全国第一家大数据投资机构——贵阳数据投行有限公司挂牌运营，为以数据资产为特色的双创服务资源提供平台和中介服务，对合作方的数据资产进行登记确权，评估赋值，形成数据资产包，提供给双创企业使用，并开展基于数据资产的创新金融服务。

3. 大数据产业发展加快

贵阳市呼叫中心与服务外包产业示范基地、中关村贵阳科技园等园区建成，高通、华为、腾讯等一批重点项目落地，遵义新浦新区集聚智能终端机配套企业超过60家。2016年，全省电子信息制造业实现增加值93.38亿元，同比增长66.6%，对工业增长的贡献率达到9.3%；软件和信息服务业实现收入210亿元，同比增长35%。大数据产业链加快构建。现有核心业态企业39家、关联业态企业383家、衍生业态企业409家。贵阳大数据交易所已发展会员企业506家，已链入全国所有政府公开数据，接入225家优质数据公司，汇集了3818个可交易的大数据产品，可交易数据总量累积超过60PB，为朗玛、海尔等多家企业提供数据交易，累计交易金额1.6亿元。中国电信贵州分公司与华为等30多家企业发起成立大数据联盟，共同为贵州大数据交易服务提供技术支撑。

发展经验

1. 党政"一把手"高度重视

时任贵州省委书记陈敏尔对大数据工作亲自安排部署，多次出席重大会议、重大活动。省长担任国家大数据（贵州）综合试验区建设领导小组组长，亲自主抓，多次举行会议研究部署大数据工作。贵州省级政府各部门和市州政府一把手任"云长"，省地联动，协同推进。

2. 创新体制机制

贵州聚焦制约大数据发展的各种体制机制障碍，在组织机构、政策法规、标准规范等方面全力支持。贵州省成立了省政府直属正厅级参公事业单位——贵州省大数据发展管理局，设立了贵州省大数据产业发展中心，成立了国有全资的云上贵州大数据产业发展公司，成立了贵州省大数据产业发展研究院，组建了贵州省大数据专家咨询委员会，形成了"一领导小组、一办、一局、一中心、一企业、一研究院"的组织架构。2016 年，全国首个省级大数据地方性法规——《贵州省大数据产业发展应用条例》颁布实施。2016 年 11 月，《贵州省政务数据资源管理暂行办法》出台。制定了《政府数据分类分级指南》等四项大数据地方标准，贵阳开展了"政府数据的基础元数据、数据质量、数据分类技术标准"三项标准试点工作，参与了《信息技术、数据交易服务平台、交易数据描述》等两项国家标准的制定。国家统计局批准在贵州试行新的大数据产业统计制度。

3. 勇于先行先试

大数据是新生事物，应用模式和产业模式等没有现成的经验可循，需要创新，需要试验。贵州省充分发挥气候适宜、生态良好、能源充沛、地质稳定等先天优势，在大数据领域率先进行探索，率先建设全国首个大数据产业发展集聚区、大数据产业技术创新试验区，率先建成全国第一个省级政府数据集聚、共享、开放的“云上贵州”系统平台，率先设立全球第一个大数据交易所，率先制定大数据发展应用地方法规，率先举办国际大数据产业博览会暨全球大数据时代峰会，率先举办“云上贵州”大数据商业模式大赛、中国痛客大赛，获批建设国内首个国家大数据工程实验室——提升政府治理能力大数据应用技术国家工程实验室，创建贵阳大数据战略重点实验室并提出块数据理论，率先创建大数据资产评估实验室并推动大数据资产评估标准化等。

贵州持续营造创业创新环境给创业创新者提供开放的政府数据资源、投融资环境，搭建技术和资本对接的“数博会”、商业模式大赛和痛客大赛等交流平台。同时，政府带头干、主动用，愿意担当，能和大数据企业一起解决开拓创新中不断遇到的新情况、新问题，共同努力营造先行先试、共同创新、容许试错、包容失败的发展环境，给足企业创新空间，使企业愿意进驻，资本愿意来投，商业模式愿意来试。

2017 年 2 月，在全国率先出台省级数字经济发展规划——《贵州省数字经济发展规划（2017—2020 年）》，首次提出发展资源型、技术型、融合型、服务型“四型”数字经济，将发展数字经济作为贵州省大数据战略行动和国家大数据（贵州）综合试验区的重要方向和重要内容，持续以大数据、数字经济引领贵州经济社会跨越发展，积极为西部地区实现弯道取直、后发赶超、同步小康探寻发展新路。

海南

发展现状

结合省直管市县的省情，海南省坚持政府数字化转型“大集中”的模式和多规合一的理念，将海南作为一个大城市进行规划、管理，按照“全省一盘棋”统筹，坚持全省“大集中”的集约化思路开展电子政务建设，在政务信息化基础设施、大数据基础平台、公共政务服务应用等方面统一规划和统建共享，全力构建全省高度一体化的电子政务公共服务平台。

1. 统筹建设政务大数据基础设施

海南省电子政务基础设施基本形成“一张网、一个中心、一朵云”的格局。一张网，即全省统一的电子政务外网，实现省、市县、乡镇、行政村四级覆盖，包括省直单位、市县（含洋浦开发区）、所有乡镇和行政村，与国家电子政务外网实现互联互通。一个中心，即省政府数据中心，从 2012 年起，原则上不再审批各部门建设独立的机房，各部门、各市县数据中心逐步逻辑整合或物理迁移并入省政府数据中心。一朵云，即全省统一的政务云，为全省 89 家单位 509 个系统提供 3980 台虚拟机及安全防护设施、操作系统、数据库、公共应用等硬件和软件资源服务，具备了全省电子政务基础设施统建共享的条件，各部门新的信息系统依托省政府数据中心和省政务云建设运行。

2. 统一政务数据共享交换与开放平台

（1）提供政务信息资源共享交换服务体系支撑。打通全省 558 个非涉密政务信息系统（其中市县信息系统 142 个，省直部门信息系统 416 个），系统共享率达到 100%。实现与国家平台级联对接，推动各省直单位通过国家共享交换平台应用国家部委数据。截至 2019 年 8 月底，已对接公安部、市场监管总局、银保监会、国务院办公厅等 10 余家国家部委，申请共享国家级资质认定证书信息、金融许可证信息、外国人工作许可基本信息、国家人口基础信息等数据，为海南政务信息资源共享开放推进工作奠定扎实基础。

（2）提供政务数据开放平台支撑。编制政务数据开放目录，推进公共机构数据资源统一汇聚和有序开放，方便各级政务用户、数据应用开发者使用、共享数据，创新数据应用。截至2019年8月底，共70家单位383个系统已编制信息资源共享目录4130个，开发数据共享开放接口7632个。在应用上，为省政府政务服务中心等36家单位调用1753个接口，调用接口7277.4万次，交换数据174.89亿条，为一体化在线政务服务平台、互联网+监管、国际贸易单一窗口、商事改革e登记、财政一体化平台等系统提供了数据服务支撑。

在2019年发布的《中国地方政府数据开放报告》中，海南的数据开放指数全国排名第九。

3. 统一政务基础数据库建设

依托数据共享交换服务体系和大数据公共服务平台建成人口库、法人单位库、空间地理库、电子证照库、社会信用库五大基础数据库，为海南省全息数据库建设打下基础。目前，人口库汇集省公安厅、省卫计委、省人社厅、省教育厅、省民政厅、省编办、省残联、省住房公积金管理局8家单位的1188.76万条人口数据；法人库汇集省市场监督管理局、省民政厅、省编办、省住房公积金管理局、省司法厅、省税务局7家单位的157.84万条市场主体数据；电子证照库汇集全省53家单位382种类的191.65万份电子证照，通过推进电子证照信息在行政审批、公共资源交易领域的共享使用，有效提高了注册登记、市场准入等商事服务的便捷性；地理空间库搭配全省统一的政务地理空间信息大数据云服务平台，已持续为综治办、工信厅、扶贫办等22个厅局提供包括影像、电子地图、专题地图等140项数据及功能接口服务，有效支撑各级政务单位开展各类政务空间地理大数据专题应用；社会信用库累计归集了1.36亿余条信用信息，其中包括94万个企业和非企业法人信用信息7020万条，自然人信用信息6648万条，以及省级45家单位的信用数据。政务公共基础库的建设，为企业实名注册认证、企业基础信息核查、社保信息核查、联合惩戒应用等提供服务，解决政务服务百姓身份认证难、反复提交材料等堵点问题，有效支撑行政审批、国际贸易“单一窗口”等跨部门系统共享利用，满足市场准入、投融资便利化、贸易便利化、“放管服”改革等领域的平台的信用监管支撑需求。

4. 统一政务大数据公共服务能力支撑平台

建成全省统一的政府大数据公共服务能力支撑平台，为各部门和各市县提供统一规范、安全可靠、充分共享的大数据开发应用工具和环境。采用云计算技术，基于 Hadoop 技术框架，多租户管理模式，对政府各部门的开放，提供大数据存储和运算服务，为提供统一的数据分布式批处理、流式实时计算处理及分布式数据存储技术和集中运维监控管理，减少对大数据应用底层支撑平台的重复投入和运维管理成本，提高对大数据底层平台的运维管理效率。通过分布式的数据存储和高效的数据运算模型算法，对已有数据进行高效的检索和运算，与此同时发掘数据的新价值。根据数据容量横向扩展，支持政务大数据分析和挖掘应用，打造 DaaS 模式的政务大数据服务体系。

（1）统一政务大数据管理规范、技术规范和数据规范，提升数据质量、数据治理和服务能力，保障大数据建设及持续运营。

（2）统一政务大数据采集和清洗融合平台，丰富数据来源，包括互联网爬虫及社会采集系统，汇集政府数据、企业数据、互联网数据、社会数据，提供数据的标准化稽查、去重、校验、关联、融合等处理，提升质量，实现全省数据大融合。

（3）统一大数据运行支撑管理，具备大数据存储、海量数据运算、大数据即席查询、数据多维分析、数据授权管理等能力。

（4）统一大数据监控平台和日志管理审计平台，监控平台上应用系统、数据库、ETL 任务等监控，实现全链路全方位监控，统一日志审计分析，具备多级多维度告警体系，从而保证省政务大数据公共服务平台稳定安全运行。

（5）统一大数据 BI 应用工具。

主要成效

1. 建设人流、物流、资金流进出岛监管系统

结合海南相对独立和封闭的岛屿特征，建设全天候、实时性人流、物流、资金流进出岛信息管理系统，实现对进出岛“每一个人、每一件物品、每一分钱”的精准识别和管控。

2. 初步搭建海南省社会管理信息化平台

构建海南省近海、岸线和岛内三层立体防控体系，利用卫星、北斗、无人机等监控手段信息，接入2万多路视频监控，多个雷达和通信基站，建立电子围栏、人脸识别系统，共享对接人流、物流、资金流等信息系统相关数据，实现对海关监管区域、重要海港区域、重要空港区域、重要车站区域、特别监管区域、党政机关区域和旅游景点区域等重点区域监控，实现对异常船舶、车辆等监管对象的发现、识别、确认、追踪和处置能力。构建自贸区（港）风险防控体系，为“管得住”提供有力的信息化基础支撑。

3. 建设一批行业领域大数据应用系统

围绕民生、行政、安全、交通、卫生等便利化需求，在数据共享的基础上，挖掘大数据价值，开发“多规合一”综合管理平台、“互联网+防灾减灾”平台、健康医疗大数据平台、全域旅游监管服务平台、椰城市民云、政府网上督查室等行业领域大数据应用系统，初步形成了社会治理体系现代化、信息化、便利化的架构。其中，“多规合一”平台入选2018年数字中国峰会最佳案例。精准扶贫大数据平台被中国通信协会评为2018年网络扶贫最佳实践案例。“一体化大数据社会治理体系”列入省委深改办（自贸办）发布的自贸区第四批制度创新案例。

海南是较早开展大数据地方立法的省份。2019年9月27日，海

南省第六届人大常委会第 14 次会议通过了《海南省大数据开发应用条例》，自 2019 年 11 月 1 日起施行。《海南省大数据开发应用条例》包括总则、大数据开发与共享、大数据应用与产业促进、数据安全与保护、法律责任、附则等，共六章 57 条。

参考文献

[1] 金江军 . 大数据党政领导干部一本通 [M]. 北京：中信出版社，2018.

[2] 金江军，郭英楼 . 互联网时代的国家治理 [M]. 北京：中共党史出版社，2016.

[3] 金江军 . 互联网时代的新型政府 [M]. 北京：中共党史出版社，2017.

[4] 金江军，郭英楼 . 智慧城市：大数据、互联网时代的城市治理（第 4 版）[M]. 北京：电子工业出版社，2017.

[5] 金江军 . 领导干部的互联网思维 [M]. 北京：党建读物出版社，2018.

[6] 金江军 . 数字经济引领高质量发展 [M]. 北京：中信出版社，2019.

[7] 涂子沛 . 大数据：正在到来的数据革命 [M]. 桂林：广西师范大学出版社，2012.

[8] 徐继华，冯启娜，陈贞汝 . 智慧政府：大数据治国时代的来临 [M]. 北京：中信出版社，2014.

[9] 陈潭 . 大数据时代的国家治理 [M]. 北京：中国社会科学出版社，2015.

[10] 伊恩·艾瑞斯 . 大数据思维与决策 [M]. 宫相真，译 . 北京：人民邮电出版社，2014.

[11] 朱岩 . 英国尝鲜大数据时代 [EB/OL]. 北晨网，2013-05-21.

[12] 李瑞成 . 什么是工业 4.0 [EB/OL]. 福布斯中文网，2014-08-18.

[13] 金顺英 . 日本大数据产业鸟瞰 [EB/OL]. 中云网，2013-07-22.

[14] 唐庆善 . 大数据为政府决策科学化带来新机遇 [EB/OL]. 福州新闻网，2017-03-21.

[15] 许宪春 . 大数据，政府统计的机遇与挑战 [N]. 中国科学报，2015-10-08.

[16] 倪铭 . 大数据为政府治理现代化“添翼”[EB/OL]. 光明网，2016-07-13.

[17] 周琳 . 你吐的“槽”政府当成“宝”上海市场监管引入“大数据”[EB/OL]. 新华网，2016-06-10.

[18] 吴湛微，禹卫华 . 大数据如何改善社会治理——国外“大数据社会福祉”运动的案例分析和借鉴 [J]. 中国行政管理，2016 (01).

[19] 骆明 . 贵阳市社会治理大数据云平台启动建设 [N]. 贵阳日报，2015-06-25.

[20] 刘子阳 . 中国 2014 年解救 4.3 万被拐妇女儿童 人贩被迫收手 [N]. 法制日报，2015-02-16.

[21] 彭波，李广德 . 检察院里的“大数据思维”[N]. 人民日报，2014-12-17.

[22] 周骁骏，童政 . 广西低保核对大数据平台实现精准救助 [N]. 经济日报，2016-06-22.

[23] 谢曦 . 福建已生成电子证照 150 万多本 破解审批效率低下

"弊政"[EB/OL].人民网，2015-09-29.

[24]吴以四.大数据的大价值[J].商业价值，2011(8).

[25]徐瑞哲.上海率先实行政府大数据资源开放 免费供全民共享[N].解放日报，2014-05-15.

[26]孙洁.利用大数据提升社保管理服务能力[N].人民政协报，2014-06-16.

[27]赵家新，李沂瑞，田廷江.江苏宿迁运用大数据提升社会治理智能度[N].人民公安报，2016-11-28.

[28]唐胜宏，刘振兴，王培志.利用大数据技术创新社会治理[EB/OL].光明网，2014-07-28.

[29]松泽.基层社会治理要善用大数据[N].人民日报，2016-11-11.

[30]杨雅厦.应用大数据提升社会治理智能化水平[N].光明日报，2017-04-10.

[31]岳少华.社会治理精准化需要大数据思维[N].经济日报，2016-12-15.

[32]刘淑妍.大数据时代政府决策机制的变革[N].学习时报，2016-03-28.

[33]许聪，蒋国华.浙江高院集成大数据助力审判流程公开[N].人民法院报，2015-01-11.

[34]涂林念.贵州法院运用大数据提高办案质效 打造智慧法院[N].贵州日报，2016-09-19.

[35]郑洪明，王新亮.大数据时代法院如何执行[N].人民法院报，2016-05-31.

[36]严戈.人民法院发展"大数据"战略的思考——以司法统计工作为视角[N].人民法院报，2014-08-29.

[37]周强.充分运用司法大数据 加快"智慧法院"建设[EB/OL].最高人民法院网，2016-11-10.

［38］张建武，鞠海生，陆诗秦．运用“大数据”做好“放管服”——省工商局开展“企业信用信息公示监管警示系统”建设纪实［N］．河南日报，2016-02-29.

［39］高卫星．以大数据应用提升政府治理能力［EB/OL］．大河网，2015-12-25.

［40］刘润生．大数据对政府的大影响［N］．学习时报，2012-11-26.

［41］胡翎．用“大数据思维”提升政府治理能力［EB/OL］．中国人大网，2016-03-11.

［42］高常水，江道辉，蒋钦云．大数据在政府部门的应用［EB/OL］．中国经济网，2014-05-19.

［43］刘力锐．大数据推动政府治理变革［N］．学习时报，2015-09-14.

［44］李峥巍．大数据如何帮助政府实现“精准治理”［EB/OL］．半月谈网，2015-10-26.

［45］黄小勇．政府大数据重在服务和人本关怀［N］．学习时报，2015-05-11.

［46］周畅，冯国栋，毛振华等．大数据时代的政府改革与转型［EB/OL］．新华网，2014-09-15.

［47］何建文．让政府的大数据为人民服务［N］．南方日报，2016-08-26.

［48］吴丽琳．大数据如何在政府职能转变中发挥关键作用？［N］中国电子报，2015-07-10.

［49］吴建树．大数据时代政府治理能力的提升［N］．光明日报，2014-09-17.

［50］王芳，陈锋．国家治理进程中的政府大数据开放利用研究［J］．中国行政管理，2015（11）.

［51］潘永花．领导干部应关注大数据治理的哪些理念？［N］学

习时报，2015-11-09.

［52］刘禹．大数据有大智慧［EB/OL］．光明网，2012-04-17.

［53］邱玥．大数据时代的数据买卖［N］．光明日报，2015-04-23.

［54］周伟．大数据让食药监管更科学［N］．四川日报，2014-09-24.

［55］孟丽．用大数据保卫“舌尖上的安全”［N］．华夏时报,2014-03-12.

［56］杨世龙．揭秘大数据交易的真正意义［EB/OL］．新华网，2015-05-05.

［57］许琼，龙源．“大数据”为湖南信访举报插上信息化“翅膀”［EB/OL］．三湘风纪网，2015-01-16.

［58］胡虎．如何发展大数据产业［EB/OL］．中国信息产业网，2013-08-23.

［59］尚前名．大数据时代中国“破障”［J］．瞭望，2013-08-23.

［60］金江军．中国也应建立“政府数据网站”［J］．信息化建设，2013（10）.

［61］金江军，徐靖，王伟玲．政府大数据发展对策研究［J］．中国信息界，2013（09）.

［62］金江军，潘懋．电子政务数据资源的开发利用［J］．地理与地理信息科学，2003（06）.

［63］金江军．以大数据实现食品安全精准治理［N］．学习时报，2016-08-25.

［64］金江军．实施国家大数据战略须加快立法［N］．学习时报，2015-12-10.

［65］王忠．美国推动大数据技术发展的战略价值及启示［J］．中国发展观察，2012（06）.

［66］曹磊．世界大数据发展态势研究［J］．竞争情报，2012（2）：33-42.

［67］戈悦迎，寇有观，金江军，王慧军．大数据时代下城市应急管理发展之路［J］．中国信息界，2014（01）．

［68］孙春英，丁国锋．全国首家司法行政大数据研究中心成立［EB/OL］．法制网，2016-08-23.

［69］于潇．贵州检察大数据应用实例："一人一档"对办案量化分析［EB/OL］．正义网，2017-02-16.

［70］窦玉根，文洋．英国开启大数据时代［N］．学习时报，2015-10-23.

［71］卢志坚．江苏检察机关运用大数据精准投放员额指标［EB/OL］．正义网，2017-08-06.

［72］叶慧．浙江加快推进"最多跑一次"改革综述［EB/OL］．人民网，2017-06-05.

［73］卢向东．突出重点精准发力 把握关键务求实效 全面推进政务信息系统整合共享［EB/OL］．新华网，2017-06-05.

［74］杨宗凯．大数据驱动教育变革与创新［N］．光明日报，2017-04-18.

［75］余丽，李风．"大数据"实现"云规划"——开化建成全国首个"多规合一"信息管理平台［N］．浙江日报，2017-06-22.

［76］刘定珲．贵州加速国土资源大数据与各领域深度融合［N］．贵州日报，2016-03-28.

［77］赵晔娇．大数据和人工智能将成城市治堵新"药方"？［EB/OL］．中国新闻网，2017-03-10.

［78］王念，潘德鑫．贵州运用大数据创新政府公共服务［N］．经济参考报，2016-01-06.

［79］陈讯．运用大数据提升地方政府治理能力［N］．光明日报，2016-05-16.

［80］孙惠楠．运用大数据提升政府治理和服务能力［N］．贵阳日报，2016-05-21.

［81］陈刚．以大数据提升政府治理能力的几点思考［J］．政策，2016（11）．

［82］肖洪辉．大数据与政府统计改革［J］．新经济，2016（27）．

［83］邹建丰．大数据，让政府服务更高效［N］．新华日报，2016-10-02．

［84］窦正斌，董文伟．大数据时代政府治理的挑战、机遇与创新路径［J］．领导科学，2016（29）．

［85］肖文舸，田迪迪．运用大数据提升政府治理能力［N］．南方日报，2016-10-28．

［86］葛秋萍．大数据驱动政府治理创新［N］．中国社会科学报，2016-12-26．

［87］高小平．大数据与政府改革创新［N］．光明日报，2016-12-21．

［88］梁志峰，左宏，彭鹏程．基于大数据的政府决策机制变革：国家治理科学化的一个路径选择［J］．湖南社会科学，2017（03）．

［89］彭知辉．论政府在大数据发展中的作用：以大数据政策为视角［J］．广东行政学院学报，2017（01）．

［90］李丽，李敏．利用大数据提升政府治理效能［J］．人民论坛，2017（05）．

［91］李雅云．运用大数据和“互联网＋”为政府决策服务——北京市行政执法信息服务平台的启示［J］．中国党政干部论坛，2017（03）．

［92］吕洪业．积极应用大数据创新政府决策方式［N］．学习时报，2017-03-13．

［93］张庭凯．用好大数据，推动政府治理能力创新［N］．湖南日报，2017-07-20．

［94］申友祥．充分挖掘信访大数据的价值［N］．人民法院报，2016-11-19．

［95］申友祥．用好信访大数据［N］．人民法院报，2017-01-11.

［96］李天伦，王彬，陈新林．“大数据”分析把准信访“晴雨表”——甘肃省纪检监察信访举报工作探析［N］．中国纪检监察报，2016-03-29.

［97］史自强．大数据精准监管社保基金 河北追回骗保资金近千万［N］．人民日报，2017-08-11.

［98］郑建钢．用民政大数据杜绝骗保行为［N］．法制日报，2017-08-25.

［99］郑良．福建运用大数据提升社会治理水平［EB/OL］．新华网，2016-12-20.

［100］李建平．我国首个工商大数据分析系统正式上线［EB/OL］．新华网，2015-07-01.

［101］黄昉．金寨县开启大数据研判掌控信访走势［EB/OL］．人民网，2014-11-10.

［102］余文龙．医保审核 借大数据之手 1 分钟查出过度医疗［N］．成都商报，2014-06-19

［103］鲜祖德，董倩，姜澍．互联网大数据在政府统计中的应用路径研究［J］．调研世界，2015（09）.

［104］李春惠，郑亦真．运用大数据监督预防腐败和“不作为”——贵阳建设大数据之都的创新实践［EB/OL］．新华网，2016-05-30.

［105］刘春成．政府大数据应用的贵阳实践与探索［EB/OL］．www.cbdio.com，2015-07-23.

［106］陆立军．政务大数据起步 助力智慧政府转型［EB/OL］．www.gov.cn，2015-06-19.

［107］徐恒．“互联网＋政务服务”，大数据如何发力［N］．中国电子报，2016-03-25.

［108］姜东良，徐鹏，郭祥海．山东济宁大数据给检察工作插上

"金翅膀"［N］. 法制日报，2016-11-26.

［109］徐隽 . 大数据如何让司法更智慧［N］. 人民日报，2016-11-02.

［110］邹越，张家燕，吴青青 . 如皋市检察院"大数据"助推智慧侦查［EB/OL］. 中共如皋市委新闻网，2016-04-07.

［111］谢文英 ."大数据"运用让检察权行使更加规范［N］. 检察日报，2014-09-29.

［112］史兆琨 . 贵州致力于创建三个检察大数据应用系统［N］. 检察日报，2017-02-17.

［113］乔文心 . 大数据时代的法院管理有何"妙招"［N］. 人民法院报，2016-04-24.

［114］陈小康，杨枫，张鑫等 . 大数据预判 早布局攻坚 重庆法院扎实推进执法办案［N］. 人民法院报，2015-12-31.

［115］张尼 . 大数据分析全覆盖 全国法院正迈入信息化 3.0 时代［EB/OL］. 中国新闻网，2015-07-02.

［116］王家梁 . 贵州借力大数据打造"智慧法院"［N］. 法制日报，2016-11-21.

［117］胡凌 . 用好大数据 提升法院工作能力［EB/OL］. 上海法院网，2016-04-14.

［118］陈旻，林姗，何晓慧 . 福建省法院加强信息化建设：当司法遇见大数据［N］. 福建日报，2015-01-21.

［119］马黎 . 陕西法院用"大数据"解决执行难［N］. 陕西日报，2016-10-25.

［120］袁定波 . 最高法逐步完善法院大数据集中管理平台 法院经受智能办案"云审判"洗礼［N］. 法制日报，2014-07-07.

［121］赵国栋 . 我国大数据产业取得三大成效［N］. 中国电子报，2017-08-23.

［122］王英 . 精细管理 精准施救 大数据助力民政社会救助水平提

升［N］. 葫芦岛日报，2015-09-22.

［123］姜桂兴 . 美国智库建议政府支持数据驱动型创新［N］. 学习时报，2014-03-03.

［124］王健，王立鹏 . 中国改革开放 40 年宏观调控［J］. 行政管理改革，2018（10）.

［125］魏颖 . 大数据与宏观调控创新［J］. 宏观经济管理，2016（07）.

［126］易康宁 . 用大数据精准调度经济运行［EB/OL］. 贵阳网，2016-05-20.

［127］杨杰 . 大数据产业发展五大问题亟待解决［EB/OL］. 通信产业网，2018-03-14.

［128］McKinsey Global Institute. Big data：The next frontier for innovation，competition，and productivity. www.mckinsey.com/mgi，June 2011.

［129］John Gantz，David Reinsel. IDC iView：Extracting Value from Chaos，http：//www.emc.com/digital_universe，June 2011.

［130］Executive Office of the President. Big Data Across the Federal Government. www. whitehouse.gov，March 29，2012.

［131］The President's Council of Advisors on Science and Technology. Big Data and Privacy: A Techonlogical Perspective.www.whitehouse.gov，May 2014.

［132］The Federal Trade Commission.Big Data：A Tool for Inclusion or Exclusion?www.ftc.gov，SEP 15，2014.

［133］Executive Office President.Big Data: Seize Opportunities，Preserving Values.www.whitehouse.gov，May 1，2014.